消防関係判例 100

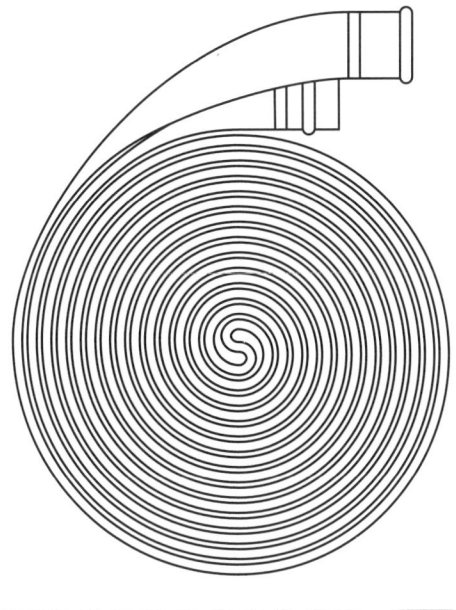
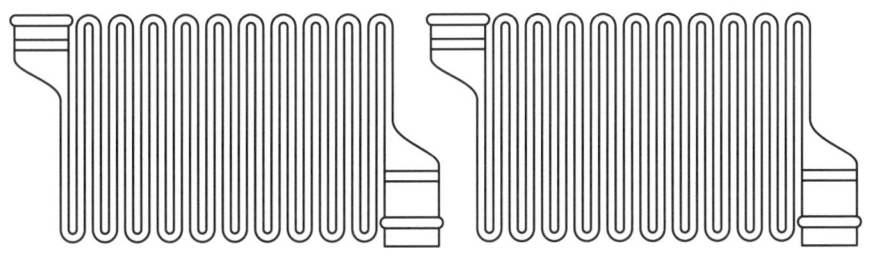

はしがき

　全国消防長会では、法律解釈に関する疑義を始め様々な法律問題についての各消防本部からの消防行政相談に対し、会員支援業務の一環として、継続的に取り組んでいるところです。

　平成17年5月には、こうした行政相談事例を集約した消防行政相談事例集の初版を発刊し、さらに平成25年3月には、その後の行政相談事例を追加した2訂版を発刊し、消防本部や消防関係団体などに提供しました。

　しかしながら、社会が複雑多様化するとともに住民の権利意識も高まる中で、消防機関が関わる訴訟事案が年々増加しており、消防行政相談事例集にとどまらず消防に関係する判例を収録した消防関係判例集を発刊し、消防行政上の参考資料として消防本部などに提供する必要性を痛感するに至り、この度新書を発刊することにしました。

　本書は、消防行政に関係する判例の中から100の判例を精選し、本会顧問木下健治弁護士の監修のもと、本会事務局職員が編集・執筆したものですが、1事案概要、2認定事実、3争点、4争点に対する判断、5解説に区分して判例の内容を紹介することにより、分かりやすい判例集となるように努めました。

　原稿の執筆は、全国消防本部から派遣された若手職員が分担して取り組んでくれましたが、字数の制約もあり、そのか

なりの部分を割愛せざるを得ませんでした。また、2認定事実と4争点に対する判断の部分については、特に正確性を期すため、字句も含め判決文の表記をそのまま引用するようにしました。分かりづらい箇所があるとすれば、こうした事情と編集に当たった私はじめ幹部職員の力量不足によるものであります。ご寛恕ください。

　今更申し上げるまでもないことですが、判決は訴訟となった個々具体の事案に即して下されますので、本書で取り上げた事案と似たような事案でも、将来訴訟提起されたときに全く異なる判断がなされたり、過去の判決が修正されたりすることがあり得ないわけではありません。さらに本書に掲載した判例のよりどころとなった法令自体が改正されるということも十分にあり得ます。関係法令はもとより消防関係判例の動向について、今後も十分注意を払っていただくようにお願いいたします。

　本書が、消防業務に従事する方々の執務上の参考資料として十分に活用され、わが国消防行政の一層の円滑かつ適正な運営に資することができましたなら、これに勝る喜びはありません。

平成27年3月

　　　　全国消防長会　事務総長　　　大野　博見

監修のことば

　地域社会の重要性が増している現代社会において、消防は、救急活動・火災予防活動・救助活動・消火活動等、地域社会の中で目覚ましい活躍をしております。

　このような中にあって、消防が時代の要請を把握し、適切な活動をすることにより、地域社会の発展において一つの役割を果たすものと思います。

　本書は、全国消防長会の事務局職員が、事務総長の統括のもとに、消防に関わる100の判例を選定し、分担執筆したものを私が監修したものです。

　過去の判例から最新の判例まで消防行政上参考となる判例を収録しているため、本書が時代に即応したものになったと思います。

　重要と思われる判例は可能な限り収録しましたが、今回収録できなかった判例や今後の判例については、読者の皆様の御意見をいただきながら、今後、版を重ねる機会に補充していくことができればと考えております。

　本書が消防行政に携わる多くの消防職員や消防関係者にとって、極めて有益な書籍となり末長く御利用いただければ幸いです。

　平成27年3月

　　　　　　　　　　　　　　弁護士　　木下　健治

監　修
　　木下健治　　弁護士

編集・執筆
　　大野博見　　全国消防長会事務総長
　　岡本修二　　全国消防長会事務局次長
　　髙村知孝　　全国消防長会企画部長
　　宮野圭介　　全国消防長会企画部企画課長兼情報管理課長
　　　　　　　　（福岡市消防局から派遣）
　　鈴木将宏　　全国消防長会企画部情報管理課情報管理第一係長
　　　　　　　　（浜松市消防局から派遣）
　　富塚龍二　　全国消防長会企画部情報管理課情報管理第二係長
　　　　　　　　（東京消防庁から派遣）
　　浅間　拓　　全国消防長会企画部企画課企画第一係長
　　　　　　　　（東京消防庁から派遣）
　　勝俣裕介　　全国消防長会企画部企画課企画第二係長
　　　　　　　　（横浜市消防局から派遣）
　　山田　寛　　全国消防長会企画部企画課企画第三係長
　　　　　　　　（熊本市消防局から派遣）

1 警防業務

Ⅰ 消火活動

1. 延焼防止のための破壊活動による損害の補償を消防法第29条第3項に基づき認めた判例
　　　　　　　　　(最高裁第三小法廷昭和47年5月30日判決)……………1

2. 消火活動及び荷物搬送の指示について消防の過失はないとした判例　　　　　(大阪高裁昭和55年9月26日判決)……………4

3. しばやきの火の飛火火災について消防団員の過失があるとし損害賠償請求を一部認めた判例
　　　　　　　　　(岐阜地裁昭和56年7月15日判決)……………7

4. 消防隊等が白煙を火災と誤認し放水したことにより損害を受けたとする賠償請求を棄却した判例
　　　　　　　　　(広島地裁昭和58年9月29日判決)……………10

5. アルミニウム火災において放水したことにより爆発が起こったとする消防本部に対する損害賠償請求を認めた判例
　　　　　　　　　(山形地裁平成11年12月7日判決)……………13

6. 放火火災における消防隊の活動等に対する損害賠償請求を棄却した判例　　(さいたま地裁平成22年5月28日判決)……………16

7. 消火活動に従事した消防団OBの過失に対する賠償責任を認めた判例　　　　(新潟地裁平成23年2月25日判決)……………19

Ⅱ 再燃火災

8. 再燃火災について消防の過失が認められないとした判例
　　　　　　　　　(仙台高裁秋田支部昭和51年2月6日判決)……………22

9. 消防職員のとった措置に対し失火責任法適用の有無が争われた損害賠償請求について差戻控訴審で棄却した判例
　　　　　　　　　(名古屋高裁昭和55年7月17日判決)……………24

10. 再燃火災について消防に重大な過失はないとした判例
　　　　　　　　　(最高裁第三小法廷平成元年3月28日判決)……………27

11. 再燃火災について消防に重大な過失はないとした判例
　　　　　　　　　(東京地裁平成7年10月27日判決)……………29

12. 再燃火災に対する損害賠償請求を棄却した判例
　　　　　　　　　(盛岡地裁平成8年12月27日判決)……………32

13 消火した枯草等が再燃し隣接建物に延焼した火災について
失火者に重大な過失が認められないとした判例
(さいたま地裁平成16年12月20日判決)……35

Ⅲ 防災・救助活動

14 集中豪雨による山崩れで発生した人損に対して行政の不作
為責任を認めた判例　　　　(高知地裁昭和59年3月19日判決)……38
15 土砂崩れ現場の指揮者に警戒監視体制の整備及び事実上の
避難指示をすべき義務が条理上認められないとした判例
(高松高裁昭和63年1月22日判決)……41
16 要救助者が凍死したことについて山岳救助隊の選択した進
行方法が国家賠償法上違法であるとした判例
(札幌地裁平成24年11月19日判決)……44

Ⅳ 消防車の緊急走行時の交通事故

17 消防自動車の緊急走行中に発生した交通事故が機関員の過
失によるものとして有罪とした判例
(札幌高裁昭和32年10月15日判決)……48
18 消防自動車の緊急走行中に発生した交通事故が運転者の注
視義務違反によるものとして有罪とした判例
(横須賀簡裁昭和33年2月19日判決)……51

Ⅴ 訓　練

19 救助訓練中の隊員の死亡事故について市の安全配慮義務違
反があったとした判例　　　(宮崎地裁昭和57年3月30日判決)……54
20 訓練中に死亡した職員に対する安全配慮義務違反があった
として市の損害賠償責任を認めた判例
(津地裁平成4年9月24日判決)……57

Ⅵ 防火水槽等の維持管理

21 消火栓の設置保存に瑕疵があったとした判例
(広島地裁昭和43年9月6日判決)……60
22 防火用貯水槽について町の管理責任を認めた判例
(富山地裁魚津支部昭和48年1月17日判決)……62

23 所有権のない防火水槽についてその管理状況から公の営造
物であると認めた判例
(名古屋地裁一宮支部昭和49年6月28日判決)……………65
24 防火水槽への転落事故について市に対する損害賠償請求を
棄却した判例　　　　　　　(東京高裁昭和53年3月29日判決)……………67
25 営造物の通常の用法に即しない行動により生じた事故につ
いて損害賠償請求を棄却した判例
(最高裁第三小法廷昭和53年7月4日判決)……………70
26 所有権のない防火水槽において発生した事故について村の
損害賠償責任を認めた判例
(松山地裁西条支部昭和54年7月20日判決)……………73
27 防火用貯水槽の設置管理に瑕疵がなかったとした判例
(最高裁第三小法廷昭和60年3月12日判決)……………76

2　救急業務

I　救命処置

28 救急隊員の病態把握等に過失があったとする損害賠償請求
を棄却した判例　　　　　　(東京地裁平成13年6月29日判決)……………78
29 救急活動中に救命行為を行わなかった救急隊員の判断に誤
りはなかったとした判例　　(名古屋地裁平成17年12月21日判決)……………81

II　救護・搬送

30 管轄外の転院救急搬送を地方自治法に定める公共事務に該
当する行政サービスとして適法とした判例
(千葉地裁平成7年4月19日判決)……………84
31 救護義務違反を理由とする損害賠償請求を棄却した判例
(大阪高裁平成8年9月20日判決)……………87
32 救急搬送を拒否している場合には救急隊は搬送義務を免れ
るとして損害賠償請求を棄却した判例
(佐賀地裁平成18年9月8日判決)……………89
33 救急隊員が搬送義務を怠ったために植物状態となったとす
る損害賠償請求を認めた判例　(奈良地裁平成21年4月27日判決)……………92

34 救急搬送時に傷病者が骨折した事案について救急隊員の過
   失を認めた判例　　　　　　　（さいたま地裁平成22年3月9日判決）……95

Ⅲ　救急車の緊急走行中の交通事故

35 緊急走行中の救急車の交通事故について救急車に過失があ
   るとした判例　　　　　　　　（札幌地裁昭和44年11月21日判決）……98
36 緊急走行中の救急車の交通事故について救急車の運転者に
   過失がないとした判例　　　　（札幌地裁昭和63年9月16日判決）…… 101
37 緊急走行中の救急車と普通貨物自動車との間で発生した交
   通死亡事故について救急車の運転者の刑事責任を認めた判
   例　　　　　　　　　　　　　（千葉地裁平成14年3月28日判決）…… 104
38 救急車が交差点内で起こした交通事故の過失割合を3割と
   した判例　　　　　　　　　　（大阪高裁平成19年12月4日判決）…… 107

3　指令業務

39 指令室を無人にした消防職員に対する懲戒免職処分を適法
   とした判例　　　　　　　　　（大阪地裁平成15年3月12日判決）…… 109
40 消防指令センターの職員が出場要請に対し救急隊等を出動
   させなかったことが不法行為に当たるとした判例
   　　　　　　　　　　　　　　（京都地裁平成15年4月30日判決）…… 112

4　予防・査察業務

Ⅰ　防火管理責任

41 ホテル火災について防火管理者ではない経営者の刑事責任
   を認めた判例　　　　　　　　（和歌山地裁昭和51年3月30日判決）…… 116
42 防火管理者である旅館経営者の刑事責任を認めた判例
   　　　　　　　　　　　　　　（神戸地裁昭和53年12月25日判決）…… 119
43 病院火災での死傷者の発生が夜警員や当直看護婦により回
   避可能であったとして事務長を無罪とした判例
   　　　　　　　　　　　　　　（札幌地裁昭和57年12月8日判決）…… 122

44 ホテル火災について防火管理者の刑事責任を認めた判例
　　　　　　　　　　　　　　　(山形地裁昭和60年5月8日判決)············ 126
45 ホテル火災について実質的経営者の刑事責任を重くとらえ
　　実刑とした判例　　　(最高裁第一小法廷平成2年11月16日決定)············ 129
46 デパートビル火災について防火管理者等の刑事責任を認め
　　た判例　　　　　　　(最高裁第一小法廷平成2年11月29日決定)············ 132
47 デパート火災について経営会社の取締役人事部長等に業務
　　上過失致死傷罪の成立が認められないとして無罪とした判
　　例　　　　　　　　　(最高裁第一小法廷平成3年11月14日判決)············ 136
48 ホテル火災についてホテルの管理権原者及び防火管理者の
　　刑事責任を認めた判例　(静岡地裁沼津支部平成5年3月11日判決)············ 140
49 ホテル火災についてホテル経営会社代表取締役社長の刑事
　　責任を認めた判例　　(最高裁第二小法廷平成5年11月25日判決)············ 143
50 カラオケ店経営者の防火管理上の刑事責任を認めた判例
　　　　　　　　　　　　　　　(神戸地裁平成19年12月12日判決)············ 146
51 雑居ビル火災について会社の実質的な経営者等の業務上過
　　失致傷罪を認めた判例　　　(東京地裁平成20年7月2日判決)············ 149

Ⅱ　火災予防・製造者責任

52 死者が発生した火災について易燃物の管理責任者の業務上
　　失火罪及び業務上過失致死罪を認めた判例
　　　　　　　　　　　　　　　(最高裁第一小法廷昭和60年10月21日判決)············ 153
53 飲食店舗におけるガス爆発事故について従業員らに対する
　　業務上過失致死傷罪を認めたものの量刑を斟酌した判例
　　　　　　　　　　　　　　　(静岡地裁浜松支部昭和60年11月29日判決)············ 156
54 テレビから出火した火災について製造者の損害賠償責任を
　　認めた判例　　　　　　　　(大阪地裁平成6年3月29日判決)············ 159
55 子供の火遊びによる出火について親の損害賠償責任を認め
　　た判例　　　　　　　　　　(東京高裁平成8年4月30日判決)············ 162
56 県が所有し市が管理する土地に放置された廃棄物に放火さ
　　れ延焼した火災について市の過失を認めた判例
　　　　　　　　　　　　　　　(大阪地裁平成22年7月9日判決)············ 165

Ⅲ　消防同意・立入検査・調書等

57　消防同意は抗告訴訟の対象となる行政庁の行為ではないとした判例　　　　　　　　（最高裁第一小法廷昭和34年1月29日判決）………… 169
58　消防司令補が作成した現場見分調書を刑事訴訟法に規定する証拠とすることができるとした判例
　　　　　　　　　　　　　　　（東京高裁昭和57年11月9日判決）………… 171
59　検察送致後に消防職員が作成した質問調書の証拠能力を認めた判例　　　　　　　（最高裁第三小法廷昭和58年7月12日判決）………… 174
60　消防同意に対する損害賠償請求を棄却した判例
　　　　　　　　　　　　　　　（新潟地裁昭和63年4月28日判決）………… 177
61　消防職員による立入検査について違法ではないとした判例
　　　　　　　　　　　　　　　（東京地裁平成20年10月20日判決）………… 180

5　危険物業務

62　条例による貯蔵所設置許可申請却下処分が裁量権を逸脱しているとした判例　　　　　（広島地裁昭和28年10月7日判決）………… 183
63　給油取扱所設置不許可処分を相当であると認めた判例
　　　　　　　　　　　　　　　（福岡地裁昭和31年11月13日判決）………… 186
64　行政指導に違法性があるとする損害賠償請求を棄却した判例　　　　　　　　　　　（京都地裁昭和47年7月14日判決）………… 189
65　発電所移送取扱所の設置許可処分に対する執行停止の申立てを却下した判例　　　　（札幌地裁昭和53年9月14日決定）………… 192
66　危険物施設の完成検査済証を交付しないとした処分等を適法とした判例　　　　　　（長崎地裁昭和54年4月16日判決）………… 194
67　給油取扱所変更許可処分が有効に成立していないとした判例　　　　　　　（最高裁第一小法廷昭和57年7月15日判決）………… 197
68　給油作業中の失火について予見可能性を認めた判例
　　　　　　　　　　　　　（最高裁第二小法廷昭和57年11月8日判決）………… 200
69　法規制上の障害に基づく損失は道路法第70条における損失補償の対象にならないとした判例
　　　　　　　　　　　　　（最高裁第二小法廷昭和58年2月18日判決）………… 203

6 人事管理

I 公務災害

70 消防団員に対する補償に加え国家賠償法による損害賠償請求を認めた判例 　　　　　　　（名古屋地裁昭和44年12月17日判決）………… 205

71 訓練中の死亡について公務外と認定した処分の取消しを認めた判例 　　　　　　　（大阪高裁平成6年2月23日判決）………… 207

72 自殺を図った部下の救助活動後に発症した脳梗塞について公務遂行性・公務起因性を認めた判例 　　　　　　　（大阪地裁平成8年7月29日判決）………… 209

73 救助訓練期間中における職員の死亡について公務起因性を認めた判例 　　　　　　　（長野地裁平成9年9月26日判決）………… 212

74 消防職員の死亡について公務起因性を認めた判例 　　　　　　　（東京高裁平成13年8月9日判決）………… 215

75 公務の一環である体力測定で行った立ち幅跳びの後に発症した頸椎椎間板ヘルニアを公務に起因すると認めた判例 　　　　　　　（岡山地裁平成14年4月9日判決）………… 218

76 消防署管理係長の自殺と公務の間に相当因果関係があると認めた判例 　　　　　　　（大阪高裁平成15年12月11日判決）………… 221

77 消防職員の死亡と公務との因果関係を認めなかった判例 　　　　　　　（那覇地裁平成16年3月30日判決）………… 224

78 公務災害認定請求に対して公務外の災害であるとした処分の取消請求を認めた判例 　　　　　　　（東京高裁平成24年6月6日判決）………… 226

II 消防吏員の懲戒処分等

79 消防職員の非違行為に関連して指揮監督責任がない職員に対して行った懲戒処分の無効確認請求を棄却した判例 　　　　　　　（広島地裁昭和50年11月20日判決）………… 229

80 猫の死骸などを消防長の机の引き出しに入れた消防職員の行為に対し威力業務妨害罪の成立を認めた判例 　　　　　　　（最高裁第二小法廷平成4年11月27日判決）………… 232

81 ダイヤルQ2事業に関与した消防職員に対する懲戒免職処分を適法とした判例 　　　　　　　（大阪地裁平成11年2月3日判決）………… 235

82 現行犯逮捕された消防職員に対する処分に違法性は認められないとした判例　　　　　　　　（山口地裁平成12年7月31日判決）………… 238
83 非違行為を繰り返した消防職員の分限免職処分を適法とした判例　　　　　　　　　　　　（大阪地裁平成18年1月18日判決）………… 240
84 酒気帯び自損事故による懲戒免職処分の取消しを認めた判例　　　　　　　　　　　　　　（神戸地裁平成25年1月29日判決）………… 243

Ⅲ 消防吏員の人事・手当等

85 一般職員の消防吏員への任命処分の取消し請求を認めた判例　　　　　　　　　　　　　　（青森地裁昭和44年1月31日判決）………… 245
86 女性職員が昇格させられなかったことが性別による差別的取扱いに当たるとする損害賠償請求を棄却した判例
　　　　　　　　　　　　　　　　　　　（名古屋高裁昭和58年4月28日判決）………… 248
87 隔日勤務の消防吏員の勤務時間の特殊性は消防職員給料表の給料表で考慮されているとして特殊勤務手当の支払請求を棄却した判例　　　　　　　　（福岡高裁昭和59年9月26日判決）………… 250

Ⅳ 消防団長の人事

88 消防団長の解職処分の執行による損害は行政事件訴訟特例法に定める「償うことのできない損害」には該当しないとした判例　　　　　　　　　　　　（仙台高裁昭和35年8月8日判決）………… 253
89 非常勤の消防団長に対する消防団規則による分限罷免処分を無効とした判例　　　　　　（仙台高裁昭和36年2月25日判決）………… 255
90 消防団長として推薦されたことにより有する利益は法律上の利益に当たらないとした判例　（青森地裁昭和40年11月26日判決）………… 258

Ⅴ 勤務時間外の交通事故

91 交通事故で消防職員が失明したことによる逸失利益の損失率を2割と算定した判例　　　（高松高裁平成元年11月30日判決）………… 261
92 治療のための年次休暇利用に伴う損害等が休業損害等に当たると認めた判例　　　　　　（神戸地裁平成7年3月1日判決）………… 263

8　目　次

7　情報公開

Ⅰ　公文書公開請求

93　建物火災に関する公文書の一部非公開決定の取消しと損害
賠償の請求を棄却した判例　　（横浜地裁平成10年10月28日判決）………… 266

94　消防法に基づく立入検査結果通知書等の企業・氏名等は町
の条例に定める非開示条項に該当しないとした判例
　　　　　　　　　　　　　　　（東京高裁平成15年11月27日判決）………… 269

95　火災に関する報告書等の情報の大部分を不開示とした処分
の取消請求を棄却した判例　　（名古屋地裁平成16年7月15日判決）………… 271

96　行政文書一部非開示処分の取消請求を棄却した判例
　　　　　　　　　　　　　　　（横浜地裁平成19年8月29日判決）………… 273

97　公文書公開請求に対する一部非公開処分の取消しを認めた
判例　　　　　　　　　　　　（福岡高裁平成21年6月23日判決）………… 276

Ⅱ　弁護士会照会・文書提出

98　弁護士会からの照会に基づく前科等の報告を違法とした判
例　　　　　　　　　（最高裁第三小法廷昭和56年4月14日判決）………… 279

99　救急活動記録票の提出命令申立てを認めた判例
　　　　　　　　　　　　　　　（東京地裁平成16年9月16日判決）………… 282

100　弁護士会からの照会に対する回答拒否を一部違法とした判
例　　　　　　　　　　　　　（名古屋高裁平成23年7月8日判決）………… 285

関係法条

法　律　※　本書の法令は、初版1刷発行時の内容です。

○民法〔抄〕………………………………（明治29年4月27日法律第89号）………… 289
○失火ノ責任ニ関スル法律………………（明治32年3月8日法律第40号）………… 290
○刑法〔抄〕………………………………（明治40年4月24日法律第45号）………… 291
○地方自治法〔抄〕………………………（昭和22年4月17日法律第67号）………… 292
○国家賠償法〔抄〕………………………（昭和22年10月27日法律第125号）………… 294

○消防組織法〔抄〕…………………	（昭和22年12月23日法律第226号）…………	295
○刑事訴訟法〔抄〕…………………	（昭和23年7月10日法律第131号）…………	296
○消防法〔抄〕………………………	（昭和23年7月24日法律第186号）…………	297
○弁護士法〔抄〕……………………	（昭和24年6月10日法律第205号）…………	304
○建築基準法〔抄〕…………………	（昭和25年5月24日法律第201号）…………	304
○地方公務員法〔抄〕………………	（昭和25年12月13日法律第261号）…………	305
○土地収用法〔抄〕…………………	（昭和26年6月9日法律第219号）…………	307
○道路法〔抄〕………………………	（昭和27年6月10日法律第180号）…………	308
○自動車損害賠償保障法〔抄〕……	（昭和30年7月29日法律第97号）…………	308
○危険物の規制に関する政令〔抄〕…	（昭和34年9月26日政令第306号）…………	309
○危険物の規制に関する規則〔抄〕		
…………………………………………	（昭和34年9月29日総理府令第55号）…………	310
○道路交通法〔抄〕…………………	（昭和35年6月25日法律第105号）…………	310
○消防法施行令〔抄〕………………	（昭和36年3月25日政令第37号）…………	311
○災害対策基本法〔抄〕……………	（昭和36年11月15日法律第223号）…………	312
○（旧）行政事件訴訟特例法〔抄〕……	（昭和23年7月1日法律第81号）…………	313
○行政事件訴訟法〔抄〕……………	（昭和37年5月16日法律第139号）…………	313
○地方公務員災害補償法〔抄〕……	（昭和42年8月1日法律第121号）…………	317
○都市計画法〔抄〕…………………	（昭和43年6月15日法律第100号）…………	319
○急傾斜地の崩壊による災害の防止に関する法律〔抄〕		
…………………………………………	（昭和44年7月1日法律第57号）…………	319
○風致地区内における建築等の規制に係る条例の制定に関する		
基準を定める政令〔抄〕…………	（昭和44年12月26日政令第317号）…………	320
○救急救命士法〔抄〕………………	（平成3年4月23日法律第36号）…………	320
○民事訴訟法〔抄〕…………………	（平成8年6月26日法律第109号）…………	321

条　例

○X市情報公開条例〔抄〕…………………………………………	324

警防 判例 1

延焼防止のための破壊活動による損害の補償を消防法第29条第3項に基づき認めた判例

《最高裁第三小法廷昭和47年5月30日判決》

出典：判例時報678号

関係法条	国家賠償法1条、消防法29条
上告人（被控訴人、被告）	甲（X村）
被上告人（控訴人、原告）	乙（破壊された建物の所有者）ら

1 事案概要

X村の消防団長Aが、同消防団を指揮し火災の消防活動を行った際、隣接建物への延焼を防止するために、乙らの各建物に対して破壊消防活動を行ったが、乙らは、本件の破壊消防活動は違法行為であるとして、甲に対し国家賠償法第1条に基づき損害賠償を請求したものの、第一審で棄却された。

しかし、乙らがこの判決を不服として控訴したところ、本件の破壊活動は消防法第29条第2項の「延焼防止のためやむを得ない」には該当せず、同条第3項に該当する活動であるため損失の補償を請求することができると判示された。

そこで、甲が上告したが、棄却された事案である。

2 認定事実

① Aは、火災の通報を受けて火災現場に赴き、団員を指揮し消防活動に従事した。

② Aは、X村消防団の分団長から「南風が強く吹いて燃え広がるおそれがあるが、水が全くない」という報告を受けたので、同分団長に対し「水を何とかするよう」に命じたが、同分団長からの報告は、やはり水がないというものであった。

③ 出火地点である別図K建物より北方へ延びた火は順次延焼し、L建物へ移っていった。L建物は2階建てで付近では最も大きい建物であったから、この炎上により火勢が強くなった。

④　風向は南ないし南々西から北ないし北々東であったが、風速は４ないし６ｍ位で弱かった。
⑤　Ｌ建物の東方約30ｍの距離にあった旅館ではほとんど延焼の危険がなく、Ｎ建物とＭ建物との間隔は５ｍあり、Ｎ、Ｏ、Ｐ、Ｑの各建物はほとんど間隙なく接続していたが、Ｎ建物とＱ建物との距離は約30ｍあった。
⑥　Ｕ建物から北方約50ｍに１か所、それからさらに北方約50ｍに１か所ガソリンスタンドがあった。
⑦　Ａは、Ｌ建物より北方への延焼を防止するためには、破壊消防によるほかに方法がないものと判断するに至り、ブルドーザーで破壊することとした。
⑧　初めにＬ建物の北隣のＭ建物を破壊しようとしたが、既に同建物の裏側に火が回っていたため危険を感じてこれを諦め、ガソリンスタンドに延焼した場合における災害の拡大をおそれ、Ｕ建物より、Ｔ、Ｓ、Ｒ、Ｑ、Ｐ、Ｏ、Ｎの順でバラック建物造の各建物を１棟につき３分程で破壊していった。
⑨　結果的にＬ建物より北方への延焼は、Ｍ建物とＮ、Ｏ各建物の一部にとどまった。

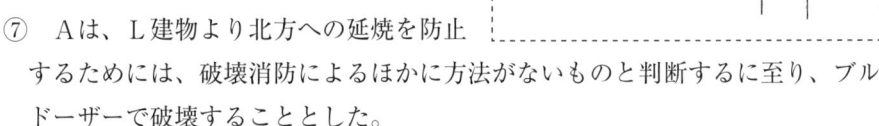

3　争　点

①　延焼防止のために行った破壊消防行為は、国家賠償法第１条の違法に損害を加えたものに当たるといえるのか。
②　破壊消防行為が人命救助及び延焼防止のため必要やむを得ないものであったとしても、甲は乙らに対し消防法第29条第３項に基づきその損失を補償しなければならないのか。

4 争点に対する判断

　本件破壊消防活動の行われた建物自体は必ずしも延焼のおそれがあったとはいえないが、延焼した建物から北に連なる建物へのさらなる延焼を防止するために建物を破壊する緊急の必要があったものであることは明らかである。

　したがって、Ａが建物を破壊したことは消防法第29条第3項による適法な行為ではあるが、そのために損害を受けた乙らは甲に対しその損失の補償を請求することができるものといわなければならない。

5 解説

国家賠償請求と損失補償請求

　行政上の不法行為によって損害を受けた者が請求するのが国家賠償請求であるのに対し、行政上の損失補償請求は行政上の適法な行為によって財産上の損失を受けた者の補償の請求である。

　消防活動にかかる損失補償については、消防法第29条第3項、第4項により、補償額が決定される。

　これらの規定は、火災が発生せんとし、又は発生した消防対象物や、これらの物のある土地を使用、処分する場合（消防法第29条第1項、第2項）以外の消防長等による消防対象物及び土地を使用、処分する場合の損失補償について定めたものであり、本事案では消防法第29条第3項の規定によって損失補償を認めたものである。

警防
判例2

消火活動及び荷物搬送の指示について消防の過失はないとした判例
《大阪高裁昭和55年9月26日判決》

出典：判例タイムズ431号

関係法条	失火ノ責任ニ関スル法律、国家賠償法1条・4条
控訴人（原告）	甲（倉庫会社）
被控訴人（被告）	乙（X市）

1 事案概要

出火した隣接のK倉庫からの延焼により自己の倉庫が全焼して損害を受けた甲が、延焼したことについてX市消防職員の消火活動上の過失があるとして、乙に対して国家賠償法第1条第1項に基づき損害賠償を請求したが、第一審で請求棄却、控訴審においても控訴棄却された事案である。

2 認定事実

① 火災現場での指揮者であったX市消防職員Aは、火災通報を受けてすぐポンプ車3台、救急車1台とともに午前5時30分頃現場に到着した。
② 火災の状態等から既に火元のK倉庫の東側内部3分の1くらいが火の海になり、更に四方に燃え広がっていると判断し、直ちに同倉庫から北方約60mの消火栓からホースを中継してタンク車から放水を開始した。
③ 火元に注水すべく通用口を開けてみたものの、商品のクーラーが山積みされ一面の火で進入できず、鉄扉を放水で冷却して開けようとしたが施錠が厳重で破れず、西側扉も鍵穴付近がコンクリートで塗り固められていてそこからの進入も不可能であった。
④ K倉庫と甲の倉庫の近接状態から、甲の倉庫への延焼の危険性が大きいと考えたAは、午前5時40分頃ハシゴ車の派遣と破壊用大ハンマーの取寄せを要請し、午前6時頃ハシゴ車の到着により両倉庫の境界中央部付近各壁面に放水する一方、K倉庫西側からもポンプ車で境界線に放水を始め、ハシゴ車の放水が倉庫中央部に届いている旨の報告を受けた。

⑤　K倉庫は大ハンマーによっても突破困難な状況にあったので、ハンマーの使用を断念して新たに放水砲の取寄せを要請し、放水砲が到着後、K倉庫北壁に向け放水したが、水圧が低くこれを破るに至らなかった。
⑥　K倉庫はその西端まで黒煙が庇等から噴き出しており、X市消防職員Bは午前6時30分頃、現場到着後直ちにAから状況報告を受けたうえ、甲の倉庫への延焼の防止のためにも、同倉庫の北側壁面を直視できる東西両側からの放水の継続が最善であるとしてこれに専念した。
⑦　甲の倉庫にエンジンオイル等の危険物が大量に保管され、2階の床が落下する危険や屋内消火栓の不備等があり甲の倉庫内部からの消火活動が十分できず、ハシゴ車による放水等、外からの消火に努めたが、結局これらを全焼して翌朝鎮火した。

3　争点

①　消火に従事した消防職員に対して失火ノ責任ニ関スル法律（失火責任法）の適用はあるのか。また、消火、延焼防止に関して消防職員の過失はあるのか。
②　荷物搬出についての消防職員の指示の誤り又は不存在についての過失はあるのか。

4　争点に対する判断

①　消防職員は消防法、消防組織法により火災の予防鎮圧のため高度の教育訓練を受け、専門的な知識や能力を備える特別な権限を有する者であるから、その消火活動等に当たっては一般私人よりも高度の注意義務を負担することはもちろんであるけれども、消火・延焼防止活動等の不手際を理由とする本件においても国家賠償法第4条により失火責任法が適用されると解するのが相当である。本件火災の状況等に照らし、乙の消防職員に重過失はもとより、注意義務の明らかな違反又は懈怠のあったことを認めるに足る的確な証拠はない。
②　単なる家財や在庫品の避難的搬出等はその所有者らの自主的判断で決すべく、搬出等について質問された場合、消防職員が事実上ある程度の見解を述べることはあるけれども、消防職員は本来このような義務や権限を持つものではなく、本件において仮に何らかの意見表明があったとしても、それは個人的感想とい

うべきものであるから、消防職員の指示の誤り又は不存在について過失があるとの主張は採用できない。

5 解説

国家賠償法と失火責任法との関係

　消火活動についても失火責任法が適用されると解されているが、本事案については、重大な過失もなく、注意義務の明らかな違反又は懈怠（過失）も認められないと判示された。最高裁判例においても、「国又は公共団体の損害賠償の責任について、国家賠償法第4条は、同法第1条第1項の規定が適用される場合においても、民法の規定が補充的に適用されることを明らかにしている」とし、「失火責任法は、失火者の責任条件について民法第709条の特則を規定したものであるから、国家賠償法第4条の「民法」に含まれると解するのが相当である。また、失火責任法の趣旨にかんがみても、公権力の行使に当たる公務員の失火による国又は公共団体の損害賠償責任についてのみ同法の適用を排除すべき合理的理由も存しない。したがって、公権力の行使に当たる公務員の失火による国又は公共団体の損害賠償責任については、国家賠償法第4条により失火責任法が適用され、当該公務員に重大な過失のあることを必要とするものといわなければならない」と判示された（最高裁第二小法廷昭和53年7月17日判決）。

警防 判例 3

しばやきの火の飛火火災について消防団員の過失があるとし損害賠償請求を一部認めた判例

《岐阜地裁昭和56年7月15日判決》

出典：判例時報1030号

関係法条 失火ノ責任ニ関する法律、国家賠償法1条
原　告 甲（罹災建物所有者）
被　告 乙（X市）

1　事案概要

甲が、X市消防団によるしばやき（火災予防のため田畑、空地等の雑草を焼き払うこと）の火が飛火したことにより、甲所有の建物が全焼したとして、乙に対し損害賠償を求め、一部認められた事案である。

2　認定事実

① 本件しばやきに従事したAらは、X市の消防団の分団員であった。

② しばやきの企画は、前年の年末の夜警の際、X市消防団班長であるAの組織上の上司に当たる分団の部長からしばやきをしようかとの話から始まった。

③ Aらは出初め式に集まった際に協議し、火災予防運動の一環として、本件しばやきを行うことを決めた。

④ しばやきを行うに当たって、Aから所轄の消防署に対して火煙届が出されており、これに対し消防署員は消防車を配備し、万一の場合に備えるようにとの指示を出した。

⑤ 本件しばやきには、Aら8名が参加したのであるが、同人らはX市から支給された消防団員の制服を着用し、X市から貸与され、保管管理していた消火用ポンプを積載した自動車1台を現場に待機させていた。

⑥ 4か所目のしばやきの点火燃焼地点と、本件火災発生地点とは直線距離にして約40mで、本件家屋は点火燃焼地点のほぼ風下の方向に位置していた。

⑦ 本件しばやきを、開始した当時の付近の気象状況は、曇天、湿度62%、北な

いし北西の風、風速毎秒4ないし5m（推定）であった。

3 争点

① 本件しばやきが、公務員である消防団員としての職務行為であるといえるのか。
② 本件しばやきについて、周囲の状況等に注意を払わず風下の建物に延焼させたことは、国家賠償法第1条の過失に当たるのか。

4 争点に対する判断

① 本件しばやき実施のいきさつ、慣行、態様等を考え合わせれば、本件しばやきは、消防団員の職務行為と密接に関連し、客観的、外形的にみて社会通念上職務の範囲に属する行為に当たると認めることができる。したがって非常勤の消防団員の、消防団長の招集等に基づかない自発的行為であったとしても、それは単に内部的に条例に違反した行為であるというにすぎず、職務に当たるとの判断を妨げる理由にはならない。
② Aらは、風速、風向、周囲の地形等にほとんど注意を払わず、もとより本件建物の存在自体すら意識することなく、漫然と枯草に点火をして当該場所におけるしばやきに着手したことが認められる。
　そうしてみると、Aらにおいてわずかの注意を払えば、本件建物に延焼するという重大な結果の発生を予見し、かつ回避できたことは明らかであるから、Aらに重大な過失があったこともまた明らかである。

5 解説

消防団員の行為と国家賠償責任

本判例では、国家賠償責任が認められるためには、①国又は公共団体の「公権力の行使」に当たること、②「公務員」の行為であること、③公務員が「その職務を行うについて」なした行為であること、④「故意又は過失」による行為であること、⑤「故意又は過失によって」他人に損害を加えたこと、⑥「違法」な行為であること、⑦「他人に損害を加えたこと」が必要であるとした上で、特別職の地方公務員である消防団員が行った本件しばやきは、「消防団員の職務行為と

密接に関連し、客観的、外形的にみて職務の範囲に属する行為と認められる。そして消防団員が風速、風向、周囲の地形等にほとんど注意を払わず、建物の存在自体すら意識することなく、枯草に点火をしてしばやきをした行為は重大な過失に当たる」と判示された。

警防
判例
4

消防隊等が白煙を火災と誤認し放水したことにより損害を受けたとする賠償請求を棄却した判例

《広島地裁昭和58年9月29日判決》
出典：判例時報1102号

関係法条　民法709条・710条・715条、国家賠償法1条
原　告　　甲（競走馬輸送トラック運転手）
被　告　　乙（X県）、丙（Y市）

1　事案概要

　甲が競走馬7頭をトラックに積載したまま道路上に駐車させていたところ、立ち昇った馬の鼻息や馬体の湯気を火災と見誤った者の通報を受け、現場に駆けつけたX県警察官及びY市消防吏員は、トラックで火災が発生しているものと判断し、トラック内へ消火器及び放水による消火活動を行った。

　この事件で、馬が死亡するなどしており、甲は、X県警察官及びY市消防吏員が事前に火災か否かを十分に確認することなく、白煙を火災によるものと誤認したうえ、不適切な消火活動を行った結果、馬が損傷を受ける等の被害を受けたとして、乙及び丙に対し、国家賠償法第1条又は民法第709条、第710条、第715条に基づき、損害賠償を請求したが、棄却された事案である。

2　認定事実

① 車両の荷台内に現認された5頭の馬は車体を蹴ったり他の馬と蹴り合ったりして大きな音を立てながら激しく暴れ、車体も左右に大きく揺れ動いており、そのうえ、本件車両の荷台上部から白煙が高さ2mぐらいも立ち昇り、本件車両の幌全体を白い煙で包むような状態であった。
② 現場は比較的繁華な市街地の一角であり、かなりの騒動で既に20数名の群集が周りに駆けつけて、車両火災で馬が苦しみ暴れているものと思い警察官らの消火活動を求めて大声で騒いでいる状態であった。
③ 車両荷台内部の火災を予想して火源の確認をすべく、幌と車体の間から強力

ライトを照らして荷台内部を確認しようとしたが、車両の揺れがひどくて十分な確認ができなかった。
④ 火源確認等に手間どると、火災が広がり、車両爆発、人家への延焼などの重大な結果の発生も危惧されたことから、荷台内の電気ショートなどによる火災と考えた。
⑤ 警察官において、消火器2本を噴射し、消防吏員において、到着後に1回目を、次いで一旦収まりかけた白煙が再び昇り出した頃に2回目を、いずれも各2分間程度、放水量（荷台内）計約200ℓを放水した。
⑥ 消火器噴射、放水は、馬の頭部への直射を避けて行った。

3 争 点

① 車両から発生した白煙を火事によるものと判断し、消火活動を行ったことが国家賠償法第1条の過失になるのか。
② 競走馬が死亡するなどしたことが、放水量や回数などの消火活動が正当な業務行為の範囲を逸脱していたことによるものといえるのか。

4 争点に対する判断

① 警察官及び消防吏員は、職責として火災の有無及び態様、程度等について、迅速かつ適切な判断をすべきとともに、これを前提に、相応な措置を速やかに実施すべきものといえるが、その判断及び措置は、極めて緊迫した危険状態に対するものであるため、できるだけ速やかに、可能な程度の判断をして相応の措置を講ずべきものといえる。本事案については、火源についての十分な調査もできないまま、極めて特殊な状況に直面したものとして、緊迫した状況下での迅速な判断としては、火災と判断したことも、やむを得なかったといわざるを得ない。
② 競走馬は撒水して体を洗うことに馴れているともされ、放水によって直接的に有害な影響を受けたとはみられない。また、消火活動前の3時間近い馬の騒動に比べれば、消火活動後の時間はわずかであり、消火活動によって馬の騒動を大きくしたような状況も認められず、馬の死亡原因等に照らすと、その与えた影響は小さかったものとみられる。火災であるとの判断に基づき、それに相

応した消火活動を実施したことは、警察官及び消防吏員らに通常必要とされる職務行為として許容される範囲内のものと認められ、警察官及び消防吏員らの判断及び消火活動に故意、過失はなく、また、その職務上義務違反や懈怠も認め難い。

5 解説

予見義務

本事案では、火災であるかどうかを確認する注意義務について、火事だと誤認して馬に放水したことにより馬が死亡するという結果を回避する義務を前提として、火災でないことを予見しなければならない結果予見義務の違反があるかどうかということが問われた。

この場合、標準的な消防職員を基準として、その予見が不可能ならば、予見義務もないということになるが、結果として、予見義務が認められなかった事例である。

本件は、極めて稀なケースで、警察職員及び消防職員ともに、馬の異常状態が白煙のごとく見えるということを知識経験として知っておかねばならない義務（予見義務）があるとするのは無理であるとして、本判決の結果になったと思われる。

しかし、本事案が判例として出ている以上、消防職員として、今後は、このような事態も知悉しておかなければならない。

警防 判例 5

アルミニウム火災において放水したことにより爆発が起こったとする消防本部に対する損害賠償請求を認めた判例

《山形地裁平成11年12月7日判決》

出典：判例時報1713号

関係法条 民法709条・715条、失火ノ責任ニ関スル法律、国家賠償法1条
原　告 甲（爆発火災建物の近隣住民）ら
被　告 乙（X市）、丙（火災を発生させた会社）

1　事案概要

大量のアルミニウム屑が保管されていた丙の倉庫から発生した火災において、119番通報を受けた乙の消防車が現場に到着し、消防活動を行う際、アルミニウム屑に注水したため、大爆発事故が発生した。

これにより、近隣住民の家屋等に損害を与えたとして、甲らは、乙に対して国家賠償法第1条に基づき、丙に対しては民法第709条、第715条及び失火ノ責任ニ関スル法律（以下「失火責任法」という。）に基づき、損害賠償を請求し認められた事案である。

2　認定事実

① 失火責任法にいう失火とは、「誤テ火ヲ失シ火力ノ単純ナル燃焼作用ニ因リ財物ヲ損傷滅燼セシメタル」ことをいう。
② X市消防本部職員は、丙に出動や査察をしたことはないものの、丙が廃品回収業を営んでいることを知っていた。
③ 丙の作業員が作業中に、倉庫内のアルミニウム屑の山が崩れ、ショベルローダー右側のバッテリー上に落下し、バッテリーがアルミニウム屑で埋まった。
④ 前記のバッテリーは、少なくとも本件より1か月以上前にバッテリーを交換して以来カバーを取り外したままであり、むき出しの状態であったため、バッテリーのプラス端子とマイナス端子が通電し、ショートしたことから発火し、切削油が付着していたアルミニウム屑に引火させた。

⑤ 作業員は、4本の消火器で消火しようとしたが、消火に至らなかった。丙は、廃品として回収した3本の消火器及び廃品の消火器から取り出した消火剤を保管していたが、有効期限のある消火器を配備しておらず、そのほかに消火設備がなく、防火訓練も実施したことがなかった。
⑥ X市消防本部第二小隊は、アルミ倉庫南側外壁を破壊し、ここからアルミ倉庫内部に注水したが、このとき第二小隊の隊員は、アルミ倉庫内部に金属屑が山積みされていたことを確認したものの、これを中隊長に告げることなく注水を行った。
⑦ このため、爆発が発生し、溶解燃焼中のアルミニウムの塊が周辺に飛散し、周辺家屋が延焼し始めた。

3 争 点
① X市消防本部職員の行為について、失火責任法の適用があるのか。
② X市消防本部職員の消火活動により、大規模な爆発が発生したことについて、国家賠償法第1条にいう違法に損害を加えたことに当たるのか。

4 争点に対する判断
① 本件のように、当初の失火とその後の延焼に至る因果の過程から、別個独立した第三者の行為があって初めて爆発と爆発自体による財産的損害が生じた場合には、第三者の行為は失火には当たらない。
② アルミニウム火災の消火方法は、冷却消火、窒息消火が適当であり、注水は危険であり行うべきでないなどの消火方法は、消防学校の初任科で学習する内容にあり、消防職員の必修事項であることが認められる。本件の出火点に対しては、前述の消火方法を講じ、その後周囲に対して適宜に消火活動を行っていれば、甲ら家屋への類焼は十分に防げたものと推認することができ、乙は、本件爆発により生じた損害を賠償する責任がある。

5 解 説
① 乙の責任
　本判例では、消防職員の消火活動により生じた本件爆発火災は「失火責任法

にいう失火には当たらない」とした上で、「消防職員の消火方法等が適当でなく過失があったので、国家賠償法により、本件爆発火災により生じた損害を賠償する責任が乙にある」と判示された。

② **丙の責任**

本判例では、「丙の日頃の防火体制、可燃物の管理体制、従業員に対する監督体制及び本件失火に至るまでの一連の行為には、業務上の注意義務違反があるといえ、かつその違反の程度は重大であり、失火責任法所定の重過失に当たるといわざるを得ない。

したがって、丙は本件失火による損害賠償責任を負うというべきである」と判示された。

警防 判例6

放火火災における消防隊の活動等に対する損害賠償請求を棄却した判例

《さいたま地裁平成22年5月28日判決》
出典：裁判所ウェブサイト

関係法条　国家賠償法1条
原　告　　甲（放火火災により死亡した被害者の遺族）ら
被　告　　乙（X市）

1　事案概要

　平成16年12月13日午後8時15分頃、X市所在のK社L店において、同店を全焼させた放火火災が発生し、本件火災により、L店の従業員であったA、B及びCが死亡したほか、同店の従業員7名及び消防隊員1名が負傷した。

　甲らは、X市が設置する消防本部の職員の本件火災における活動が、適切に避難を指示する義務及び速やかに人命検索活動を行う義務に違反するものである等と主張し、国家賠償法第1条第1項に基づき、乙に損害賠償を請求したが、棄却された事案である。

2　認定事実

① 　本件通報に対応したX市消防本部のDはBからの本件通報を受信した後、通報の目的が救急か火災かどうか、出火場所が、発信地表示システムに通報元として表示されていたL店と一致するのかどうかについて確認し、さらに、同店の建物の構造及び出火階、通報者の氏名及び電話番号を聴いた後、出火場所の詳細について尋ねたところで、Bが「私出ます。」と告げ電話口から離れたもので、DとBとの通話時間は約1分25秒間であった。その対応は、その後の消防活動の態様を決定する上で必要不可欠な事項を聴取したものであり、本件火災当時にX市が準拠していたX市消防通信規程の内容等に沿ったものであった。

② 　本件火災現場の消火活動等を指揮したEは、本件火災現場までの出動途中に乗車していた指揮官車から指令課を通じ、各隊に対し、行方不明者情報の最優

先確認を命じ、現場到着後、Ｌ店関係者とみられる男性から本件店舗の客や従業員は全員避難した旨を聴取した後にも、Ｅは各隊員に対し行方不明者の情報収集を命じた。
③　消防隊の呼び掛けの結果、Ｌ店の責任者であるＦを発見するに至り、従業員２名が行方不明であることを告げられ、即座に指令課に対し行方不明者が２名いることを伝達すると共に、引き続き、行方不明である従業員がいたと思われる場所等についての情報の聴取を行い直ちに救助隊を編成し、救助隊が本件店舗内に進入して行方不明者の検索活動を行った。
④　本件店舗内の火災の状況が悪化したため、本件店舗内に進入した救助隊は20分程度で本件店舗内から引き揚げ、その後は、店舗内の濃煙が激しくなったことから、店舗内への進入を断念した。

3　争点
①　本件通報におけるＤの対応に、適切な対応指示義務違反があるのか。
②　本件火災に対応した消防職員に、人命検索活動義務違反があるのか。

4　争点に対する判断
　一般に、消防職員において、火災関係者に対し、火災発見者からの119番通報を受信した場合に、通報者から火災情報を的確に収集した上で、通報者に危険が迫っているような状況であれば、適切に避難等を指示する義務（適切な対応指示義務）、並びに火災現場に到着した場合に、火災に遭って人命に対する危難が生じている者がいないかを十分に確認し、行方不明者がいる疑いがある場合には、その検索と救出に全力を挙げる義務（人命検索活動義務）を負う。
①　適切な対応指示義務違反について
　　本件通報の際、通報者は火元から離れているものと判断した上で避難指示をすることなく必要事項の聴取を継続したＤの対応が、適切な対応指示義務に違反するものであって過失があるとまでいうことはできない。
②　人命検索活動義務違反について
　　本件火災における人命検索活動について特段不適切、不合理な点は認められず、本件火災に対応した消防職員に、人命検索活動義務違反があったとは認め

られない。

5 解説

① **適切な対応指示義務**

　消防職員が、火災発見者からの119番通報を受信した場合に、通報者から火災情報を的確に収集した上で、通報者に危険が迫っているような状況であれば、適切に避難等を指示する義務を一般的には負うものであるが、本件は、これに該当しないと判示された。

② **人命検索活動義務**

　消防職員は火災現場に到着した場合、火災に遭って人命に対する危難が生じている者がいないかを十分に確認し、行方不明者がいる疑いがある場合には、火災関係者に対しその検索と救出に全力を挙げる義務を一般的には負うものであるが、本件は、これに該当しないと判示された。

警防 判例 7

消火活動に従事した消防団OBの過失に対する賠償責任を認めた判例 《新潟地裁平成23年2月25日判決》

出典：判例タイムズ1365号

関係法条 国家賠償法1条
原　告 甲（防火水槽に転落して死亡したAの母）
被　告 乙（X町）

1 事案概要

午前4時過ぎ頃発生した火災の消火活動に際して、乙の管理する防火水槽に、甲の子供Aが転落して死亡した。

甲は、Aが死亡したのは消火活動に従事していた乙の消防職団員又は元消防団員の過失によるものであるとして、乙に対し、国家賠償法第1条に基づき、損害賠償を請求し認められた事案である。

2 認定事実

① 消防団OBのBは、消防職員Cに防火水槽の蓋を開けるための道具を貸してほしい旨を伝え、Cは、防火水槽の蓋を開けるために使用するものであることを認識した上で2つのかぎ手を貸与した。

② 消防団員Dは、Bと2人で防火水槽の蓋を開けた後、ホース展開等の確認へ向かった。その後、Bも防火水槽付近から離れた。

③ 消防団員らが、可搬ポンプを運搬してきたときには、防火水槽のマンホール付近には、消防職団員又はBその他の防火水槽に人が転落しないように監視等をする者はいなかった。

④ 消防団員らは、可搬ポンプを防火水槽のマンホールから1mの距離に置いたところで初めて蓋が開放されていることに気付いた。

⑤ 消防職団員が可搬ポンプを運搬し、防火水槽のマンホール付近に置いた際に、マンホールの蓋が開いていたため、Aが防火水槽内に転落した。

⑥ 平成16年に発行された警防活動研究会編集の『消防職団員のための警防活動

時安全管理マニュアル』では、水利に係る消火活動をする消防職団員が吸水管を操作する際には、特に夜間の場合には消火栓及び防火水槽の蓋を開放するときに防火水槽等への転落を防止すること等が注意喚起されている。

3 争点

① Bの行為は国家賠償法第1条第1項にいう公務員の職務行為に当たるのか。
② B又はDに、その職務を行うについての注意義務違反があり、これによりAが死亡したのか。
③ 仮に上記②が認められたとしても、Bに違法性を阻却する事由はなかったのか。

4 争点に対する判断

① 乙の消防職団員らは一体となって公務である消火活動に当たっており、その中で、Bが水利の確保に不可欠な作業に従事していたということができる上、Bは、防火水槽の蓋を開けるためにCからかぎ手を借り、これを使用してDとともに蓋を開けたこと、Cは、Bにかぎ手を貸与する際、蓋を開けるためにかぎ手を借りたものであると認識していたこと等の事情も併せ考慮すると、Bは、消火活動につき乙が本来有する公的な権限を委託されて乙のためにこれを行使したものと評価することができるのであって、Bが蓋を開けること及びこれに関連する行為は、乙の公権力の行使に当たる公務員の職務行為と解するのが相当である。

② Bは、Dが防火水槽付近から離れた後、防火水槽付近にいる唯一の者となったのであるから、自らがその場にとどまって防火水槽に人が転落しないように監視等をするか、防火水槽付近を離れるのであれば、誤って人が転落することのないよう、防火水槽のマンホールの周囲に危険性を知らせる標識を設置するなど転落防止の措置を講じる義務があったというべきである。しかしながら、Bは、そのような措置を講じないまま、防火水槽付近から離れたものであり、消火活動を行うにつき注意義務違反があったと認めるのが相当である。

Bが転落防止の措置を講じないまま防火水槽付近を離れた結果、Aが蓋の開放されたマンホールから防火水槽内に転落し、溺死したものと認められる。

Dについては、防火水槽付近を離れたときにBが残っていたから、同所を離れてもBによって防火水槽の蓋が開放されていることについて何らかの対処がされると期待するのが通常であり、Dが同所を離れたことをもって、過失があったと断ずることは困難というべきである。
③　Bがマンホールの周囲に転落防止の措置を講じないままその付近から離れたことがやむを得ずにした行為であると認めることはできない。

5　解　説

消防団OBのBの行為は、公権力の行使に当たるか

　本判例では、「Bは、本件消火活動につき乙が本来有する公的な権限を委託されて乙のためにこれを行使したものと評価することができるのであって、Bのマンホールの蓋を開けること及びこれに関連する行為は、乙の公権力の行使に当たる公務員の職務行為と解するのが相当である」と判示された。

　Bは公務員でないものの、消防職団員と一体となって活動しているところから、公務員から公的な権限を委任されているとして、公務員の行為とされたものである。

警防
判例 8

再燃火災について消防の過失が認められないとした判例

《仙台高裁秋田支部昭和51年2月6日判決》

出典：判例時報818号

関係法条	国家賠償法1条
控訴人（被告）	甲（X市）
被控訴人（原告）	乙（火災による類焼を被った住民）

1 事案概要

乙が経営する飲食店に隣接する住家より出火し、乙の店舗兼住居が類焼した。

乙は、本件火災は、前日に隣接する住家の風呂釜煙突の側壁貫通部から出火し、その残火が再燃して発生したものであると主張し、これは前日の火災の際におけるX市消防本部による消火活動が十分でなく残火の確認を怠り、残火を残した甲に過失があるとして国家賠償法第1条に基づく損害賠償を請求し第一審で認められたものの、控訴審で逆転し、請求が棄却された事案である。

2 認定事実

① 本件火災の前日に、隣接する住家の風呂釜煙突の側壁貫通部から出火した火災（以下「一次火災」という。）が発生している。その際に側壁内部だけでなく、風呂場天井裏等にも火災が及んだものと推認される。
② 一次火災の消火として、X市消防署員は、2階押入を中心として2階室内一帯に放水した（その放水量は約10ｔに及んだ）。
③ 煙突貫通部直上の下見板が若干はがされた部分から側壁内部等に注水した。
④ 放水により2階天井、壁、畳等は全面的に水浸しになって階下にも流下し、火は収まり、煙は残らなくなった。
⑤ 残火の確認としては、1階及び2階の各室内はもちろん側壁内部も前記の下見板の破れ目から視認して行い、また2階押入内部及びその上部の天井裏を投光器で照らして行った。

3 争点

① 前日の一次火災の残火と本件再燃火災に因果関係があるのか。
② 一次火災の消火活動に過失があるのか。

4 争点に対する判断

① 側壁内部を水平方向にも火煙が流れることは、貫通柱の外壁側の面にある焼けあるいは煤煙の付着とみられる痕跡によっても裏付けられる。そして側壁の一部が燃え抜けて火炎が吹き出たとすれば、側壁内部から無炎燃焼を経て又はこれを経ないで燃え抜けたものと推認され、前日の火災の火煙が側壁に流入し、残火を残し無炎燃焼を続けて本件火災に至った可能性を否定することができない。

② 前日の火災の出火箇所と本件火災の出火箇所と推認される側壁との距離が離れていること及びその間に介在する柱、窓枠などの障害物を考えに入れると、甲が側壁中に残火の可能性ありと考えず、その部分の下見板をはがすなどの残火確認の措置をとらなかったとしても、消防活動において無用の破壊を避ける運用をしていることを考慮すれば、あながちこれをもって過失ありとすることはできないと考えられる。

5 解説

国家賠償法第1条と消防活動

本事案では、再燃火災における消防職員の過失が問題とされ、控訴審で、再燃火災の出火箇所が一次火災の出火箇所より離れており、側壁内部の障害物を考慮に入れると、再燃火災の出火箇所についてまで、残火の可能性ありと考えずに残火確認の措置をとらなくても過失がないと判示された。

消防活動で無用の破壊を避ける運用をしていることを考慮した結果、再燃回避義務がないと認めたもので、再燃回避の方法として、どこまで行えばよいのかの参考となる事例である。

その後の再燃火災判決事例と併せて検討すると、再燃火災の責任についての裁判所の判断傾向をうかがい知るのに十分参考となる判例である。

なお、本事案は、最高裁判所に上告されたが、最高裁判所は、控訴審判決に違法性はないと判示した（最高裁昭和51年9月30日判決）。

警防 判例9	消防職員のとった措置に対し失火責任法適用の有無が争われた損害賠償請求について差戻控訴審で棄却した判例 《名古屋高裁昭和55年7月17日判決》

出典：判例時報987号

関係法条	失火ノ責任ニ関スル法律、国家賠償法1条・4条
控訴人（原告）	甲（火元建物賃借人）
被控訴人（被告）	乙（X市）

1 事案概要

　X市消防隊が消火活動のため出動したが既に隣人により消火されていたため、消防隊は消火活動をせずに引き揚げ、また現場に残留した消防職員Aも、出火原因調査及び残火点検を行って本件建物から引き揚げた。その後、本件建物より再び出火し全焼した結果、甲経営の店舗内にあった什器、備品等の一切が罹災した。

　消防職員が再燃のおそれなしと速断して未然の防火措置を全くとらなかったことは単なる不注意にとどまらず、職務怠慢ともいうべき重大な過失であり、その結果、再び本件建物に火災を起こさせたとして、甲が乙に対して国家賠償法第1条第1項に基づき損害賠償を請求したが、差戻控訴審で棄却された事案である。

2 認定事実

① 本件建物は、1階に2店舗と管理人室、2階に貸室9室を有しており、甲は1階の1店舗を借りて喫茶店を経営していた。
② 本件建物においては、昭和46年12月25日午後9時20分頃、2階7号室でプロパンガスが何らかの原因で漏出し、これにストーブの火が引火し出火（以下「第一次出火」という。）したが、これを発見した隣人2名が消火器を持って駆けつけ消火した。
③ この出火に当たり、X市K消防署職員（消防隊）ら約30名は、消火活動のため出動したが、同職員らが本件建物に到着したとき既に消火されていたため、注水など消火活動はせず、なお、残り火を探したが全く知覚されなかったので、

約10分後、消防署職員Ａ１名を残留させて引き揚げた。
④　Ａは、同日午後10時過ぎ頃まで、部屋中を見たり触ったりして周到に検査した後（その際、ガスの漏出音に気付いて元栓を締めた。）、一旦近くの店へ行って消火に当たった人達に面接し、午後10時15分頃同７号室へ戻ったところ、同室は既に施錠されていて入れなかったので、午後10時半過ぎまで同室周辺を調査したうえ、再燃の危険なしと判断して帰署した。
⑤　第一次出火の後、居住者の家族が全員、火傷の治療のため病院へ行ってそのまま宿泊しており、また、その場に駆けつけていた居住者の親族も、警察官から、「また火が出てはいけない。ここに泊ってください。」と言われたが、同25日の午後10時過ぎ頃、施錠して病院に赴いてしまい、その後は無人のまま推移した。
⑥　翌26日午前６時頃、同７号室より再び出火（以下「再燃火災」という。）し、本件建物を全焼した。その結果、甲経営の店舗内にあった什器、備品等の一切が罹災した。

3　争点

第一次火災では残り火の残存が推認されるものの、具体的にどこにどのような形で残存していたかは確定できない立証状況において、火災の予防・鎮火などを職務としこれに関する知識と技能を習得している者に求められる高度の注意義務を基準として、第一次火災に出動した消防職員がとった措置に、失火ノ責任ニ関スル法律（失火責任法）における「重大な過失」があったと認定できるのか。

4　争点に対する判断

理論上、可能な調査の全てを尽くせば第一次火災の残り火の残存を発見できたはずであるが、本件において、残り火が第一次火災で火気が及んだ範囲のいずれかに残存していたことを認定し得るのにとどまり、それ以上具体的にどこに、どのような形で残存していたかは、確定できないのであるから、本件消防職員らがわずかな注意さえ払えばこれを発見できたと判断することは、もとより許されないところである。

よって、本件の第一次出火に出動した消防職員に重大な過失があったと認定す

ることはできない。

5 解説

① **失火ノ責任ニ関スル法律（失火責任法）における重大な過失の認定**

　　国家賠償法第4条の条文中の「民法」には失火責任法が含まれる。そのため、消防職員である失火者に失火責任法上の重大な過失がある場合に限って、国家賠償責任が発生する。

　　本事案では、再燃火災の出火箇所が特定されず、消防職員としての高度の注意義務を基準として判断しても、重大な過失があるとはいえないと判示された。

　　なお、重大な過失とは、通常要求される程度の注意すらしないでも、極めて容易に結果を予見できたにもかかわらず、これを漫然と見過ごしたような場合を指すのであるから、結局ほとんど故意に等しいと評価されるべき著しい注意欠如の状態をいうものと解される（最高裁第三小法廷昭和32年7月9日判決）。

② **第一審からの経過**

　　第一審：棄却
　　控訴審：一部認容（消防職員の過失を認める）
　　上告審（最高裁第二小法廷昭和53年7月17日判決）
　　　　　：破棄差戻し（国家賠償法に失火責任法が適用されることを認める）

警防 判例 10	再燃火災について消防に重大な過失はないとした判例

《最高裁第三小法廷平成元年3月28日判決》

出典：判例地方自治58号

関係法条	民法709条、失火ノ責任ニ関スル法律、国家賠償法1条
上告人（控訴人、原告）	甲（建物占有者）
被上告人（被控訴人、被告）	乙（X市）

1 事案概要

建物倉庫部分から出火した火災が、X市消防本部の消防職員の消火活動により鎮火したが、消防職員が引き揚げた後、再出火し建物が全焼した。

同建物で喫茶店を経営していた甲は、再出火につき消防職員の消火活動に重大な過失があったとして、乙に対し国家賠償法第1条に基づき損害賠償を請求したが、第一審、控訴審、上告審ともに棄却された事案である。

2 認定事実

① 昭和58年1月17日午前4時頃、甲が経営する喫茶店（木造平屋99㎡）の倉庫部分から出火（第一次出火）したが、通報を受けたX市消防本部の消防職員の消火活動により、午前4時22分頃鎮圧した。

② 引き続いて、各職員らは残火処理のため壁面内部や天井裏部分に放水をした後、更に、焼けた物品、壁の継ぎ目、柱の取組部分等を鳶口で破壊したり、壁面を手で触って蓄熱の有無を確かめたが残火は見当たらず、煙も残っていないことを確認して、午前4時41分頃鎮火と判断した。

③ その後、消防署の調査員及び警察官が甲立会いの下で現場検証を行った。調査員らによって点検残火整理がなされ、残留署員は建物内部南側を、更に建物の外部及び内部を点検したが湯気は幾分残っていたものの煙の出ている場所は見当たらなかった。最後まで残留していた署員らも再び出火する危険性がなくなったと判断し、午前5時27分頃現場を引きあげた。

④　放火の疑いのため監視をしていた警察官が、午前6時11分頃、倉庫西側から再び出火（再燃火災）しているのを確認し消防署に通報した。
⑤　到着した消防署員の消火活動により午前6時40分頃鎮火したが、建物は全焼した。

3　争点

本件再燃火災の発生について失火ノ責任ニ関スル法律（失火責任法）の適用があるのか。また、消火活動を行った消防職員に重大な過失はあったといえるのか。

4　争点に対する判断

消防署職員の消火活動が不十分なため、残り火が再燃して火災が発生した場合における公共団体の損害賠償責任について失火責任法の適用があることは、当裁判所の判例とするところであり、いまこれを変更する必要はないというべきである。けだし、公権力の行使に当たる公務員のうち消防署職員の消火活動上の失火による公共団体の損害賠償責任について同法の適用を排除すべきものとする十分な理由を見い出し難いからである。そして、原審の適法に確定した事実関係の下において、第一次出火の消火活動に出動した乙の職員である消防署職員らに同法にいう重大な過失があるとはいえないとした原審の判断は、正当として是認することができ、原判決に所論の違法はない。

5　解説

再燃火災について、失火責任法の適用があり、消防職員に重大な過失があるときにだけ、消防当局が国家賠償責任を負うことについては、最高裁第二小法廷昭和53年7月17日判決（判例時報905号11頁）があり、本判決は、同判決の趣旨により判断し消防職員に重大な過失はないと判示された。

本書では、判例8〜13に再燃火災による判例を掲載しているが、本判例は最高裁判例として特に重要である。

警防
判例 11

再燃火災について消防に重大な過失はないとした判例

《東京地裁平成7年10月27日判決》

出典：判例タイムズ915号

関係法条	失火ノ責任ニ関スル法律、国家賠償法1条
原　告	甲（火災建物所有者）
被　告	乙（X市）

1 事案概要

甲の自宅建物が火災となり、119番通報により出場したX市の消防署職員の消火活動により鎮火した。その後、消防署職員による巡視警戒を実施していたが、鎮火から6時間近く経過してから再出火し、焼損範囲が拡大した。

このため、甲は乙に対して、再出火したことについて、消防署職員の消火活動が不完全なために残り火が再燃したことに原因があって、消火活動を行った消防署職員には重大な過失があるとして、国家賠償法第1条第1項に基づき損害賠償を請求したが、棄却された事案である。

2 認定事実

① 1回目の火災に対して、延焼部分及び延焼した各部屋の動産に十分な注水を行い、鎮圧までに20.46㎥の水を放水して消火活動を行っている。
② 残り火処理についても、5.04㎥の水を注水して、延焼した部分及びそれ以外の残り火が存在する可能性のある部分に注水している。
③ 残り火が存在する可能性のある天井は、鳶口で破壊して注水を行い、また、本については、頁をめくりながら注水をしている。
④ 2回目の火災の発生場所と推定されている長男寝室については、鳶口で破壊した入口部分の廊下の天井から長男寝室の小屋裏に向けて注水し、その直下にある和室についても、その天井を全部鳶口で破壊して3階床下へ注水し、南側附室、北側押入及び北側廊下の各天井裏にも水がかかるように注水している。
⑤ 投光器、強力ライト、脚立及び机等を用いて子細に確認したが、残り火、煙

及び熱気等異常は認められなかった。
⑥　鎮火から２時間20分後に約20分間にわたり巡視警戒を実施し、各室を調査し、残り火が存在する可能性のある壁には、必要により素手で触って温度の確認をしたが、異常を認めなかった。
⑦　２回目の火災は、１回目の火災鎮火後６時間近くを経過して発生している。

3　争点

１回目の火災の際の消火活動について、消防署職員の過失あるいは重過失があるのか。

4　争点に対する判断

２回目の火災の出火原因が１回目の火災の残り火であると仮定し、かつ、消防署職員には、消防活動においてその専門家として一般人よりも高度の業務上の注意義務を負っていることを考慮しても、消防署職員の１回目の火災の際の消火活動について重大な過失があると認めることはできない。

5　解　説

①　**再燃火災の回避義務**
　　再燃火災の回避義務については、火災の鎮火後に消防職員のとるべき措置といえども無制限なものではありえず、現場の状況に応じてその範囲が画定されるべきであると判示された（名古屋高裁昭和55年７月17日判決―判例９参照）。
②　**２回目の火災と１回目の火災との因果関係**
　　本件では、２回目の火災の出火原因は、残り火あるいは第三者による放火又は失火のどちらかであると推認できるが、これを特定することはできないといわざるを得ないと判示された。
③　**重大な過失**
　　注意義務違反の程度の大きい過失をいうもので、人が当然払うべき注意をはなはだしく欠くことを指す。
　　通常要求される程度の注意すらしないでも、極めて容易に結果を予見できたにもかかわらず、これを漫然と見過ごしたような場合を指すのであるから、結

局ほとんど故意に等しいと評価されるべき著しい注意欠如の状態をいうものと解されている（最高裁第三小法廷昭和32年7月9日判決参照）。

④ **業務上の注意義務**

社会生活において、他人の生命や身体に危害を加えるおそれのある行為を反復・継続して行う際に、必要とされる注意義務をいうものであり、消防職員の場合は火災の予防・鎮火などを職務としこれに関する知識と技能を習得している者に求められる高度の注意義務をいうものと解されている（名古屋高裁昭和55年7月17日判決―判例9参照）。

警防
判例 12

再燃火災に対する損害賠償請求を棄却した判例

《盛岡地裁平成8年12月27日判決》

出典：判例タイムズ957号

関係法条	失火ノ責任ニ関スル法律、国家賠償法1条
原　　告	甲（山林所有者）ら
被　　告	乙（X市）、丙（火災発生当時のX市長）

1　事案概要

甲は、昭和62年4月22日午後3時頃発生した山林火災（一次火災）が鎮火された後の残火により、4月24日午前10時頃に再燃した山林火災（二次火災）について、乙に対し国家賠償法第1条に基づく損害賠償請求を行ったが、災害対策本部長であった丙やX市消防職団員の消火活動等について故意又は重大な過失は認められないとして、請求が棄却された事案である。

2　認定事実

① 本件火災の前の山林火災としては、丙が市長として在職していた昭和51年1月2日に市街地で建物火災が発生し、折からの強風により延焼して山林火災となり同月4日ようやくこれを鎮圧して鎮火宣言したが、7日に山林火災が再燃してその鎮火まで数日を要したという事例がある。

② 山林火災の特徴の一つとして地中火の存することが指摘され、山林火災の消火ないし消防活動として、地中火による再燃を警戒しその消火に努めることが肝要とされていた。ただ地中火の存在は発煙発火しないと発見し難いことからその消火は容易でなく、かなりの期間警戒を要することが消防関係者の間では本件火災当時においても周知のこととされていた。

③ 本件一次火災に対して災害対策本部は、23日午後5時50分鎮火宣言をした。

④ X市消防職団員の残火処理等の消火活動は、鎮火宣言に関係なく継続され、発煙が目視されない状態となった23日午後8時頃まで行われた。その後消防職員は、非番の者を除いて再燃が発見されれば直ちに消火活動ができる警戒体制

をとったまま各所属の消防署で待機することになったが、午後11時頃には一部の消防職員が消防車で林道を警戒巡視した。また、消防団員も、一部の者が再燃の警戒のため各所属の屯所でそれぞれ待機し、望見による監視に努めた。
⑤ 24日午前9時15分災害対策本部を廃止したが、非番の消防職員や自宅待機していた消防団員の一部も同日午前8時30分過ぎから警戒体制に加わり、望見あるいは消防車等による林道巡回の方法により警戒巡視を行っていた。
⑥ 24日午前9時30分頃には市有林の一次火災焼き止まり線付近に存した地中火が発煙し、風速が強まって近くの松林付近から火炎が上がり、これが周囲の樹木に燃え広がって樹冠火となり、たちまち手が付けられない状態となった。

3 争 点

市や消防職団員に重大な過失があったのか。

4 争点に対する判断

大規模な山林火災となって原告ら所有山林等まで罹災する結果を予見できなかったことは、本件二次火災発生の経過から見てやむを得なかったということができる。また、本件二次火災発生後に市として行った措置や消防職団員の行った消火活動等にも特に結果発生の回避措置として不適切な点は認められないのであるから、それら鎮火宣言等や消火活動等の措置は、専門職員に課せられる注意義務を基礎において判断しても、著しく注意を怠ったものでほとんど故意に等しいものとは判断し難く、過失は認め得るとしても、それが重大な過失の程度に達しているとは到底認めることができない。

5 解 説

山林火災における再燃火災

「公権力の行使に当たる公務員の失火による国又は公共団体の損害賠償責任については、国家賠償法第4条により失火責任法が適用される」と解されている(最高裁第二小法廷昭和53年7月17日判決)。したがって、X市は、消防職員らに故意がある場合は、当然損害賠償責任を免れることはできないが、故意がない場合は同法の適用によって消防職団員らに重大な過失が認められない限り、甲らに

対し損害賠償責任を負うことはない。
　本判例でも、「地中火という残火による再燃火災が発生する危険性があったが、消防職団員の行った消防活動の状況や専門職員等に課せられる注意義務等から判断しても、重大な過失とは認められない」と判示された。

警防
判例13

消火した枯草等が再燃し隣接建物に延焼した火災について失火者に重大な過失が認められないとした判例

《さいたま地裁平成16年12月20日判決》

出典：判例時報1904号

関係法条 民法709条・719条、失火ノ責任ニ関スル法律
原　告 甲（建物が焼損したK会社）、乙（K会社の代表取締役）ら
被　告 丙（K会社に隣接する土地の所有者）、丁（丙の子）ら

1　事案概要

本件は、丙が自宅敷地内で枯葉等を燃やした後消火したが、その約1時間後に、丙の自宅の隣接地にあるK会社所有の建物で火災が発生し、同建物や乙らの物品が焼失した。

そこで、甲及び乙らは、本件火災は丙が燃やした枯葉等の火が枯れた芝生に燃え移り、これが延焼して発生したものであり、丙には本件火災の発生につき重過失があるとして民法第709条及び失火ノ責任ニ関スル法律（以下「失火責任法」という。）に基づき、また丙と同居している丁らには、丙が高齢であり結果予見能力及び結果回避能力が劣っているのであるから、丙の行動の監視・監督義務があるとして民法第709条及び第719条に基づき、甲及び乙らが被った損害の賠償を求めたが、棄却された事案である。

2　認定事実

① 丙が焼却行為をした部分は、幅約11.4m、長さ約28.4mでK会社建物まで約25m離れており、周囲に芝生が植えられていたものの、他に燃えやすい物はなかった。

② 丙は、平成15年3月24日午前10時頃、自宅敷地内でケヤキの葉を焼却しようとしてマッチにて点火したところ、ケヤキの葉はすぐに燃え終わったものの次第に周囲約3mの範囲の芝生がチリチリと燃え出した。

③ 丙は、芝生がチリチリと燃え始めた際、当初は足踏みにて消していたが、芝

生の火がK会社の方に燃え広がり出したので、丙の自宅洗い場でジョウロに水をくみ5～6回延焼している場所とを往復して水をかけ、芝生を竹ぼうきでたたくなどして消火に努め、さらに、丙の消火作業途中に帰宅した丙の孫も丙と一緒に芝生に水をかけていくなどして火を消していった。
④　丙の自宅庭の芝生は、北側の杭が1本くすぶって煙を出したものの、同日午前10時30分頃には、K会社建物との間に約3～5m幅の芝生や草地が燃えることなく残り、一応消火された。
⑤　丙は、その後も特にK会社建物との間の空き地部分の草と庭の北側の境界付近のまだ燃えていない芝生の部分や、燃えてしまった芝生の消し際、くすぶって煙の出ていた杭に重点的に水をかけ、全体を見て回るなどして火が消えたかどうか確認し、同日午前11時頃にもう危険はないと判断して自宅に戻った。
⑥　その後、約1時間以上を経過した同日午後0時15分頃、北側境界付近の枯れ葉が再燃し、これが北側空き地部分の枯れ葉に延焼し、同所に置かれていたウレタンロールやK会社建物の壁に絡まったつたや草などに燃え移り、さらにK会社建物内の南端に置かれたFRP溶剤を加熱させてこれを発火させるなどして本件火災に至った。
⑦　本件火災が発生した当時の気象条件は、天候は晴れ、南の風2m／s、気温18度、実効湿度65％、警報発令なしであった。

3　争点

本件火災が発生したことについて、丙に失火責任法にいう重過失があるのか。

4　争点に対する判断

　丙が燃やそうとしたものが、ちりとり一杯程度のケヤキの枯れ葉等で大量のゴミではないことから飛び火の危険がそれほど懸念されるものではないこと、これに焼却した場所や気象条件の点において特段危険が予測される状況がなかったことを合わせて考慮すれば、この点のみを捉えて重大な過失があるとまでは認められない。
　また、消火作業及びその後の確認作業を行った丙にとって、1時間以上経過した後に、一旦消えた火が再燃し、本件火災を発生させるに至ることまで予見する

ことは困難であったものといわざるを得ないことから、丙には、本件火災の発生につき重大な過失があるとまで認めることはできない。

5 解説

丁らの監視・監督義務違反についての裁判所の判断

本判例では、「丙の重過失を前提とせずに、丁らについて監視・監督義務違反を論ずるとすれば、失火責任法が行為者に重過失がある場合にのみ、責任を認めた趣旨を没却することとなる。本件火災の発生については、丙には重大な過失があるとは認められないから、丙の責任の存在を前提とする丁らに対する損害賠償の請求は、その余の点につき判断するまでもなく、理由がない」と判示された。

警 防
判例 14

集中豪雨による山崩れで発生した人損に対して行政の不作為責任を認めた判例

《高知地裁昭和59年3月19日判決》

出典：判例時報1110号

関係法条	国家賠償法1条、災害対策基本法51条、急傾斜地の崩壊による災害の防止に関する法律3条・12条
原　告	甲（本件事故の遺族）ら
被　告	乙（X県）・丙（Y市）

1　事案概要

　昭和47年9月15日午後7時15分頃、集中豪雨の最中に、X県Y市北東部の市街地に所在する通称K山の斜面の一部が崩壊し、隣接する住宅地の民家を押しつぶし、倒壊家屋の下敷きになった者十数名が死傷する災害が発生した。

　X県やY市が関係法令に基づき、本件崩壊地を崩壊危険区域に指定して崩壊防止工事の施工及び予見可能性のあった本件崩壊の危険の切迫を住民に周知徹底させる等の権限を行使していれば、甲ら一部住民の人損及び物損は回避されていたとして、甲が乙及び丙に対し国家賠償法第1条第1項により損害賠償を請求し、人損について認められた事案である。

2　認定事実

① 昭和47年9月15日午後7時15分頃、集中豪雨の最中に、X県Y市北東部の市街地に所在する通称K山の北斜面の一部が幅約50m、高さ約30mにわたって崩壊し、崩土約2万m³がK山北側の山すそを走行する幅員約3mの道路を越えて、その北側に隣接する住宅地にまで崩落し、一瞬のうちに民家7棟を押しつぶし、2棟を半壊させ、倒壊家屋の下敷きになった者のうち、10名が死亡し、2名が重傷を負うという大惨事が発生した。

② X県地方は、9月13日午後から15日昼頃までに県下全域にわたり100ないし250mmの降雨があった。その後、一時天気は回復したものの、台風20号の影響

を受けて15日午後2時前からY市を中心に局地的な大雨が降った。
③ 通称K山の地形、地質、植生といった素因の状況や、クラック（壁や岩壁などの裂け目や狭い割れ目）の存在、湧水の発生、近隣での崩壊といった前駆現象等を総合考慮すれば本件崩壊地における斜面災害発生の危険性は著しく高く、一応の目安となり得る崩壊頻発雨量、すなわち継続雨量100㎜、時間雨量20㎜を超える集中豪雨があるときには、斜面災害が発生して住宅密集地たる本件被害地上の住民の生命、身体及び財産を侵害する具体的な危険が切迫していたものと認められる。
④ X県は、X県Z町で同年7月5日に発生したL山の山腹崩落死亡事故を契機に翌6日付をもって県下の各市町村に対し、危険箇所の総点検の実施を指示し、Y市は、指示を受けて市内の実態調査を実施し、X県への結果報告は、8月20日までになされた。

3 争点

本件崩壊の危険の切迫を住民に周知徹底させる等、公務員の各権限を行使するか否か、また、その行使時期、方法等の判断は、原則として当該公務員の自由裁量に委ねられているものであるが、X県・Y市に対し同権限の不行使による責任を問うことができるのか。

4 争点に対する判断

X県は、危険箇所の総点検における結果報告の整理確認に最大限必要な日数を考慮しても、遅くとも8月31日の時点においては、本件崩壊地の具体的危険性を予見できたものといわざるを得ず、同日以後本件災害前に、Y市を通じて一部原告ら住民に対し、本件崩壊地の具体的危険性を知らしめて、十分な警戒を促す権限を行使すべき義務があったのに、少なくとも過失によってこれを怠ったものと認められ、また、Y市は、同年8月20日以後本件災害前に、一部甲ら住民に対し、本件崩壊地の具体的危険性を知らしめて、十分な警戒を促す権限を行使すべき義務があったのに、少なくとも過失によってこれを怠ったものと認められる。

よって、本件災害のX県・Y市は、権限不行使によって生じたと認められる一部甲らの人損を賠償する責任がある。

5 解説

権限不行使と賠償責任

　本判例では、権限不行使により損害が発生した場合に、地方公共団体が責任を負う場合の要件として、次の三要件を示し、

　①具体的危険性の存在と予見可能性

　②権限行使の可能性と結果回避可能性

　③権限行使への期待可能性

　この三要件を充足するにもかかわらず、公務員が当該権限を行使しないときは違法になると判示された。

　権限不行使の責任については、最高裁第二小法廷平成7年6月23日判決等があるが、本判決は権限不行使の責任の具体的基準を示したものとして消防行政上参考になる。

| 警防 判例 15 | 土砂崩れ現場の指揮者に警戒監視体制の整備及び事実上の避難指示をすべき義務が条理上認められないとした判例 《高松高裁昭和63年1月22日判決》 |

出典：判例時報1265号

関係法条	国家賠償法1条、消防組織法1条、災害対策基本法60条
控訴人（原告）	甲（被災した一般地元住民遺族等）
被控訴人（被告）	乙（X町）、丙（Y県）

1 事案概要

昭和47年7月5日午前6時45分頃、X町の山の南斜面において土砂崩れ（以下「第一次崩壊」という。）が発生し、警戒出動中のX町消防団員1名が生き埋めとなる事故が発生した。そのためX町消防職団員及び一般地元住民らがその救助作業に従事していたところ、同日午前10時55分頃、南斜面が高さ約90m、幅約170mにわたって大きく崩壊（以下「大崩壊」という。）し、X町消防職団員及び一般地元住民ら（救助作業に協力していた者を含む。）合計60名が、生き埋めになって死亡した。

甲は、乙及び丙に警戒監視体制をしくべき義務及び事実上の避難の指示を行うべき義務があるにもかかわらず、措置をとることを怠った安全配慮義務の不履行があると主張して国家賠償法第1条に基づき損害賠償を請求したが棄却された事案である。

※丙に関する部分については以下省略する。

2 認定事実

① X町消防団副団長は、第一次崩壊の発生前、団員らを連れて山に登ってその状況を視察した。

② 5日午前7時15分地方気象台からの気象情報が、大雨警報・洪水警報・雷雨注意報に改められ、崖崩れ、山崩れの危険性が発表された。さらに午前9時45分崩壊地の累積雨量が741mmに達したと発表された。

③　X町消防団長は、午前7時50分頃、副団長ら3名に命じて救助作業の現場付近の上方を監視させるとともに、自らの判断に基づいて、団員ら数名と共に第一次崩壊現場付近の民家にいた住民らに危険であるから避難するように勧告した。
④　崩壊地付近で、過去に人家が危険にさらされるような地滑りの発生はなかった。
⑤　崩壊地付近については、大規模な地滑りが発生する危険性を指摘したような調査結果その他の情報もなかった。
⑥　大崩壊以前に発生した一連の崩壊は、いずれも山の端末部において、10m前後の高さから崩壊した小規模のものであった。
⑦　激しい降雨が続いていたことから、周囲の見通しが悪く、また、多量の雨水が山肌を流下していて湧水の存在などに気付くことが極めて難しかった。

3　争　点

①　本件副団長らは、警戒監視体制の整備又は事実上の避難指示を行うべき義務を条理に基づいて負っているのか。
②　乙に安全配慮義務の不履行があったのか。

4　争点に対する判断

①　副団長らが認識していたと認められる気象情報を考慮に入れても、大崩壊が発生するかもしれないと警戒することは困難であると認められる。また、副団長らが警戒監視体制をしき、大崩壊と関連性を有するとみられる諸現象を把握したとしても、大崩壊が発生する危険性を予見することが可能であったとも認め難い。

　したがって、副団長らは、救出作業現場における実際上の指揮を任されていたが、警戒監視体制をしいたうえ、地滑りの前駆現象を事前に発見して崩壊地付近にいた全ての人々に対して避難の指示を行うことが容易であったとは到底いえないから、副団長らがこのような行為を行うべき義務を条理に基づいて負っていると解することはできない。

②　副団長らが救助作業中、第一次崩壊と同程度又はこれを上回ることがあって

も比較的小規模の崩壊が起こるかもしれないということを予想し、救助作業に従事する者の生命身体を保護するために相応の警戒監視などの措置をとっていたことから、乙に安全配慮義務の懈怠があったものとは認められない。

5 解 説

① **予見可能性の有無**

警戒監視体制をしき、地滑りの前駆現象を把握したとしても、非常に速い速度で本件大崩壊が発生する危険性を予見することが可能であったとは認め難いと判示された。

② **条理上の作為義務の有無**

本判例では、「公務員の権限の不行使が違法の問題を生ずるのは、原則として、権限が法令に具体的に規定されているときに限られる。そして、例外的に国民の生命、身体、財産に対する差し迫った重大な危険が発生したときなどには具体的な法令上の根拠がないにもかかわらず条理に基づいて公務員に一定の作為義務が生じると解する余地があるとしても、そのためには、少なくとも具体的事情の下で公務員にそのような作為を容易に期待できるような状況があることが前提となる」と判示された。

公権力の不行使による国家賠償法に基づく請求については、行使義務が必要であるが、条理上の作為義務について、具体的事情の下で公務員に、そのような作為を容易に期待できるような状況、即ち、住民の権限行使への期待可能性が必要であり、本事案では、危険性の予見可能性がないことから作為義務がないとしたものである。

③ **判決後の状況**

本事案は、甲らが上告した後、和解が成立し結審した。

警防
判例 16

要救助者が凍死したことについて山岳救助隊の選択した進行方法が国家賠償法上違法であるとした判例

《札幌地裁平成24年11月19日判決》

出典：判例時報2172号

関係法条　国家賠償法1条
原　　告　甲（死亡者Aの親）ら
被　　告　乙（救助活動を行ったX県）

1　事案概要

　Aが平成21年1月31日、K岳に入山したものの視界不良のため山頂付近で遭難し、翌2月1日に一旦はX県警察山岳遭難救助隊（以下「救助隊」という。）によって発見・保護されたものの、下山を開始した直後に救助隊とともに滑落等をしたため、結果的に救助されずに同月2日に凍死による死亡が確認された。

　そこで、甲らは、救助隊員にはAを救助するための適切な行為をすべき作為義務があるのにこれを怠った過失があるとして、乙に対し国家賠償法第1条第1項に基づき損害賠償請求し、一部認められた事案である。

2　認定事実

① 　1月31日午後4時30分頃に、X県警察地域部航空隊（以下「航空隊」という。）は、ヘリコプターでK岳の上空付近に到着し、捜索を開始したが、天候が悪く山頂付近一帯は厚い雲に覆われており、有視界での捜索が困難となったために、やむなく午後5時20分に現場を離脱した。

② 　救助隊は、2月1日午前9時50分頃、Aがビバークしている可能性が高いとされた地点から約150m離れた地点に到達し、ビーコン（電波の送受信ができる小型電子機器）等による捜索を開始し、午前10時20分～30分頃には、前記地点を中心とする半径約100mの領域の捜索を行った。

③ 　午前11時59分、救助隊は、Aを発見し、B隊員、C隊員がAの両側に位置し、両脇から抱えていくような体勢で歩行移動し、これをD分隊長が先導、後尾を

E小隊長とF隊員で実施した。後方のE小隊長は、登山道からコンパスとGPSでルートを確認しながら、方向等の指示を行った。
④　E小隊長は、Aを発見する前、雪上車が9合目付近まで登頂していたことを確認していたため、登山してきたルートを戻ることはせず、Aの発見場所から雪上車待機場所まで、夏山であれば登山道となるルートを通っていく最短コースでAを運び、雪上車で下山する方法を選択した。
⑤　救助隊員は、1月30日にK岳で冬山訓練をしたこともあり、登山道の南側には崖があり、稜線の南側には雪庇（ひさしのように張り出した積雪）があることを認識していた。
⑥　下山を開始してから5分前後が経過し、Aを発見した地点から約50m進んだ地点で、D分隊長、B隊員、C隊員及びAは、雪庇を踏み抜き稜線から各々20m、100m、50m及び200m滑落した。
⑦　滑落を免れたE小隊長とF隊員は、稜線からストレッチャーを持って、Aがいる地点へ向かい、E小隊長、F隊員及びB隊員の3名でストレッチャーを広げてAを抑向けの体勢で収容し、Aをストレッチャー付属の固定ベルトで縛着し、前方2名後方1名でストレッチャーを搬送した。
⑧　搬送作業が困難を極め極度に疲労していたため、作業を交代しようと、ストレッチャーの端を登坂上のハイマツの太さ約5cmの幹と太さ約3cmの枝に「一回り二結び」という結び方で結束したが、隊員の交代中に、結着していたストレッチャーがハイマツから離れ、ストレッチャーの痕跡も確認できない谷底へと落ちて行った。
⑨　2月2日午前7時41分、Aは救命用具であるストレッチャーに固定されたまま雪に埋まった状態で発見され、航空隊のヘリコプターで病院に搬送されたが、午前8時54分、凍死による死亡が確認された。

3　争　点

①　救助隊員の救助活動が「公権力の行使」に該当するのか。
②　救助隊員の救助活動が国家賠償法上の違法な行為に該当するのか。

4　争点に対する判断

① 救助隊は、X県警察に設置され、X県警察本部長に任命された警察官の中から指定された者によって構成されており、山岳における遭難者の救助活動に当たることを任務とするものであって救助隊員の救助活動は、警察官の職務の一環として行われているのであるから、純然たる私経済作用といえないことは明らかなので、国家賠償法第1条にいう「公権力の行使」に当たるものというべきである。

② 本事案ではAの搬送に着手した時点で、具体的な救助活動を開始したものと認められることから、救助隊員には適切な救助活動を行う義務があったといえる。

救助隊員は、崖がAの発見場所の近くであること、山頂付近の南斜面では、雪庇を踏み抜くなどして崖下へと滑落する危険性があることを十分認識していたと認められるものの、視界が不良であり、足場も悪く、強風が吹いている状況のなか、救助隊長の指示は、進行途中に「気持ち北東方向に進行する。」と口頭での指示であり、コンパスは滑落するまでの間数回確認したというものであった。この方法では、南にぶれやすい方法であったといわざるを得ず、細心の注意を払ったものとは到底いえないものであった。

北東方向に進行すれば、南側の崖に向かうことはない位置関係であったこと、常時コンパスで方角を確認しながら進行方向を指示することなど、当時の状況下でもとり得る他の方法が容易に想定できることをも考慮すれば、救助隊が選択した進行方法は、合理的なものであったと認めることはできず、この選択は国家賠償法上違法といわざるを得ない。

5　解　説

① **国家賠償法第1条にいう「公権力の行使」**

国又は地方公共団体がその権限に基づき、優越的な意思の発動として行う権力作用のみに限らず、純然たる私経済作用及び同法第2条にいう公の営造物の設置管理作用を除く全ての作用を包含するものとされている。

② **進行方法についての過失の判断**

本事案では、具体的状況に照らし、明らかに合理的と認められない方法をとっ

たときに、国家賠償法上違法と評価されるとの判断を示し、救助隊のとった進行方法についての過失を認めている。

　本判例は、県警の援助隊の活動に係るものであるが、消防の救助の場合にも、同様の判断基準が適用されるものと思われる。

警防
判例 17

消防自動車の緊急走行中に発生した交通事故が機関員の過失によるものとして有罪とした判例

《札幌高裁昭和32年10月15日判決》
出典：高等裁判所刑事判例集10巻8号

関係法条　刑法211条
被告人　　甲（消防用タンク車機関員）

1　事案概要

甲は、消防士として消防自動車等の運転業務に従事しており、火災が発生したため4名の隊員を同乗させて消防用タンク車を運転して出動した。

出動途上、「Ｙ」字形三差路付近の道路両側には多数の通行人見物人等が立ち並んで道幅を狭めており、見通しのきかない状況であったが、突然児童の2人乗り自転車が飛び出してきたため、それを避けようとハンドルを切ったところ、立ち並んでいた児童等の集団の中に突っ込み18人の児童等を死傷させたため刑法第211条に基づき、第一審で有罪判決を受けた。

事故は、甲において予見し得ずまた予想もしなかった児童の2人乗り自転車が無謀にも突然現れたのを避ける間、甲としては、その能力の及ぶ限りを尽くしたにもかかわらず絶対不可避の状況下において発生したものであるから、甲には結果につき責任を帰せしめ得ないとして事実誤認を主張し控訴したが、棄却された事案である。

2　認定事実

① 甲は、火災現場に赴くため4名の隊員を同乗させ、先発した3台の消防車に続いて消防タンク車を運転して時速40kmの速度で三差路の手前に差し掛かったが、三差路は、北西方向に約30度曲り、当時その進路付近両側には消防車の相つぐ通過によって多数の通行人、見物人等が立ち並んで道幅を狭めており、特にこの道路の曲角の外側（進行方向に対して右側）には多数の児童、幼児等が前面に立ち並び、右曲角の先方には人家があって見通しがきかない状況であっ

た。
② 甲の運転するタンク車には３ｔの積載可能な車に約２ｔ半の水を積載しており、急停車には若干の困難をきたす実情にあった。
③ 甲は、前記曲角の手前30ｍの地点で時速約35kmに減速した。
④ 甲は、道路左側から出てきた児童の２人乗り自転車を避けるため、あわててハンドルを右に切ったため児童等の集団に突っ込み事故を発生させた。

3 争 点
　緊急走行中、児童の２人乗り自転車が突然飛び出したことにより発生した事故は、前方注視の義務や事故防止の義務を怠った過失によるものと認定できるのか。

4 争点に対する判断
　緊急走行時に、消防タンク車の運転の業務に当たる者に課される前方注視ないし事故防止の義務は、他の一般自動車のそれに比して免除ないし軽減するものではない。
　本件では、多数の通行人、見物人等は、甲の運転する消防タンク車が緊急走行してくるのに気付いて道をあけていたとはいえ、その進路は相当狭められていたのであり、その中には消防活動に理解の乏しい児童や幼児が前面に押し出ていたうえに、相次ぎ消防車が通過したため、後続の甲のタンク車に気付かない者がいないとも限らない。通行人見物人等がいつ進路を妨害するかもしれないことは容易に想像し得る事情にあったと認めるのが相当であるから、甲としては、いざという場合を考慮して危険を未然に防止するため充分減速して進行するか、少なくとも急停車できるだけの措置を講じて対処すべき注意と能力とを要請されていたものというべきであるのに、甲は本件タンク車の性能や自己の平素の技量を忘れ、単に時速35kmに減速しただけで注意を怠ったため本件事故を引き起こすに至ったものと判断せざるを得ない。原判決が甲に対して認定した本件過失責任も同一趣旨に帰するものと解せられるから、原判決には事実誤認はなく、これと異なる見解に立っての各論旨は理由がない。

5 解説

① **緊急走行と消防車運転者の義務**

本判例では、「消防車の緊急走行が許容されているのは、消防車の社会的使命及び効用を重視したことによるものであるが、その運転の業務に当たる者に対し、他の一般自動車のそれに比して前方注視ないし事故防止の義務を免除又は軽減するものではない。

結果発生を決定的ならしめる段階を切り離して考察するのではなく、それ以前の段階において注意義務に違反する行為があれば、義務懈怠による過失がある」と判示された。

② **本判例から得られる教訓**

本件事故発生の原因は、消防車運転者の運転技量が十分とはいえず、その技量拙劣に起因することが認められたことから、緊急時にも十分対応できる運転技量の養成・熟練が必要である。

> 警防
> 判例
> 18

消防自動車の緊急走行中に発生した交通事故が運転者の注視義務違反によるものとして有罪とした判例

《横須賀簡裁昭和33年2月19日判決》

出典：第一審刑事裁判例集1巻2号

関係法条 刑法37条・211条、消防法26条
被告人 甲（X市消防吏員）

1 事案概要

甲はX市消防吏員としてK消防署に勤務し消防自動車の運転の業務に従事していたが、火災現場へ出動のため消防自動車を運転し交差点に差し掛かったところ、進路を右より左に徒歩で横断しようとしているAに衝突させて路上に転倒させ傷害を負わせた。

甲は注視義務を怠った過失により、業務上過失傷害罪として刑法第211条に基づき起訴され、罰金刑（執行猶予付き）に処された事案である。

2 認定事実

① 甲は、午後7時35分頃火災現場へ出動のため消防自動車を運転し時速約60kmで進行し交差点に差し掛かった。

② 甲は、前方右側に対する注意を怠った過失により、進路を右より左に横断しようとしているAに気付かず、その手前約11mで初めてこれを発見した。

③ 甲は、狼狽のあまりAを避けようとしてハンドルを右に切り、急停車の措置を執ったが及ばず、Aに衝突させて路上に転倒させ、治療1か年を超える両大腿骨骨折等の傷害を負わせた。

④ 証人Bによると、事故発生時においては小雨が降っており、消防車の運転台に甲と並び座っていたが、前方の見通しは50mぐらい可能であり、Bは被害者が前方50m位の位置で道路の横断を開始し、道路に進出して来ているのを発見しており、また、当裁判所の検証の結果、現場の前方見通し可能な距離は大体50mぐらいで付近は見通しを妨げるもののない幅員15mのアスファルト舗装の

直線の道路だった。
⑤　Aは当時身体（特に視覚及聴覚）に何らの障害がなかったのにかかわらず警笛を鳴らし赤色灯をつけて接近してくる甲の運転する消防車に全然気付かず、その進路を横断しようとし待避の姿勢をとらなかった。
⑥　事故発生の現場である交差点は停止の表示のない交差点であった。

3　争　点

①　火災現場に急行中の運転者に課される事故防止及び注視義務は、消防法第26条に基づき、一般車両の運転者に比べて免除ないし軽減されるのか。
②　甲のとった行為は、自己又は他人の生命身体若しくは財産に対する現在の危難を避けるためやむを得ず出た行為として、緊急避難（刑法第37条）に該当するといえるのか。

4　争点に対する判断

①　火災現場に急行中の消防車の運転者といえども、他の一般自動車のそれに比べて前方注視ないし事故防止の義務を免除ないし軽減するものではなく、常に進路前方及びその左右を注視し障害物を早期に発見しこれを避け公衆に危害を加えないような方法で操縦すべき義務がある。甲が一般通行者は当然消防自動車に対しては、道路を譲るものと軽信し漫然疾走したことは、まさに注視義務の懈怠であると論断せざるを得ないのであって、正当なる業務の観念の入れる余地のないことは明白である。Aに不注意がありその過失が事故発生の重要な原因であることはもちろんであるが、このため甲の注視義務が免除させることはなく、甲の過失責任は到底免れ難い。
②　甲はAと衝突を避け得るよう、いつでも機宜の措置を執り得るため徐行すべき業務上の注意義務があったのにもかかわらず、その注意義務を怠りその前方約11ｍの距離に至って初めてAを発見し、急停車の措置を執ったものであるから、たとえ当時路面が小雨のため濡れていてブレーキの操作が十分でなかったとしても、それは甲が急停車の措置をとるべき以前に注視義務を怠ったため突然急停車の措置を執らなければならない事態を惹起したものであり、また当時路面が小雨のため濡れていてブレーキの操作が十分でなかったものとすれば、

甲はあらかじめそのことを考慮して速度を適宜に低減すべきであって緊急避難の主張は入れる余地がないことは明らかである。

5 解説

① **緊急消防車運転者の業務上注意義務**

本判例では、「一般通行人との衝突の危険を発生するおそれのある特別の事情があらかじめ看取された場合には、その危険発生の結果を防止し得るよう消防車の速力を低減し、又は一旦その進行を停止して、危険の発生を未然に防止すべき業務上の注意義務がある」と判示された。

② **被害者の過失**

被害者に過失があったとしても、消防車運転者は事故防止の努力をすべきであって、一般通行者は当然消防車に対しては道路を譲るものと軽信することは、正当な業務として認める余地がないと判示されたもので、本判例は消防実務上参考とすべき重要な判例といえる。

警防 判例 19	

救助訓練中の隊員の死亡事故について市の安全配慮義務違反があったとした判例

《宮崎地裁昭和57年3月30日判決》

出典：判例タイムズ464号

関係法条　国家賠償法1条、民法415条
原　告　　甲（亡消防職員Aの遺族）ら
被　告　　乙（X市）

1　事案概要

　AはX市の消防職員であり、AがX市の職員としてK地区消防救助技術指導大会の障害突破競技に参加するために訓練をしていたところ、約7mの高さの塔（以下「L塔」という。）から転落し、死亡した。

　甲らは、乙には安全配慮義務があるにも関わらず、これを怠って訓練を実施させたこと、また、その訓練施設が安全性を欠如した瑕疵のあるものであることから、本件が発生したとして、乙に対し国家賠償法第1条に基づき損害賠償を請求し、認められた事案である。

2　認定事実

① 乙は公務として行われた本件訓練遂行のために設置すべき訓練場所が狭隘であったため、施設ないし器具である訓練用仮設塔のL塔とM塔を正対させず斜方向に位置させていた。
② L塔の足場に十分な広さを確保せず安全面からみて狭きに失していた。
③ L塔はにわか作りの改良されたもので鉄製の筋交いなどロープ投てき訓練の障害物が残存していた。
④ 危険な訓練に伴う不慮の事故から職員の身を守るべき安全ネットが大きすぎたこと、使用方法についての説明書がなかったことなどの事情から全く使用しないまま訓練を続行していた。
⑤ 公務員であるAが上司の指示の下に遂行する公務である本件訓練の管理に当

たって、本件の訓練種目「応急ブリッジ」などの経験者を補助員ないし現場指導者として訓練現場に配置せず、しかも「大会実施要領」にも精通していなかった。
⑥ 応急ブリッジの訓練で、L塔に登ったAが、M塔に向けてロープの先端約3mを束ねて投げようとした瞬間、ロープの先端が足場の上約1.4mにある斜の筋交いに引っかかり、これを引き外そうとしたところ、バランスを失って足場を踏み外し、右側頭部及び右肩からアスファルト舗装の地上に転落した。

3 争点

Aが訓練中に転落したことについて、乙に安全配慮義務違反があるとして、国家賠償法第1条の過失が認められるのか。

4 争点に対する判断

地方公共団体は所属の地方公務員（以下「公務員」という。）に対し、地方公共団体が公務遂行のために設置すべき場所、施設若しくは器具等の設置管理又は公務員が上司の指示の下に遂行する公務の管理に当たって、公務員の生命及び健康等を危険から保護するよう配慮すべき安全配慮義務を負っている。

しかし、火災現場の消火活動や人命救助など現在の危難に直面した場合においては、地方公共団体に自己の身を守るべき安全配慮義務を強く求めることはできない。

ただし、一般訓練、消防演習時などのように前示危難の現場から遠ざかれば遠ざかるほど、その安全配慮義務が要請されることになる。

したがって、**本件訓練では地方公共団体は訓練に当たる消防職員の安全配慮をなすべき強い義務を負担しなければならないこととなり、乙は公務員であるAの生命及び健康等を危険から保護するよう配慮すべき安全配慮義務を欠いていたものといわねばならない。**

5 解説

地方公共団体の公務員に対する危険保護義務（安全配慮義務）

地方公共団体は、公務員に対し、公務員の生命及び健康等を危険から保護する

よう配慮すべき安全配慮義務を負っている。

　本判例では、「一般訓練のように危難の現場から遠ざかれば遠ざかるほど、その安全配慮義務が要請される」と判示されたが、国家賠償法第1条のほかに、公務員の任用関係の中に安全配慮義務が含まれており、これに違反すると契約違反として債務不履行になるとの判断を示したものと解される（最高裁判所昭和50年2月25日判決参照）。

警防
判例 20

訓練中に死亡した職員に対する安全配慮義務違反があったとして市の損害賠償責任を認めた判例

《津地裁平成4年9月24日判決》
出典：判例タイムズ802号

関係法条　国家賠償法1条、民法415条
原　告　　甲（消防吏員Aの妻）ら
被　告　　乙（X市）

1 事案概要

X市の消防吏員Aは、消防本部が実施した耐寒訓練である登山に参加した際、労作性狭心症による不整脈で死亡した。

甲らは、Aの死亡はX市消防本部の安全配慮義務違反によるものであるとして、乙に対し損害賠償を請求し認められた事案である。

2 認定事実

① Aは、昭和58年7月27日、病院で労作性狭心症の診断を受け、1か月弱の入院期間を含めて約4か月間の休暇をとって療養した。

② Aは、昭和58年12月10日に職場復帰した。

③ 上司等は、Aの職場復帰の際、Aから、体のことを考えて事務の仕事である消防本部指令室の仕事を希望している旨聞いていたが、X市消防本部の方針及び体制から実現されなかった。

④ 上司は、Aの療養休暇に際し、「労作性狭心症　上記病名のため、約1か月の間安静加療を必要と認む。」などと記載された診断書と病気休暇願を数度受け取った。

⑤ 上司はAの職場復帰の際に、「不安定狭心症　上記疾病にて治療、胸部痛等の症状が改善したので軽作業等の勤務は可能と思います。」と記載された診断書及び「結果的には診断書のとおりでありますが、業務遂行について何ら支障もないと思われ、万一の場合も私自身で責任を負いますのでよろしく御配慮下

さい。」と記載された職場復帰願を受け取った。
⑥　Aが参加した本件訓練は、厳冬期の1月25日の夜間勤務明けの非番日に行われた。

3　争　点

① 　X市消防本部はAの疾患を認識していなかったのか。
② 　耐寒訓練において安全配慮義務違反はなかったのか。

4　争点に対する判断

① 　X市消防本部としては、Aが長期の休暇を取る頃から同人が心臓に疾患を有する者であったこと、職場復帰の際にはそれが完治しておらず、軽作業程度の勤務が可能であったことを認識していたものであり、さらに、同人の直接の上司はその後もAの疾患は完治しておらず、本件訓練も通院治療中であったことを認識していたのであるから、X市消防本部は組織体として事実を認識していた。
② 　本件訓練は厳寒期における登山であって、亡Aの担当職務（消防、救急業務）以外のものであり、しかも肉体的負担の大きいものであったから、心臓疾患を有するAを本件訓練に参加させる必要性は認めがたいし、また、参加させた場合には不測の事態が発生する可能性もあったのであるから、消防本部は、同人に対し、本件訓練への参加を免除し、公務遂行の過程において、同人の生命、身体が危険にさらされないように配慮すべき義務があったのに、これを怠り同人を訓練に参加させ、労作性狭心症による不整脈により同人を死亡させたものであるから、乙は同人の死亡による損害を賠償する義務がある。

5　解　説

消防職員に対する安全配慮義務

　火災現場の消火活動、人命救助など現在の危機に直面した場合においては、使用者である地方公共団体に自己の身を守るべき安全配慮義務を強く求めることはできない。しかし、これと異なり、訓練等の通常の業務などは安全配慮義務が強く要請される。要するに危機との距離と安全配慮義務の濃淡とが相関関係にある

と考えられるのである。このため、危機に立ち向かう職員が危難現場において臨機の行動をとりその職務を全うできるよう、消防本部は、十分な安全配慮を行った訓練を常日頃なすべき義務がある。

　訓練中の消防職員の安全を十二分に配慮して行わなければならないことはいうまでもないところであり、安全配慮義務を尽くさなかった場合には安全配慮義務違反としての賠償責任を負うものである。

警 防
判例 21

消火栓の設置保存に瑕疵があったとした判例

《広島地裁昭和43年9月6日判決》

出典：判例時報531号

関係法条　国家賠償法2条
原　　告　甲（軽自動車運転者）
被　　告　乙（X町）

1　事案概要

甲が自己所有の軽自動車を運転していたところ、X町設置の地下式消火栓の取手に車両の下部が引掛かり、急停車の状態となったため、その衝撃で車体を破損し、かつ頭部に打撲傷を受けた。

甲は、事故の原因は全て乙の工作物の設置保存の瑕疵によるものであると主張して、国家賠償法第2条に基づき、乙に対し損害賠償を請求し認められた事案である。

2　認定事実

① 道路には、地下式消火栓が設置されていること、それが乙の設置保存にかかるものであることは当事者間に争いがない。
② 事故当時、自動車両輪の通過する消火栓の両側の土が消火栓平面から北側約5cm、南側約2ないし3cmえぐられた状態であり、鉄筋の取手は落とした状態においても消火栓の蓋の表面より約1cm高く設置されており、取手はその真上を通過する自動車の底部に向って約4ないし5.5cm突き出した状態であり、しかも消火栓の東側は約10cm道路の土がえぐられた状態であった。
③ 甲が軽自動車を運転して消火栓の設置された町道個所に差し掛かった時、消火栓の鉄筋取手に自動車の下部に装置されているフロントセンター・スプリング調整ネジが引掛かり、急停車の状態となる事故が発生した。

3 争点

① 事故は、消火栓が道路面より高く設置されていたこと及び消火栓の取手が立っていたために発生したものであるが、その原因は乙の工作物の設置保存の瑕疵によるものであるのか。
② 事故は、甲の自動車の構造上の欠陥によるものではないのか。

4 争点に対する判断

① 消火栓は、町道のほぼ中央に位置していることが認められ、自動車等が道路を通行する場合に消火栓の上を通過することは一般に予想されるところであるから、消火栓は本来道路平面より突出することのないよう設置保存されるべきものである。

　東側から、自動車が進行して来た場合のバウンドによる車体の沈下を考慮すれば危険の度合は、より高くなることが認められ、認定を覆すに足る証拠はない。
② 消火栓は、その設置保存に瑕疵があり、かつ本件事故は瑕疵に起因するものであるというべきで、甲の自動車に整備上の欠陥があったとしても、乙は本件事故による責任を免れることはできない。

5 解説

営造物の瑕疵（かし）

　営造物が通常有すべき安全性を欠くことをいうもので、本判例では「道路面より高く設置されている消火栓は危険の度合いが高く、消火栓の設置保存に瑕疵がある」と判示された。

警防
判例
22

防火用貯水槽について町の管理責任を認めた判例

《富山地裁魚津支部昭和48年1月17日判決》

出典：判例時報711号

関係法条　国家賠償法2条
原　　告　甲（死亡した幼児Aの遺族）ら
被　　告　乙（X町）

1　事案概要

　幼児A（当時満3歳）が、昭和46年4月10日午後3時頃、甲の自宅裏にあるX町の管理する防火用貯水槽に転落して溺死した。

　本件事故の発生は、公の営造物である本件貯水槽の設置、管理の瑕疵に起因するものとして、甲が乙に対し国家賠償法第2条に基づき損害賠償を求め、一部認められた事案である。

2　認定事実

① 　本件貯水槽は、B方宅地内にあるコンクリート製の雨水等を貯水する防火用の貯水槽で土中に埋め込まれており、その西側は築山になっていて、この一角がB方の庭園を形成している。
② 　B方宅地に沿って走る町道は、町道が本件貯水槽に面する区間及び甲宅の門を除き、高さ約1mのブロック塀で遮断され、本件貯水槽に面する区間の上部には取り外しのできるようにした厚い木板（角落とし）で境界をなしている。
③ 　町道からB方庭園内へは、B方入口の門を通って侵入するか、角落しの下の隙間をくぐり抜けるか、若しくは町道よりB方に南接する田に降りてそこから侵入することが可能である。
④ 　本件貯水槽のあるB方庭園の西隣は甲方宅地であって、その境界線上には高さ約0.3mのコンクリート塀が設置され、さらにその塀に沿って同甲方宅地内に幅0.18m、深さ0.1mの溝が存在するほか、B方庭園側にも木杭を打ち込みこれに有刺鉄線が張られてはいるが、これは垂れ下がりその用をなしていなかっ

た。
⑤　本件貯水槽は、昭和28年頃にX町併合前のY村が防火用として設置したものの一つで、翌29年7月にX町に併合してからは乙の管理に移ったものである。
⑥　本件貯水槽についての転落事故等防止のための安全対策は、事実上部落の自主的な措置のみに委ねられていた。
⑦　X町役場の消防主任らは年に1度位の割合で現地を訪れ貯水槽、消防器具等の管理状況を点検していたのであるが、危険性は少ないものと判断し、特に部落に対し事故の発生を防止するための措置を講ずるよう指示することもなかった。
⑧　昭和44年頃から翌45年にかけて地区の総代（区長）Cから、X町当局に対して事故防止のため本件貯水槽を含め5か所の貯水槽に蓋をするか、金網を張ってほしい旨陳情があったことから予算計上し金網を張ることとしたが、本件貯水槽のみはX町の消防主任らの測量等に立ち会った総代（区長）Cから、本件貯水槽は個人の宅地内にあり町道とはブロック塀で遮断されているため転落事故が発生する危険は少ない旨告げられたため、何ら事故防止のための措置は講じられなかった。

3　争点

本件事故は公の営造物である本件貯水槽の設置、管理の瑕疵があったために起こったものであるのか。

4　争点に対する判断

本件貯水槽はそれが町道からブロック塀で遮断された個人の宅地内にあるとの理由だけから危険性がないと速断し、（それが地区総代（区長）Cから危険性がない旨言われたからであっても）防護網の設置はもちろんその周囲に針金等を張るなど転落事故の防止のための適切な措置を全く講じなかったのは、防火の用に供する貯水槽の安全性を欠き、明らかに管理に瑕疵があったというべきである。

5 解説

公の営造物の管理責任

防火用貯水槽は公の営造物である。

公の営造物は、営造物として通常有する社会性を確保しなければならず、それを欠いた設置又は管理は、公の営造物の設置管理に瑕疵があることになる。

本事案は、防火用貯水槽の設置管理瑕疵が認められた事例であり、事故防止対策をとらなかったのは、防火の用に供する貯水槽の安全性を欠き、管理瑕疵があったと判示された。

警防
判例 23

所有権のない防火水槽についてその管理状況から公の営造物であると認めた判例

《名古屋地裁一宮支部昭和49年6月28日判決》

出典：判例時報763号

関係法条　国家賠償法2条、民法717条
原　告　　甲（死亡した幼児Aの親）ら
被　告　　乙（X市）

1　事案概要

Aが近所の幼児数名とともに防火水槽付近で遊んでいるうちに、その上部の取水口から水槽内に転落し、幼児数名の急報により駆けつけた事故現場付近の会社員ら2名がAを引き揚げ、救命措置を施したものの死亡した。

そこで、甲は乙に対し、防火水槽内に転落しないような措置を講ずる必要があるのに、乙がこれを怠り放置していたため、本件事故が発生したものとして、国家賠償法第2条第1項及び民法第717条第1項の規定による損害賠償を請求し、一部認められた事案である。

2　認定事実

① Bは、敷地の所有者であり、土地の定着物である本件防火水槽の所有権を取得している。
② 事故当時におけるその構造、使用方法からすれば、現実にはX市所有の消防車のみがこれを利用することができ、かつX市が設置した本件給水設備と一体となっている。
③ 給水設備のコック開閉用のハンドルはX市消防団が保管しており、また本件防火水槽付近における消防水利の配置状態からすれば、本件防火水槽はX市の消防水利に組み入れられていた。
④ X市は本件防火水槽を点検し、その水を使用して防火訓練を行っており、また本件事故直後には、取水口の鉄蓋の取替えや、葬儀に参列するなど、管理者が通常行うような種々の行為をしていた。

⑤　本件防火水槽はその南側の幅員4.2mの東西に通ずる道路に接し、道路の交通は閑散であった。
⑥　道路を隔てた南側に小神社があり、水槽の北側に接して工場がある他は住宅街となっており、付近の子供達は神社及び本件防火水槽付近でよく遊んでいた。
⑦　本件防火水槽の取水口は前示のとおり一辺約60cmの正方形のものが2か所設けられており、これを鉄蓋で覆っていたが、鉄蓋は軽量で幼児が上に乗って飛びはねたりすれば容易にずれ、幼児が水槽内に落ちる危険性があった。
⑧　水槽の深さは約3mで、本件事故当時水深は約1mあり、幼児が転落すれば生命の危険があった。

3　争点

①　B所有の土地に定着する本件防火水槽は、国家賠償法第2条に規定する公の営造物に該当するのか。
②　本件防火水槽が公の営造物に該当する場合、その設置及び管理について、同条に規定する瑕疵が乙にあったと認められるのか。

4　争点に対する判断

①　乙は本件防火水槽に給水設備を設置した昭和40年頃から本件防火水槽を事実上管理し、これを自己の用に供するに至ったものと考えられる。そうであるとすれば、本件事故当時、本件防火水槽は公用物たる公の営造物であったものというべきである。
②　防火水槽付近は子供がよく遊んでいた場所であり、Aが水槽内に落ちる危険性があるにも関わらず、防火水槽は本来備えるべき安全性を欠いており、瑕疵が存したものというべきである。

5　解説

公の営造物と所有権

　公の営造物は、設置管理者が必ずしもその所有権を有している必要はなく、事実上管理している場合であっても、公の営造物として管理されている以上、公の営造物といえる。
　したがって、本事案のように所有権のない防火水槽であっても、これを消防機関が事実上管理している場合は、その防火水槽は公用物たる公の営造物となる。

警防
判例
24

防火水槽への転落事故について市に対する損害賠償請求を棄却した判例

《東京高裁昭和53年3月29日判決》

出典：判例時報894号

関係法条	国家賠償法2条、消防法20条
控訴人（原告）	甲（死亡した幼児Aの親）ら
被控訴人（被告）	乙（X市）

1 事案概要

当時2歳の甲の子Aは近所の子供と遊ぶと言い残して外出し、防火水槽付近で遊ぶうちに、これに転落して死亡した。

甲らはAが死亡したことについて、消防法第20条第2項に基づき防火水槽を設置管理していた乙に対し、設置管理に瑕疵があったとして国家賠償法第2条に基づき損害賠償を請求したが、棄却された事案である。

2 認定事実

① 本件防火水槽は、甲方住宅前の幅員約2.5mの道路に面した土地にあって、道路から約3m奥まった場所に位置していたが、人通りの多い場所ではなかった。

② 防火水槽は、南北5.78m×東西3.98m×深さ1.22mのコンクリート製水槽であって、事故当時蓋がされておらず、水はほぼ満水状態であった。水槽の縁は、地表から5cm程度の低いものであった。

③ 乙は、防火水槽の周囲に縁に接着して木製杭10本程度を立て、これに有刺鉄線を20ないし30cmの間隔で5、6段に張りめぐらせて防護柵を設けていた。

④ 事故のあった1年ほど前に、当時のX市の消防署次長が巡視した際、防火水槽の道路に面した有刺鉄線が外されて地上に落ちており、付近にあった長靴等からAの祖父を特定し、水槽の使用をやめるよう申し入れたうえ、破損した柵を部下に修理させ、破損の状況を写真に撮ってこれをX市の広報に掲載し、子

供の転落の危険を強調して柵を損壊しないよう呼びかけた。その際、柵が破損しているのを発見した場合には速やかに消防署に連絡するよう、また、わずかな破損は市民自身の手で補修するよう協力を求めた。
⑤　事故の当時、防護柵のうち道路側に面する有刺鉄線が切断され、Aの祖父が有刺鉄線の杭から切り離された一端を土中に打ち込んでいない杭に結びつけ、この杭を動かすことによって防護柵を開閉できるよう扉式にしていた。扉は、往々にして開いたままに放置されており、本件事故もたまたま開いていた扉部分からAが防護柵の中に入ったため発生したものである。
⑥　防護柵の有刺鉄線が切断されたのは、甲方を含む付近の農家約10軒ぐらいが、市場出荷用あるいは自家消費用の野菜、農作業用具さらには自転車、自動車などを洗うため、禁止に反して防火水槽を利用するためであって、甲方でも防火水槽を利用していたし、また付近の農家の者が利用後減少した水槽の水を補給するときには、甲方で保管中の水栓の取手を貸すなどしたことがあり、扉式にしたのも、扱い難い有刺鉄線を杭に結び付けて扉とすることにより取扱いを簡便にし、防火水槽の利用を容易にするためにしたものと認められる。

3　争　点

①　防火水槽の設置について乙に瑕疵があるのか。
②　防火水槽の管理について乙に瑕疵があるのか。

4　争点に対する判断

①　本件防火水槽が人通りの多い場所にあるとはいえず、そのような場所にある防火水槽ほどの危険性はないというべきであり、本件の水槽については有刺鉄線を張りめぐらせた防護柵を水槽の周囲に設けて危険を防止すれば十分であって、本件防火水槽の設置に瑕疵があるということはできない。
②　本件防火水槽では、通りすがりの者が出来心で柵を破ったり、あるいは物事の道理の判断がつかない子供のいたずらで破られたりしたのではなく、付近の農家が水を利用するために破られたものであったから、乙の消防署職員がこれらの者に利用の中止を申し入れ、注意したりしたのは、管理上適切であり、また各家庭に配布される広報を通じ写真入りでそれを市民に呼びかけるなどの措

置を講じたことを考慮すると、本件水槽の利用者に対する注意喚起に不十分な点があるとは認め難い。

5 解説

① 瑕疵の有無

防火水槽は、公の営造物であり、国家賠償責任を生ずる設置管理の瑕疵とは、営造物が通常有する安全性を欠いていることをいう。

本判例では、「本件防火水槽は、人通りの多い場所にあるとはいえないので、有刺鉄線を張りめぐらせた防護柵を水槽の周囲に設ければ、本件防火水槽の設置に瑕疵はなく、また、X市は防火水槽の管理について、消防職員が付近の農家に防火水槽の利用の中止を申し入れ、注意喚起をしたりしているので、管理に瑕疵があるとはいえない」と判示された。

② 防火水槽の設置管理責任

防火水槽については、自治体において、本事案に示されているような適切な設置及び管理を行うことが必要であり、設置管理が不十分な場合は、公の営造物の設置管理瑕疵の責任を問われることとなる。

警防
判例 25

営造物の通常の用法に即しない行動により生じた事故について損害賠償請求を棄却した判例

《最高裁第三小法廷昭和53年7月4日判決》

出典：判例タイムズ370号

関係法条	国家賠償法2条
上告人（被控訴人、原告）	甲（本件事故の負傷者）
被上告人（控訴人、被告）	乙（X市）

1 事案概要

甲（当時満6歳）は、昭和44年8月4日午前8時頃、X市の管理する道路（以下「本件道路」という。）に設置してある防護柵（以下「本件防護柵」という。）を越えて約4m下の高等学校の校庭に転落し、頭蓋骨陥没骨折等の傷害を負った。

本件防護柵は、道路から校庭への転落防止のために設けられ、設置後の転落事故は発生していないが、本事故について、本件道路及び本件防護柵の設置・管理には瑕疵があったとして、甲は乙に対して国家賠償法第2条により損害賠償を請求し、第一審において一部認容されたものの控訴審において本請求が棄却され、上告審においても棄却された事案である。

2 認定事実

① 本件道路は、昭和35年頃には校庭から路面までの高さが約2mに過ぎなかったが、その後の土砂の流入や道路舗装工事等により次第に路面が高くなり、本件事故当時にはその高さが約4mに達し、子供の転落事故が数件発生したなどの事情により住民の声もあってX市が昭和40年本件防護柵を設置した。

② 本件防護柵は、2m間隔に立てられた高さ80cmのコンクリート柱に上下2本の鉄パイプを通して手摺とし、路面からの高さが上段手摺まで65cm、下段手摺まで40cmであり、この鉄パイプは、この種の柵に通常用いられる丸棒状のものであって、幼児がこれを遊び道具とするのに好適なものではなかった。

③ 本件道路付近は、住宅地で昼間車両の通行量が少なく、付近に適当な遊び場

所がないため、本件道路が子供らの遊び場所となっており、親は転落の危険をおそれて子供に本件防護柵で遊ばないよう注意を与えていた。
④ 甲は、本件防護柵の上段手摺に後ろ向きに腰かけて遊ぶうち誤って転落したものと推認されるが、本件防護柵設置の後、他に子供の転落事故が発生したとか、住民がX市に対し事故防止措置をとるよう陳情したとかいう事実はいずれも認められない。

3 争点

当時6歳の甲がしたような通常の用法に即しない行動の結果生じた本件事故につき、X市はその設置管理者としての責任を負うのか。

4 争点に対する判断

国家賠償法第2条第1項にいう営造物の設置又は管理に瑕疵があったとみられるかどうかは、当該営造物の構造、用法、場所的環境及び利用状況等諸般の事情を総合考慮して具体的個別的に判断すべきものである。

本件転落事故は、甲が当時危険性の判断能力に乏しい6歳の幼児であったとしても、本件道路及び防護柵の設置管理者であるX市において通常予測することのできない行動に起因するものであったということができる。

したがって、本件営造物につき本来それが具有すべき安全性に欠けるところがあったとはいえず、甲のしたような通常の用法に即しない行動の結果生じた事故につき、X市はその設置管理者としての責任を負うべき理由はないものというべきである。

5 解説

① **公の営造物の設置管理の瑕疵**

本事案は、「公の営造物の設置管理の瑕疵」があるかどうかの判断が問題となり、瑕疵が認められなかった事案である。

本判例では、「公の営造物である防護柵に対し、幼児が通常の用法に従わない行動によって生じた事故であるので、設置管理者が通常予測できない行動に起因するものであるから、このような場合には公の営造物の設置・管理に瑕疵

はない」と判示された。

② **実務上の留意点**
　本事案においては、営造物の管理瑕疵が認められなかったが、道路及び防護柵の設置管理者としては事故が発生しないよう常に十分注意する必要があることはいうまでもない。

警防
判例26

所有権のない防火水槽において発生した事故について村の損害賠償責任を認めた判例

《松山地裁西条支部昭和54年7月20日判決》

出典：判例時報943号

関係法条　国家賠償法2条
原　告　　甲（死亡した幼児Aの親）ら
被　告　　乙（X村）

1　事案概要

昭和52年1月20日午後2時過ぎ頃、幼児Aが、保育園から帰宅する途中、防火水槽全面にわたって張りつめていた氷の上で遊んでいるうちに、防火水槽内に転落し死亡した。

甲は、防火水槽の所有者は地元民であるが、事実上乙が管理する状態にあり、管理に瑕疵があったため事故が発生したと主張し、乙に対して国家賠償法第2条に基づき損害賠償を請求し認められた事案である。

2　認定事実

① 本件防火水槽は、昭和5年頃乙が費用を補助し、地元民らの労務出資などにより築造された。
② 昭和36年頃、本件防火水槽に十分に水がたまらなくなっていたため、乙がセメント等の資材を補助し、地元民らの労務等の提供により、補修工事を行った。
③ 昭和47又は48年頃、乙は、消防団員に本件防火水槽は危険があるので子供が立ち入ることのできないように有刺鉄線を張ることを指示して有刺鉄線を給付した。その頃、取水ホース等も乙から給付され、消防団員が本件防火水槽に設置した。
④ 事故当時、部落には、本件防火水槽の他に消防のための水利施設はなく、部落内で建物火災が発生した際には、防火水槽が消火のため使用された。
⑤ 事故直後、乙は、本件防火水槽に蓋を設置し、周囲に杭を打ち直して、有刺

鉄線も張り替えた。また甲らに対し弔慰金を支払った。
⑥　本件防火水槽は、その平面とその上部がほぼ同じ高さになるように全部土中に埋め込まれて設置されており、大きさは一辺が約3.73m、他辺が約3.92mの長方形で、深さは1.52mあって常に貯水されており、転落すれば幼児では、自力ではい上がることは不可能な深さ及び構造であり、事故当時の水深は約1.3mであった。
⑦　事故当時は、有刺鉄線に垂れ下がった箇所があり、本件防火水槽内に容易に立ち入ることのできる状態にあった。
⑧　本件防火水槽が接している山道は、通園路等にはなっていなかったが、保育園等への近道として子供ら等が通行していたことから、転落の危険性があった。
⑨　村内の他の防火水槽のうち、昭和44年頃築造されたものでも、危険防止のため、竹を編んだ覆いを施し、防護柵をめぐらしたものがあり、またＸ村の現村長就任後に築造されたものは、全てマンホール式の構造をとっている。それにもかかわらず、本件防火水槽については、有刺鉄線を張った以後は何ら安全策を講じていない。

3　争点

① 本件防火水槽が公の営造物に当たるといえるのか。
② 本件防火水槽の設置管理に乙の瑕疵があったと認められるのか。

4　争点に対する判断

①　国家賠償法第2条第1項にいう「公の営造物」には、国又は地方公共団体の所有に属する物のほか、その所有に属さない場合でも、国又は地方公共団体が事実上管理しているものも含まれるものと解されるので、少なくとも事故当時においては、本件防火水槽は乙の消防の用に供する水利施設として事実上乙の管理するところであったと認めるのが相当である。そうすると、本件防火水槽は乙の営造物に当たるものといわざるをえない。
②　事故当時、本件防火水槽は幼児等が転落し、その生命に危険を生じる可能性があり、村内の他の防火水槽に比しても、その通常備えるべき安全性を欠いていたことは明らかであって、瑕疵が存したものと認められる。

5 解　説

① **所有権の有無と公の営造物との関係**

　国家賠償法第2条に規定する公の営造物は、公共団体が事実上管理している物も含まれる。

　所有権を有しなくても、事実上自治体が管理している消防水利施設は公の営造物に当たる。

② **判例の確定**

　本判例は、乙が控訴しなかったことにより確定した。

| 警防 判例 27 | 防火用貯水槽の設置管理に瑕疵がなかったとした判例 《最高裁第三小法廷昭和60年3月12日判決》 |

出典：判例時報1158号

関係法条	国家賠償法2条
上告人（控訴人、原告）	甲（死亡した幼児Aの親）ら
被上告人（控訴人、被告）	乙（X市）

1 事案概要

甲らは、住宅団地内の貯水槽に甲の4歳の男児Aが防護網をよじ登って転落死亡したのは、X市の貯水槽の設置管理に瑕疵があったからとして、乙に対し甲ら及びAが被った逸失利益等の損害の支払いを求めたが、第一審では認められたものの、控訴審及び上告審で棄却された事案である。

2 認定事実

① 貯水槽は、X市が、昭和44年12月頃市内の県営及び市営併用の団地内に設置したものである。
② 貯水槽の構造は、幅3.3m、長さ11.3m、深さ1.5mのコンクリート製で、本件事故当時、1.3mの高さの防護網が設置され、その防護網は、一辺の長さ約5cm程のひし型をなしていた。
③ 本件貯水槽は、その用途から常時満水に近い量の貯水がなされていた。
④ 本件事故直前、甲は買物に行くのにAを連れていこうとしたが、Aが行かないというので、Aを貯水槽のそばに残して甲は買物に行った。

3 争点

① 貯水槽の設置又は管理に市の瑕疵があったのか。
② 当該貯水槽の防護網に網を乗り越える防止措置（いわゆる忍び返し）が設置されていなかったことは、「営造物が通常有すべき安全性」に欠けていたことになるのか。

4　争点に対する判断

① 原審の適法に確定した事実関係の下においては、本件事故は通常予測することのできないＡの行為によって発生したものであって、本件貯水槽の設置又は管理に所論の瑕疵があったものということはできないとした原審の判断は、正当として是認することができる。

② 本件の場合、貯水槽のコンクリート外壁上に高さ1.3ｍの金網製の防護網が設置されていたのであり、この防護網は人が容易に貯水槽に入ったり、転落したりすることを防止するに足るものであるから、本件貯水槽は通常有すべき安全性を備えていたと認めるべきである。

防護網の上にいわゆる忍び返しが設置されていなかったけれども、大人でも子供でも、人が防護網によじ登るということは、社会通念上、通常予測できないことであるから（それが危険であることの認識能力を有する者は、それが危険なるがゆえに、能力を有しないような幼児なら体力がない故に、その行為をしないであろう。）、よじ登り防止のための設備である忍び返しを備えていないことは、通常有すべき安全性を欠いたことにはならない。

5　解　説

防火用貯水槽の設置管理の瑕疵

本事案は、通常予測しえない子供の行為によって生じたもので、本件防護網により、本件防火水槽は、通常有すべき安全性を備えていたと判示された。

営造物の設置管理の瑕疵については、営造物の管理者の営造物を安全良好な状態に保つべき義務の違反であるかどうかを問わず、客観的に物的安全性の欠如があれば瑕疵があるとする見解がこれまでの学界の支配的見解であるが、営造物を安全良好な状態に保つべき義務に違反していることが瑕疵の要件であるとする主観説もあり、この主観説が最近は注目されている。

救急 判例 28

救急隊員の病態把握等に過失があったとする損害賠償請求を棄却した判例

《東京地裁平成13年6月29日判決》
出典：判例タイムズ1104号

関係法条 国家賠償法1条、消防法2条・35条の5
原　告 甲（死亡したAの夫）ら
被　告 乙（X市）

1 事案概要

本件は、Aがビルから落下して重傷を負ったため、X市の管轄する消防署の救急隊が事故現場に出動し、病院へ搬送したが、Aは搬送先の病院で外傷性ショックにより死亡した。

甲らは、乙に対し、救急隊がAを救急車に収容して病院に搬送する際に、適切な措置をとることを怠ったために、Aが重篤な緊張性気胸に陥ったことが原因で死亡したとして、国家賠償法第1条に基づく損害賠償を請求したが、棄却された事案である。

2 認定事実

① 患者が多発外傷等により緊張性気胸を発症している可能性がある場合には、救急隊員にも患者の緊張性気胸を発見すべき注意義務を負わせることは可能であるが、そのためには救急隊員が観察している時点で、患者に緊張性気胸の発生を推認させる症状が表れていることが前提となる。

② 救急隊は、緊張性気胸に関する一般的知識を有しており、Aが高所より落下していることから、多発外傷を起こしている可能性が高く、緊張性気胸を発生する可能性もあると認識して容態観察を行っていた。

③ 出血性ショックについては、患者が短時間で1,000cc以上の急激な出血を起こした場合、患者はショック状態に陥ることがあるとされており、救急隊がAを発見し、応急処置を終えて車内に収容するまでの間のAの出血量は、約1,000

ccであったことが認められる。
④　Aは、救急車内に搬入された直後の時点で、下顎呼吸毎分7回という生命に対する危険が切迫した状態であった。

3 争点

①　Aの緊張性気胸や出血性ショックを認識しなかったことについて、救急隊に過失が認められるのか。
②　Aに人工呼吸による陽圧をかけたことについて、救急隊に過失が認められるのか。
③　Aを直近の外科医ではなく現場から遠い救命センターに搬送したこと、また、出動要請から病院搬送までに40分を経過させたことについて、救急隊に過失が認められるのか。

4 争点に対する判断

①　救急隊の処置中及び人工呼吸を行った時点で、緊張性気胸発症を疑わせるような症状はなかったこと、また出血性ショック状態に陥っていたことを具体的に示す症状についての証拠はなかったことから、緊張性気胸及び出血性ショックを予見することは不可能であり、救急隊に過失は認められない。
②　一般に、患者に気胸がある場合には、人工呼吸で陽圧をかけると、緊張性気胸に陥って、ショックから死に至ることがあるが、患者が自発呼吸をすることが困難な状況に陥った場合、たとえ気胸の疑いがあっても、救急隊員としては呼吸停止を防ぐために人工呼吸をせざるを得ないことが認められる。したがって、本件救急隊員は、救急車に搬入したAの呼吸停止を防止するために、人工呼吸を施さざるを得なかったというべきである。そして、本件救急隊員は、人工呼吸を開始した後も、送気に十分注意しながら、適切な観察を続けたことが認められることから、救急隊に過失はなかったと認められる。
③　Aは多発外傷を起こしている可能性があったことから、総合的な救急医療のできる救命センターに搬送した判断に誤りは認められず、その際、救急車に収容する前に骨折に対する応急処置を行わなければ、出血の増大等により救急活動へ支障を来すことは明らかであり、Aを救急車に収容する前に、Aの両足に

対する応急処置を行ったのは妥当な判断であったと認められる。

また、事故現場が約5㎡の狭隘で暗い場所であり、開放骨折の治療は短時間で終了するものではなく、応急処置にいたずらに長時間を費やしたと認めることはできないから、救急隊に過失がなかったといわなければならない。

5 解説

緊張性気胸発見の可能性

緊張性気胸の発見は、救急隊員の指導テキスト等に記載されており、救急隊員にとって比較的容易であるが、救急隊員に緊張性気胸発見義務を課すためには、救急隊員が観察をしている時点で患者に緊張性気胸の発生を推認させる症状が表れていることが前提となると判示された。

救　急
判例
29

救急活動中に救命行為を行わなかった救急隊員の判断に誤りはなかったとした判例

《名古屋地裁平成17年12月21日判決》
出典：交通事故民事裁判例集38巻6号

関係法条　国家賠償法1条
原　告　　甲（死亡したAの親）ら
被　告　　乙（X市）、丙（救急隊員）、丁（整形外科医）

1　事案概要

　Aは、平成11年9月6日午前1時5分頃、普通乗用自動車（以下「本件車両」という。）を運転していたところ、中央分離帯に乗り上げ、停車車両に衝突後、転覆する事故を起こし午前1時30分、丁により死亡診断をされた。
　甲らは、8日午前8時頃までAに死後硬直及び死斑が出ず、体温も感じられたことからその時点まで生存していたと主張し、乙がAに対して応急措置及び蘇生術を施さなかったために死亡した、若しくは生存への期待権を侵害されたとして、国家賠償法第1条に基づき損害賠償を請求したが、棄却された事案である。
　※丁に関する部分については以下省略する。

2　認定事実

① 本件車両の運転席がある右側部分は、左側部分よりも下になり、転覆した本件車両の運転席天井部分と運転席扉上部との間には、約10ないし15cmの隙間しかなく、運転席側面の窓ガラスは、衝撃により原形をとどめないほどに潰れていた。また、事故現場には、本件車両外に多量のAの血液が流出しており、フロントガラスの運転席側は、蜘蛛の巣状に割れ、多量のAの血液が付着していた。
② 午前1時6分、救急隊は事故現場に出動するよう指令を受け、午前1時7分出動し、午前1時12分、救急隊は本件事故現場に到着した。
③ 丙は、停車した救急車から直ちに降り、本件車両の運転席付近に近づき、A

に対し、呼び掛けたが、返答がなかったため、本件車両の運転席天井部分と運転席扉上部との間の隙間から右手を差し入れ、Aの頸動脈を探ったが、脈は感じられなかった。

④ 午前1時23分、Aは救助隊により救出されたため、丙は、Aをストレッチャーに乗せ、救急車に搬送しながら、Aに対し、再度呼び掛けたが反応はなく、Aの下顎を持ち上げ、手袋を少し取り、掌をAの鼻の上に当てたが、呼吸は感じられず、人差し指、中指、薬指でAの総頸動脈に触れても、脈は感じられなかった。そして、ストレッチャー上で移動中のAの頸部は、移動による震動に伴い、前後左右に大きく揺れた。

⑤ 丙は、Aを救急車内に収容した後、Aの肩辺りを叩き、呼び掛けたが反応はなく、聴診器をAの両腋及び両胸に当てたが、呼吸音は感じられず、Aの体に電極を装着し、心電図モニターで血液循環の観察をしたが、平坦波形であり、検眼ライトでAの左右の目に光を当てたが、瞳孔は縮まなかった。

⑥ 丙及び救急隊員Bは、Aの左右側頭部に両手を当てて左右にゆっくり倒したところ、Aの左右の耳は、抵抗なくベッドに付いた。そこで、丙は、Aの意識及び呼吸がなく、瞳孔散大、頸部の異常可動から、Aの頸部に、本件車両の転覆による瞬間的な大きな力が加わり、頸椎が不可逆的に損傷したものと考え、事故発生から救急車内への搬送までに約20分が経過していることから、Aは蘇生不可能と判断し、人工呼吸と心臓マッサージは行わなかった。

⑦ 午前1時30分、救急隊が病院に到着し、丁から、Aは確実に頸部の脱臼骨折をし、本件車両の転覆時にAは即死したものと判断された。

3 争点

① Aに蘇生の可能性はあったのか。
② 心肺蘇生術を施さず、高次医療機関への搬送を行わなかった丙の判断は正しかったのか。

4 争点に対する判断

① Aの呼吸機能、循環機能、中枢神経機能は停止したと認められること、Aは致死的な頸椎骨折を受傷していたこと、体温低下、死後硬直、死斑の発現は、

死亡の判断を確実にする要素ではあるが、これらが認められないからといって傷病者が生存しているとは必ずしも判断することができないこと等を総合して判断すると、Ａは６日午前１時30分の時点で、生存していなかったと判断せざるを得ない。また、頸椎骨折の傷害を負った場合には、蘇生可能性は極めて低いといわざるを得ない。

② 医師でない丙が、心肺蘇生術の実施及び高次医療機関への搬送を要しないと判断するに当たっては、その要件を慎重に判断しなければならないが、Ａの症状は、丙が傷病者に対して心肺蘇生術の実施及び高次医療機関への搬送を要する場合には当たらないと判断されるから、Ａに対して心肺蘇生術を施さず、高次医療機関への搬送を行わなかった丙の判断は誤りとはいえない。

5 解 説

心肺蘇生術の実施義務と高次医療機関への搬送義務

　救急業務実施基準は、消防庁長官により、各都道府県知事宛に発せられた通達であるので、救急隊員はその内容を尊重すべきであり、実施基準に基づき、傷病者が「明らかに死亡している」と認められる場合以外は、傷病者に対して蘇生措置を行いつつ高次医療機関に搬送し、その後の判断は医師に委ねるべきであって、独自に傷病者の死亡判断をすることは許されないと解されている。

　しかし、本件については、「Ａが受傷した頸髄の離断を生ずるほどの頸椎骨折は、呼吸運動を完全に停止させ、その結果、心臓も停止させる程度の重篤な症状であって、これに意識レベルが300であること、瞳孔の散大が認められ、対光反射が全くないことの要件がそろっていることを併せて考えると、救急隊が、救急車内に搬入した時点におけるＡの症状は、高次医療機関において蘇生する可能性がないと客観的に判断できる場合に当たり、「明らかに死亡している」に当たる」と判示された。

　搬送後の心肺蘇生術の不実施及び高次医療機関への搬送不要の判断は、その要件を慎重に判断しなければならないが、消防庁長官通達で定められた救急業務実施基準の内容を尊重してその基準に従い慎重に判断している以上、違法ではないことを示した判例である。

救　急

判例 30

管轄外の転院救急搬送を地方自治法に定める公共事務に該当する行政サービスとして適法とした判例

《千葉地裁平成7年4月19日判決》

出典：判例地方自治141号

関係法条　地方自治法2条・242条の2、消防法2条、消防法施行令42条
原　告　甲（X市住民）ら
被　告　乙（X市長）、丙（X市消防長）

1　事案概要

X市外の老人保健施設に入所していたA（乙の母）は、転移性脳腫瘍が発見されたため、丙の決定によりX市消防局の救急車で病院へ搬送された。

X市の住人甲らはこの搬送行為は、消防法第2条第9項及び同法施行令第42条により定められた救急業務に該当せず違法なものであるとして、地方自治法第242条の2第1項第4号に基づき、X市に代位して、本件搬送費用の損害賠償の支払いを求める住民訴訟を乙及び丙に対し提起したが、棄却された事案である。

2　認定事実

① 乙の母であるAは、K老人保健施設に入所した当初から、1日中おむつ使用、着脱衣・入浴不能、起き上がり不能、歩行不能であり、頭部CT検査を行ったところ転移性脳腫瘍が発見された。

② K施設の医師は、Aの病状は進行する可能性があるので、1日も早く脳外科病院へ移し治療を受けさせるよう乙の妻らAの家族に指示した。

③ 乙の妻がX市消防長である丙に問合せしたところ、丙はX市消防本部において協議し、患者が高齢で重篤なので搬送途中の容体の急変に際して民間業者の搬送車両では直近医療機関への迅速・適切な収容が難しいため救急車による搬送が妥当であり、転院搬送のための市外出動事例も相当数あって、救急車の台数にも余裕があるX市消防本部が受入れ先のL病院を所管することからしても搬送すべきとの結論に達し、救急車の出動を決定したうえその旨回答した。

④ 丙の決定に基づきX市消防本部の救急隊が編成され、搬送には予備用の救急車両のうちの1台が使われた。
⑤ 搬送時、Aは87歳であり、転移性脳腫瘍及び大腿骨転移性腫瘍の疑いで左半身が麻痺し、脳圧の上昇による痙攣発作を起こす可能性もある重症者であり、当日、Aの意識は不清明、顔を始め皮膚は蒼白、呼吸も多く浅い状態だった。
⑥ K施設からL病院までの搬送には4時間58分を要し、同日L病院にAを収容した。
⑦ 搬送当日、X市内の救急業務に特に支障は生じなかった。
⑧ 搬送から約4か月半後、AはL病院で死亡した。

3 争点

本件搬送は、地方自治法第2条第3項第9号の公共事務に該当するもので違法性はないと認めることができるのか。

4 争点に対する判断

Aの状態からすれば、搬送に長時間を要し、87歳と高齢であったことからしても、搬送途中で容態が急変する蓋然性は高く、自家用車やタクシーによる搬送が不可能であり、民間業者の患者搬送車両で容体の急変があった場合に、直接医療機関への迅速な収容が難しく適切な応急措置が必ずしも期待できないこと等に照らし、救急車による以外「迅速に搬送するための適当な手段がない場合」であったと認められる。

普通地方公共団体の事務の範囲は地方自治法第2条第2項に定められ、その具体的な事務の例示である同条第3項第9号は「病人、老衰者等を救助し、援護し若しくは看護し、又は更生させること」を挙げており、社会通念上相当と認められる範囲内の傷病者搬送であれば、救助・援護等の一方法として普通地方公共団体の事務に当然含まれるものと解される。法令により市町村に義務付けられている救急業務が予定するほどの緊急性はないが、行政による住民サービスとしての搬送のための出動が相当数を占めているという実態があり、行政サービスとしての搬送が受けられることを大多数の市民が当然視し、また望んでいることを示すものであるといえるので、本件搬送も社会通念上相当な範囲であって、地方自治

法第２条第３項第９号の公共事務に該当するものと認められるため、搬送に要した費用を公金から支出したとしても違法の問題は生じない。

5 解説

本件搬送は、消防法第２条第９項及び施行令第42条に定める救急業務であるのか否か（Aが「緊急に搬送する必要がある者」であったのか否か）

救急車の出動決定当時、Aを「搬送する必要」はあったことが認められるが、脳圧の上昇による痙攣発作を起こす可能性があったとはいえ、搬送当日においても発作は生じておらず、搬送が行われたのも決定から３日後であったこと等からすれば、その搬送の必要性については、「緊急に」搬送する必要までは必ずしもなかったものと推認され、本件搬送は消防法第２条第９項及び同法施行令第42条により定められる救急業務の要件を充たすものであることについては認められなかった。

しかし、本判例は、消防法第２条第９項に該当しなくても、地方自治法第２条第３項第９号の規定により、老人等の救助、援護若しくは看護活動として救急車による搬送は可能であるとして、本件搬送を適法であると最終的には結論付けた。

救急 判例 31

救護義務違反を理由とする損害賠償請求を棄却した判例

《大阪高裁平成8年9月20日判決》

出典：判例タイムズ940号

関係法条	国家賠償法1条、消防法2条
控訴人（原告）	甲（死亡したAの家族）ら
被控訴人（被告）	乙（X市）

1 事案概要

火傷を負ったAを医療機関に搬送する義務があるのに、Aを医療機関に搬送することなく本件現場に放置したとして、Aの家族の甲らが、乙に対し、消防署員の救護義務違反を理由とする国家賠償法に基づく損害賠償請求の訴えを行ったが、棄却された事案である。

2 認定事実

① 消防局指令センターからの本件現場への火災出動指令を受け、X市消防署員Bが現場に到着し、炎の上がっているところに近づくと、そこには、全身に火傷を負ったAが倒れており、Aの足元からは炎が10ないし20cm程度上がっていた。

② Aの様子は、着衣はほとんどが焼けてなくなっており、鼻口から泡状のものを出し、足元が燃えていたにもかかわらず、全く身動きしない状態であった。

③ Bは、Aに対して救護活動を実施するかどうかを判断するために、鎮火後直ちに、Aが生存しているかどうかの確認を、X市消防局長通達「救急活動等細部実施要綱」記載の観察方法に基づき行った。

④ 上記要綱では死亡判断できる要件として、(1)意識レベルが300であること (2)呼吸が全く感ぜられないこと (3)総頸動脈で、脈拍が全く触知できないこと (4)瞳孔の散大が認められ、対光反射が全くないこと (5)体温が感ぜられず、冷感が認められること (6)死後硬直が認められること (7)死斑が認められることの7項目をあげ、その全てが該当した場合は明らかに死亡しているとみなすことが

できるとされていたが、Aの状態については(4)及び(7)の2項目は確認していなかった。

3 争点

救護義務違反を理由とした本件慰謝料請求は正当なものか。

4 争点に対する判断

本件においては医師による死亡の診断もない限り、傷病者が明らかに死亡していると判断することはできないとまでは言い難いが、万全を期してAを最寄りの医療機関に搬送し、医師による生死の診断を求めるべきであった。しかしながら、Bの救護義務違反とAの死亡との間には因果関係があるとは認めがたいし、Bの救護義務違反そのものにより慰謝料の請求が可能であるとしてみても、Aの死亡時期が極めて微妙であり、Bの過失も軽微であるというべきであるから、慰謝料の請求もできないものというべきであり、結局、Bの救護義務違反を理由とする本件損害賠償請求は失当である。

5 解説

救護義務と因果関係

傷病者が明らかに死亡していると判断される場合としては、傷病者の体幹や頸部の轢断が確認された場合、死後硬直が認められる場合又は死斑の状況等から誰もが一見して死亡していると分かる状態が認められる場合が挙げられる。本判例では、「X市の要綱が掲げる死亡していると判断できる要件7項目のうち、「(4)瞳孔の散大が認められ、対光反射が全くないこと、(7)死斑が認められること」の2項目を確認していないのであるから、消防職員は医療機関に搬送し、医師による生死の診断を求めるべきであった」としたものの、「傷病者の死亡との間に因果関係があるとは認めがたく、消防職員の過失も軽微で損害賠償請求は認められない」と判示された。

救急
判例 32

救急搬送を拒否している場合には救急隊は搬送義務を免れるとして損害賠償請求を棄却した判例

《佐賀地裁平成18年9月8日判決》

出典：判例時報1960号

関係法条　国家賠償法1条
原　告　　甲（救急搬送拒否者）
被　告　　乙（X市）

1　事案概要

夜間、甲が路上で転倒して後頭部を路面で打ち、倒れているとの通報に基づきX市消防本部から救急隊を出動させて一旦甲を救急車内に収容したものの、医療機関に搬送することなく、現場に迎えに来た甲の家族に引き渡したところ、甲がその後急性硬膜外血腫等を発症して後遺障害を残すこととなった。

このため甲は、搬送義務違反を理由に、乙に対し国家賠償法第1条第1項に基づき損害賠償を求めたが、棄却された事案である。

2　認定事実

① 甲は、夜間、繁華街で飲酒した後、タクシーに乗車し、午後11時過ぎ頃下車する際、路上に転倒し頭部を路面で打ち、そのまま路上に仰向けに倒れ、これを発見した通報者が、X市消防本部に119番通報をした。

② 救急隊が到着時、甲がタクシー後部ドア近くの路上に仰向けに倒れていた。甲には酒臭があり、隊長の呼び掛けにも反応はなく意識不明の状態であり、救急車内に収容した。

③ 甲は、救急車への収容直後から意識を回復し、隊長ら救急隊員に対し、「（救急車を）降りる」とか「病院に行かない」などと拒否的な回答をした。

④ 救急隊長は、頭部外傷を疑って手指も用いた創部の観察、瞳孔の観察、血圧、血液中の酸素飽和度及び心拍数の検査並びに甲の言動の観察を行ったが、高血圧を除いて異常は見受けられず、帰宅を希望する言葉を発して検査器具を外そ

うとしたり担架から立ち上がろうとしたりしており、意識レベルはＪＣＳ１又は同２で意識障害も軽微であって、直ちに病院へ搬送するまでの緊急性が認められないと判断した。甲は救急隊長からの問いに対し、氏名、年齢、電話番号等をはっきり答えた。

⑤ 救急隊長は、甲が病院への搬送を嫌がっていることについて甲宅に１回目の電話連絡を行い、甲の親族に対し、甲が頭を打って救急要請されたが病院への搬送を嫌がっている旨説明して要望を聞いたところ、近くの病院での検査を希望した。

⑥ 救急隊長は、Ｋ病院及びＬ病院に救急搬送につき連絡したが、両病院から業務煩雑を理由に受入れを拒否された。救急隊長らは、その間も甲に対し、病院に行った方がよいと説得したが甲は肯定的な回答をしなかった。

⑦ 救急隊長は、Ｘ市外の病院への搬送を考慮したものの、その承諾を得るため、甲宅に２回目の電話連絡を行ったが、家族はこれから甲を迎えに行く旨申し出て電話を切った。

⑧ 甲の家族が自動車で迎えに来て、甲は救急隊員の肩を借りるなどしたが、自力で救急車から降りて自動車に乗車し、翌午前０時半頃帰宅し、その後就寝した。

⑨ 午前７時頃、甲の意識がなかったため、家族が119番通報して救急搬送を要請した。再び本件救急隊が出動して甲を病院に搬送した。

⑩ 甲は「急性硬膜外血腫及び硬膜下血腫、外傷性クモ膜下出血、頭蓋骨線状骨折」と診断されて即日入院し、緊急開頭減圧術を施行された。

⑪ 甲は、上記急性硬膜外血腫等による後遺障害につき、身体障害者等級表による等級１級の認定を受けた。

3 争点

傷病者及びその家族が救急搬送を拒否している場合でも救急隊には搬送義務があるといえるのか。

4 争点に対する判断

救急業務は、その性質上、傷病者等の求めに応じて行う公的なサービスであっ

て、その趣旨は専らサービスを希望する者の満足を得ることにあり、傷病者本人を含む国民の権利義務を制約するものではないから、正常な判断能力を有する傷病者の意思に反してこれを行うことは許されず、したがってこのような場合には被告が救急業務を実施すべき義務を免れることは明らかであるというべきである。隊長らの説得にもかかわらず、甲本人が一貫して搬送を拒否していることは明らかであり、甲の家族も最終的には自動車で迎えに来て自宅へ連れ帰っているのであるから、結論的に搬送を拒否しているものと認められる。この点に関し甲は正常な判断ができない状態にあった旨主張しているが、名前や生年月日、自宅の電話番号等を正確に答えていることなどからすると、少なくとも意思能力に欠けるところはなく、判断能力もさほど減退していたとは考え難い。

救急業務の法的性質からして、病院搬送の緊急性が認められたなどの特段の事情が認められない限り、救急隊員には家族にあえて病院への搬送を説得するまでの義務はないし、急性硬膜外血腫等を発症していたとはいえない旨判断していることに照らすと、救急隊長の判断は合理的であり誤っていたとは認め難い。

よって、甲本人及び家族の意向を尊重して病院に搬送しなかった隊長らの措置が救急隊の救急業務を実施すべき義務（搬送義務）に違反するとまで認めることは困難である。

5　解　説

当時のX市における救急搬送拒否に関する規定

本判例では、「救急搬送に際し、本人が搬送を拒否する態度を明確に示している以上、搬送しなかったとしても、搬送義務に違反するとまでいえない」と判示されたが、本件事故当時のX市救急業務規則でも、「隊員は、救急業務の実施に際し、傷病者又はその関係者が搬送を拒んだ場合は、これを搬送しないものとする。」と規定されており、またX市消防本部救急業務等に関する規則でも、「傷病者又はその保護者が搬送を拒否した場合は、搬送しないことができる。」と規定されていた。

救　急
判例 33

救急隊員が搬送義務を怠ったために植物状態となったとする損害賠償請求を認めた判例

《奈良地裁平成21年4月27日判決》

出典：判例時報2050号

関係法条　国家賠償法1条、消防法2条・35条の5
原　告　甲（受傷者）、乙（甲の親）ら
被　告　丙（X市）

1　事案概要

甲が午前2時10分頃警察署で保護され、警察署から丙へ救急通報が行われたが、現場に到着したX市の救急隊員は、甲に緊急性がないと判断し病院へ搬送しなかったため、乙らが甲を自宅へ連れて帰った。同日午前10時14分、乙らが甲の異変に気付いて救急通報をし、病院へ搬送されたが、いわゆる植物状態となった。

甲及び乙らは、救急隊員が甲の病態を的確に把握せず、搬送義務があるにもかかわらず病院へ搬送しなかったことで、脳挫傷及び急性硬膜下血腫のために植物状態になったとして、丙に対して、国家賠償法第1条に基づき損害賠償を請求し、認められた事案である。

2　認定事実

① 救急隊員は、警察署に到着する前の甲の状態について、甲が靴を履かないまま警察署敷地内で発見されたこと、同敷地内をその状態で歩き回ったこと、嘔吐したこと等を警察官から聞いていた。

② 救急隊員が警察署に到着した際の甲の状態は、長椅子に横になっており、その顔面や衣服等に血液（鼻出血）が付着していたが、それは自然止血していた。また、嘔吐痕があり、左目の周りが腫れていて打撲痕があったこと、救急隊員が甲の左前額から頬にかけて拭いたときに甲が「痛い」と言ったこと、肩を叩くと寝返りを打つがずっと目を閉じたままで、一度だけ求めに応じて開眼したことを直接観察している。

③ 救急隊員は甲の搬送先を探すために、自ら病院等に連絡するようなことはなかったし、救急隊員が乙らに対し、搬送する病院について言及したこともない。
④ 救急隊員は、乙らに対し、甲の搬送先を探したが、甲にアルコールが入っているため搬送先がないと告げ、甲の出血はほとんど鼻出血であり、ほかに傷や外傷は見当たらず軽症であって緊急性がないと述べたこと、乙らが搬送を希望して詰め寄っても、甲を搬送しなかったことが認められ、その後、乙らが甲を自宅に連れ帰ることになり、乙らは不搬送同意書に署名した。

3 争点
① 救急隊員の活動は、救急隊として実施すべき搬送義務に違反するのか。
② 甲の植物状態と救急隊員の活動に因果関係が認められるのか。

4 争点に対する判断
① 救急隊員は、甲が罹患している疾患の内容を具体的に特定できなくとも、意識障害・嘔吐を伴う何らかの重症疾患を負っている疑いがあるため、甲を医療機関等へ緊急に搬送する必要があったにもかかわらず、その必要性の判断を誤ったといえる。

また、本件で乙らが不搬送同意書に署名したことについて、乙らが甲の搬送を拒否し不搬送を承諾したもの、すなわち「反対の意思を表示したもの」と評価することはできず、搬送義務を免れるものではないと解するのが相当である。

したがって、本件において、救急隊員は甲を搬送すべきであるのにこれをしなかった義務違反があるものというべきである。

② 甲の急性硬膜下血腫は、当初から明らかな意識障害を呈しておらず、徐々に出現するものであり、救急隊員が観察した時点では、甲の瞳孔は正常で麻痺や頭痛の訴えもなかった。さらに、甲の救急搬送先の救命救急センター長が「一般的に考えて、瞳孔不同の出現するまでに治療を開始すれば予後はよかったと思われる。」旨回答していること等を併せ考えると、救急隊員が観察した時点で救急搬送され医師による処置を受けていれば、本件の結果発生を避けることができた高度の蓋然性が認められるというべきである。

5 解説

① **搬送義務**

本判例では、「消防法上の救急業務を実施する地方公共団体が、救急業務を実施すべき事由、すなわち一定の傷病者について緊急に搬送する必要性があることなどについてこれを認知し、かつ、当該救急業務を実施することができる場合には、行政上の責務としてその実施義務を負うだけでなく、当該傷病者に対する関係においてもこれを実施すべき義務を負うものというべきである」と判示された。

② **不搬送同意**

本判例では、「不搬送同意書に署名したことのみでは、搬送を拒否し、不搬送を承諾したものとはいえない」と判示された。

③ **その後の展開**

本件は、丙が控訴の後和解したため訴訟は終結している。

救急
判例
34

救急搬送時に傷病者が骨折した事案について救急隊員の過失を認めた判例

《さいたま地裁平成22年3月9日判決》
出典：裁判所ウェブサイト

関係法条　民法720条、国家賠償法1条
原　告　　甲（救急搬送されたAの妻）
被　告　　乙（消防本部）

1　事案概要

　甲が、夫Aに呼吸苦の症状があり救急搬送を乙に依頼し、到着した乙の救急隊員ら（隊長B、隊員C、機関員D）は徒手搬送等によりAを救急車内に収容したが、呼吸が落ち着いてきたため、搬送を取りやめ甲方へ戻した。その後、Aは、K病院で整形外科の診察を受け、右上腕骨頸部が骨折していることが判明した。

　甲は、救急搬送を行う際に、救急隊員らの過失によりAが右上腕部を骨折したとして、乙に対して、国家賠償法第1条第1項に基づき損害賠償を請求し、一部認められた事案である。

2　認定事実

① Aは、平成12年以来、脳梗塞が原因で右片麻痺及び失語症を抱えており、また、糖尿病等の持病も有していた。

② 甲は、BにAが朝から息が苦しいので救急車を呼んだこと、当日、K病院の血液内科に診察の予定があること、Aは、右片麻痺を患っており、おんぶによる搬送ができれば、その方法をとって欲しいことなどを伝えた。

③ Bは、手を携えながら歩いて搬送を行うとの判断をして搬送を開始し、表玄関の先の階段に差し掛かり、Bがそのまま抱えて降りるとの指示をしたため、救急隊員らはそれぞれAの体を抱きかかえ、階段を下りた。玄関先を出て階段に差し掛かる手前で、Aが大きなうめき声を上げ、その際、Bは、もうすぐですから頑張って下さいと声を掛け、3名でAを救急車に運び込んだ。

④　本件搬送当日の起床後、息苦しさを訴えてはいたものの、本件搬送前に、右上腕部等に何らの異常を訴えていたものではなく、本件搬送後に受診したＫ病院の血液内科の医師が異変に気付き骨折が判明している。

そして、本件搬送の途中、Ａが大きなうめき声を上げた後、右肩を痛がるようになったこと、他にＡの右上腕部に骨折が発生するような事象は起こっていないこと等によれば、Ａの骨折は、本件搬送の際に発生したものと認められる。

3　争点

①　Ａの骨折について、乙の救急隊員らに注意義務違反が存したのか。
②　乙の「搬送方法を選択する時点における状況に基づき、著しく不合理であるとか、明らかに不適切であるということが明確でない限り、その搬送方法の選択について違法とすることはできない。」とする違法性阻却の主張は認められるのか。

4　争点に対する判断

①　本件において、第一義的に搬送方法を決定する隊長であるＢは、各前提事実等から上肢や下肢の可動範囲に大きな制限がある可能性も認識し得たものであると認められ、本件搬送の方法がＡに危険を生じさせる可能性があり、場合によっては、可動範囲に制限のある上肢や下肢に骨折等の障害を生じさせる可能性があることも十分認識可能であり、別のより安全な方法での搬送を行い、危険を回避することは可能であったと認められる。

それにもかかわらず、Ｂは環境観察による適切な搬送経路、搬送方法の把握を怠り、また、片麻痺を患っているものに対して危険がある徒手による搬送を選び、誤った選択を行ったものであり、Ｂには、搬送方法決定の前提となる情報の把握及び搬送方法の選択について注意義務違反が存したものと認められる。
②　救急搬送は、正当な業務が尽くされた結果、何らかの損害が生じた場合に、正当な業務行為であるとして不法行為責任が発生しないという場合は否定し得ないところである（民法第720条参照）。しかし、本件は業務中の救急隊員らの義務違反により、Ａに権利侵害が発生しており、緊急避難の要件が充足される場合などであればともかく、そのような緊急性が認められる余地は全くない

ため、違法性は阻却されない。

5 解説

① **国家賠償法第1条第1項の過失の認定**

本判例では、「適切な搬送経路、搬送方法の把握を怠った過失及び片麻痺を患っている者に対して徒手による搬送をした過失がある」と判示された。

② **違法性の阻却**

「違法性の阻却」とは、通常違法とされる行為について、特別の事情があるために違法性がないとすることであり、正当防衛や緊急避難がこれに該当する。

本事案では、緊急避難の要件は具備されていないと判示された。

救急
判例
35

緊急走行中の救急車の交通事故について救急車に過失があるとした判例 《札幌地裁昭和44年11月21日判決》

出典：判例時報592号

関係法条　自動車損害賠償保障法3条、道路交通法39条
原　告　　甲（乗用車の乗員）
被　告　　乙（X市）

1　事案概要

　赤信号交差点に徐行しながら進入した緊急走行中のX市消防本部の救急自動車と、青信号で同交差点に進入したA（甲同乗の乗用車の運転手・甲の息子）の運転する乗用車との間で交通事故が発生し、甲は、右背部打撲症、頸椎鞭打ち症、左股関節打撲の傷害を負い、約8か月半の入院、以後約3か月間の通院治療の生活を余儀なくされた。

　甲は、本件事故はX市消防本部の救急自動車側に過失があるとして、治療費及び慰謝料等の損害賠償を請求し、一部認められた事例である。

2　認定事実

①　B（救急自動車の機関員）は、X市消防本部の救急自動車を運転してC（救急自動車に同乗の消防職員）らと共に救急出動し、本件交差点に向かいサイレンを吹鳴し赤色警告灯を点灯しながら、時速約40kmの速度で進行してきたが、本件交差点の約70m手前（南西）で時速20kmに減速し、同交差点の南西側横断歩道に差し掛かった。

②　Bは、前方の信号機が赤色を表示していたので、最徐行しながら自分では主に前方及び左側方面を見て、本件交差点中央部付近に小型トラック2台が停止しているだけであって安全であることを確認した。

③　しかし、右側は建物の影となるため見通しが極めて悪いのにかかわらず、Cが確認したとして安全である旨述べたのを軽信して、自らは同方面を瞥見したにとどまり、その後は右側方面の交通状況を十分に確認しないまま進行を続け

て左折した。
④　そのため、左折した救急自動車の右側方面から、時速約30kmの速度で青信号に従って本件交差点に直進してきたＡ運転の普通乗用自動車を発見できず、救急車が左折を終了する直前に同交差点の北西側横断歩道付近でＡ運転乗用車の左前部扉に救急自動車の右前部を衝突させた。
⑤　他方、乗用車を運転するＡは青信号とはいえ、救急自動車のサイレンに傾聴し、警告灯に注目して、これを発見し、ひいては同車を避譲すべき注意義務があるのにこれを怠り、さらには十分な前方注視をも怠り、この過失が本件事故発生の一因をなしている。

3　争点

緊急走行中であったＸ市消防本部の救急車側に過失があったと認められるのか。

4　争点に対する判断

救急自動車が救急出動中は、その運行につき他の車両に優先するのであるから、他の車両の運転者が救急自動車の通行を妨げてはならないことはいうまでもない。

しかしながら、緊急自動車といえども、赤信号の場合など法令の規定により通常の車両が停止しなければならない場合には他の交通に注意して徐行すべきものとされている。

そして特に緊急自動車が赤信号の交差点を通過しようとする場合には、交差する道路を通行する自動車の運転者が自車の通行に対する青信号を信頼し、かつ、緊急自動車のサイレン・警告灯などに気付かずに交差点に進入してくることが十分予想されるのであるから、安易に他車両が救急自動車を避譲するものと期待して予測運転することは厳に慎むべきであって、交差点進入に際し、特に左右の安全を十分に確認したうえで徐行すべき注意義務があるものと解すべきであり、本件においては救急車の運転者Ｂが赤信号の交差点に進入するに際し、左右の安全を確認すべき注意義務を怠った過失により本件事故が発生したことが認められる。

5　解説

被害者側の過失と慰謝料の算定

本判例では、「乗用車を運転していたＡは青信号とはいえ、サイレンや警告灯により救急自動車を発見し避譲すべき注意義務があるのにこれを怠った過失及び十分な前方注視をも怠った過失がある」とされ、また「慰謝料の算定に当たっては、Ａのような近親者の過失をも斟酌するのが公平の理念に照らし妥当というべきである」と判示し、請求の一部を認容した。

> 救急
> 判例
> 36

緊急走行中の救急車の交通事故について救急車の運転者に過失がないとした判例

《札幌地裁昭和63年9月16日判決》
出典：判例時報1316号

関係法条　民法715条、道路交通法39条・40条
原　告　　甲（X消防組合）
被　告　　乙（タクシー会社）

1　事案概要

昭和62年2月6日午前10時20分頃、交差点において、急患移送中のためサイレンを鳴らし赤色灯を回転させながら交差点に進入した甲の救急車と、青信号で進入してきた乙のタクシーが衝突した。

甲は、乙のタクシー運転手Aが前方注視を怠ったため救急車にも気付かず、漫然とタクシーを交差点内に進入させた過失により事故を発生させたと主張し、乙に対し民法第715条により損害賠償を請求し認められた事案である。

2　認定事実

① 甲の救急隊員Bは、病院から患者を市内の病院へ転院搬送する救急業務として救急車を運転し、サイレンを鳴らし赤色灯を回転させて本件事故現場である交差点に進入した。
② 当時天候は晴れで、路面は圧雪状態で部分的に氷盤をなしていたが走行に支障はなかった。
③ Aは、タクシーを空車で運転し、救急車の進行方向の右方から交差点へ向けて進行していた。
④ Bは、交差点の信号が赤を表示していたので、それまでの時速40～50kmの速度を落とし、交差点手前に2列に停車していた車両の右側センターライン寄りを走行して交差点に近づき、交差点入口付近（衝突地点の約20m手前）では徐行の状態となった。

⑤　Ｂは、交差道路右方の交通の確認が、雪の山（高さ1.7ｍほど）のため困難であったため、徐行状態で更に約10m進行し、助手席の救急隊長が左方の、Ｂが右方の交通状況を確認したところ、右方からの車線については、交差点入口から約50ｍ余り手前の路上に、進行して来るタクシーが確認された。
⑥　他に進行車両はなく、確認地点では雪の山は相互の視界の妨げにはならなかった。
⑦　タクシーは通常の速度と認められ、走行に何ら異常を感じさせるものはなかった。
⑧　Ｂが運転する救急車は、既にタクシーの進路斜前方にありタクシーからの認知が容易な位置関係にあったうえ、赤色灯を回転しサイレンを鳴らしているのであるから、タクシーは当然救急車を認知し避譲措置を講ずるものと考えて、徐行して交差点内を進行した。
⑨　確認地点から８～９ｍ進行した地点で右方を再度確認したところ、右方約10ｍの地点にタクシーが迫っており、減速もしていないように感じたので、ブレーキを操作しても間に合わないと判断し、加速して衝突を避けるべくアクセルペダルを踏んだが、かわしきれず衝突した。

3　争　点

①　タクシーの運転手Ａに過失があったのか。
②　救急車の運転者Ｂに過失があったのか。

4　争点に対する判断

①　Ａは、本件救急車のサイレンが鳴っているのにこれに気付かず、前方注視を怠ったため救急車にも気付かず、漫然とタクシーを交差点に進入させたものと認めるのが相当であり、事故はＡの過失により生じたものといわざるを得ない。
②　交差点内の救急車とタクシーとの位置関係、速度等に照らせば、路面状態を考慮に入れても、Ｂの判断及び進行方法には何らの過失もなかったというべきである。さらに、Ｂは、再度右方を確認し、迫りくる本件タクシーを発見し、衝突回避措置を講じたが間に合わず、事故となったのであるが、再確認までの間は、救急車がタクシーの進路前方を徐行して通過せんとする状態となり、タ

クシーが救急車を現認することは一層容易な位置関係にあったものであるから、初めの確認の際のタクシーまでの距離及びその動静等、具体的事情下においては、タクシーが避譲措置を講ずるものと考え、動静確認を継続していなかったことをもって過失があるとまではいえず、再確認後の衝突回避措置についても、その位置関係からすると、他の措置によっても衝突を回避することはできなかったというべきであるから、Bに過失はない。

5 解説

① **緊急走行の法的位置付け**

緊急自動車は、道路交通法の規定により停止しなければならない場合においても停止することを要しないが、他の交通に注意して徐行しなければならないとされている（道路交通法第39条第2項）。したがって、本件のように前方が赤信号であっても救急車は停止することを要しないが、交差道路を青信号に従って進行して来る車両に注意を払い安全を十分に確認し、徐行する義務がある。一方、交差点又はその付近において緊急自動車が接近してきたときは、他の車両は交差点を避け、かつ、道路の左側に寄って一時停止をしなければならないとされている（同法第40条第1項）。

② **過失相殺**

消防組合が、タクシー会社に対して賠償責任を追及した事案である。

本判例では、「緊急自動車として、法令に従い走行している場合の事故については、緊急自動車運転者に過失はなく、過失相殺は認められない」と判示されたもので、緊急自動車の役割を重視した判例である。

救　急
判例
37

緊急走行中の救急車と普通貨物自動車との間で発生した交通死亡事故について救急車の運転者の刑事責任を認めた判例　《千葉地裁平成14年3月28日判決》

出典：裁判所ウェブサイト

関係法条　刑法211条（平成13年法律138号による改正前）、道路交通法39条
被告人　甲（救急車の運転者）、乙（普通貨物自動車の運転者）

1　事案概要

　病人を搬送するため赤信号で交差点に進入した甲運転の救急車と、その交差道路を酒気を帯び制限速度をほぼ2倍超過して左方から直進進行してきた乙運転の普通貨物自動車が衝突し、救急搬送等されていた被害者3名が放り出され、1名が死亡し、ほか2名も重傷を負い、被告人両名もそれぞれ負傷した。
　本件は、被告人両名が起訴され、甲については業務上過失致死傷罪、乙については業務上致死傷罪及び道路交通法違反が適用され、それぞれ有罪となった事案である。
　※　乙に関する部分については以下省略する。

2　認定事実

① 　甲は、平成11年12月26日午前2時45分頃、業務として緊急自動車である救急用自動車を、サイレンを吹鳴し、赤色の警告灯を点灯して緊急用務のため運転し、信号機により交通整理の行われている交差点を赤信号で直進するに当たり、徐行して交差道路左右から進行してくる車両の有無及びその安全を確認しつつ進行すべき業務上の注意義務があったがこれを怠り、交差道路右方から進行してくる車両の有無及びその安全を十分確認しないまま、漫然時速約20～23kmで同交差点に進入した。
② 　これにより、甲は、本交差道路右方から進行してきた乙運転の普通貨物自動車前部に自車右側面部を衝突させ、その衝撃により自車後部扉を開放させるなどして、自車後部に収容し搬送中であったA、B及び同人らの看護に当たって

いた救急隊員Cの3名をそれぞれ車外に放出させた。
③ 本件事故により、Aは脳挫傷の傷害を負いその後死亡したほか、乙は加療133日間を要する前頭骨骨折等の傷害を、Bは加療283日間を要する頭蓋骨骨折等の傷害を、Cは加療期間不明の第3頚椎骨折等の傷害をそれぞれ負い、また甲自身も加療96日間を要する頚椎捻挫等の傷害を負った。

3 争点

緊急自動車は緊急用務を遂行する場合は、信号機の表示に従わずに進行できる（その場合は他の交通に注意して徐行しなければならない）が、甲に刑事責任が発生するのか。

4 争点に対する判断

一般車両は緊急車両を優先させる義務があるとはいえ、緊急車両が信号表示に従わないで進行する際の運転には特に慎重を期すべき注意義務が課されているというべきである。

甲は、本件交差点に信号表示に従わないで進入するに当たり、左右の交差道路を確認し、右方道路には車両はなく、左方道路には救急車を優先させるため停止していた車両を確認したが、再度右方道路を確認することなく本件交差点に進入したのである。

甲は当時深夜で交通が閑散とし、右方道路は甲から見て下りの坂道で一度は確認したとはいえ、見通しが良いとはいえないこともあるから、停止線を超えて交差点に進入するときに再度右方を確認して徐行して進行すべきであった。

そうすれば乙の運転車両を避けられた可能性があったといえ、この点において、甲の過失は軽微なものとはいえず、同人の負っていた救急隊員としての責務に照らし、また、発生した結果が重大なものであることから、同人の責任は軽視しがたいものがある。

5 解説

道路交通法第39条第2項と救急車運転者の過失

本判例では、「救急車を運転していた甲は、交差点を直進するに当たり、対面

信号機が赤信号であるから徐行して交差道路左右から進行してくる車両の有無及びその安全を確認しつつ進行すべき業務上の注意義務があったがこれを怠り、交差道路右方から進行してくる車両の有無及びその安全を十分確認しないまま、時速約20～23kmで同交差点に進入した過失がある」と判示された。

|救急判例38| 救急車が交差点内で起こした交通事故の過失割合を3割とした判例 《大阪高裁平成19年12月4日判決》

出典：交通事故民事裁判例集40巻6号

関係法条	道路交通法36条・39条・40条
控訴人（被告）	甲（X市）
被控訴人（原告）	乙（損害保険会社）

1 事案概要

　青信号で交差点に進入したAが運転する自動車が、赤信号で交差点内に進入したX市の救急車の右側面に衝突する交通事故を起こした。

　第一審においては、救急車が極めて基本的かつ日常的な注意義務を履行していないとして、救急車の過失割合を7割としたが、控訴審では、救急車の過失割合は3割とするのが相当であるとした事案である。

2 認定事実

① 　Aの車の進行方向は、見通しのよい下り坂である。交差点はAの通勤路であり、Aはその交差点では、交通量が多い上に下り坂で速度が出やすいため事故が多発し、同方向を進行して交差点を左折する際に知人が追突される事故も起きていたことを知っていた。

② 　Aの車は、衝突地点の手前約30mの地点を時速50kmで走行中、前方の信号は青であった。

③ 　X市の救急隊長Bは、赤信号の交差点を直進して通過する際、サイレンをピーポーサイレンからウーウーサイレンに切り替えた。

④ 　救急車の運転手Cは、交差点手前で、時速約10km程度に減速し、徐行しながら交差道路の右側（Aの車が進んできた方向）を確認したが、進行車両を見なかった。Bが徐行しながら更に交差点に進入したところ、右側からAの車が衝突した。

⑤ 　救急隊長Bは、交差点に進入する際に、他の通行車両に対してマイク等で緊

急車両の通行の告知をすることはしなかった。

3 争点

救急車の乗員とＡの過失割合をどのように判断するのが相当であるのか。

4 争点に対する判断

本件救急車の乗員も、徐行したとはいえ、交差道路の手前約30ｍの近い距離を青信号に従って時速50kmの高速で交差点を通過しようとしているＡの車を全く確認しないで交差点に進入したものであり、その過失の程度も決して小さくない。

しかし、本件救急車は、ウーウーサイレンを鳴らし赤色警光灯をつけて徐行して交差点に進入した一方、Ａの車は、わずかの注意をしさえすれば気が付いたはずの緊急自動車を見落としたのであるから、緊急自動車優先（道路交通法第40条）の趣旨なども勘案すると、相対的な過失の程度は、Ａの方が重いものと評価すべきである。

したがって、本件事故の過失割合は、Ａ７割、本件救急車の乗員３割とするのが相当である。

5 解説

救急車の過失割合

救急車が赤信号の交差点内に入るとき、徐行しないで走行し、進行してきた乗用車と交通事故を起こした場合は、双方の運転者に過失（注意義務違反）があることとなり、その過失割合は、両方とも同じ程度に過失があるということで、それぞれ５割とするのが一般的であるが、本判決では種々の要素から救急車の過失割合を３割としたものである。

指令
判例
39

指令室を無人にした消防職員に対する懲戒免職処分を適法とした判例

《大阪地裁平成15年3月12日判決》

出典：労働判例850号

関係法条	地方公務員法29条
原　告	甲（X市消防職員）
被　告	乙（X市消防長）

1　事案概要

X市消防本部の通信指令室（以下「指令室」という。）に勤務していた甲が離席したため無人となり、通報を受理できなかった間に、救急事案の通報があった。その後、この事案の傷病者が死亡したため、乙は甲を懲戒免職処分にしたが、甲は裁量権濫用等の違法があるとして取消しを求め提訴したものの、棄却された事案である。

2　認定事実

① 甲は、X市消防本部の警備課指令一係長として指令室において救急指令業務を担当していた。
② 甲は、指令室において勤務中、自分が離席すると指令室が無人になることを承知しながら、何の対策もとらずに無断で離席してトイレに行ったため、指令室が無人となった。
③ その状態のとき、K小学校からの119番通報とX市消防本部への加入電話による通報があったが、同本部では誰も応答しなかったため、K小学校の職員はX市消防署L分署に通報し、L分署が救急隊員を同校に出動させた。
④ 患者であるK小学校のA（当時11歳）は、以前から心臓疾患があり学校を休んでいたが、4か月ぶりに登校したところ、教室で心臓発作を起こして倒れたもので、救急隊員が現場に到着した際には、既に呼吸、脈拍停止の状態で、その後、救命救急センターに運ばれたが、同日、心不全による死亡が確認された。
⑤ 乙は、甲に対し、地方公務員法第29条第1項第1号、第2号により、懲戒免

職処分をした。
⑥ 甲は、X市公平委員会に対し、本件懲戒免職処分の取消しを求める審査請求をしたが、同委員会は、本件懲戒免職処分を承認する旨の裁決をした。
⑦ 甲は、以前も地方公務員法による戒告処分を受けたほか、厳重注意、訓告、口頭注意を受けていた。

3 争点
本件懲戒免職処分について裁量権の逸脱が認められるのか。

4 争点に対する判断
　甲は、離席後の緊急通報の受理態勢について何ら意を払うことなく、消防活動を開始すべき重要な部署である指令室を無人にした行為は、市民の生命、身体及び財産を守るべき消防職員としての最も基本的かつ重要な任務を放棄したものであり、甲が当時同じく指令室を離席していた職員を監督すべき立場にあったことも考慮すると、その職務懈怠は誠に重大である。また、児童の死亡と甲の行為との間に直接の因果関係が立証されているわけではないが、甲の行為は救命活動に対して現実に障害を及ぼしたことは明らかで、本件事件が報道されたことによって、市民のX市消防本部等の消防活動に対する信頼を大きく失墜させた。
　また甲は自らの任務懈怠による救急業務の初動の遅れを取り返せるように最大限の努力を行うべきだったが、積極的な行動をとった形跡がない。さらに、甲が他の者に指摘されてようやく上司に報告を行ったのは、本件事件発生後1時間以上経過した後であり、報告義務違反も決して軽視することはできない。
　その後の上司からの事情聴取においても、当初は部下に責任を転嫁する内容の虚偽の報告を行うなどして反省する態度がみられなかった。
　甲に有利な事情を考慮しても、離席の重大性やその後の報告義務違反等からすると、懲戒事由に該当する甲の行為の性質、態様、結果、影響等のほか、その前後における甲の態度、懲戒処分歴等の諸事情を考慮した上で決定した本件懲戒免職処分が社会通念上著しく妥当を欠くものとまでは言い難く、その裁量権の範囲を逸脱したものと判断することはできない。

5 解説

懲戒免職処分に先立つ弁明の機会

　本判例では、「本件懲戒免職処分については、処分理由となった各行為について、甲に対し、直接上司に説明をし、てん末書を作成し、また事情聴取を受ける機会が与えられ、その結果はいずれも処分庁であったX市消防長に提出されており、また、甲から聴取した結果は審議の資料として審査委員会に提出されたのであるから、甲に弁明の機会が与えられなかったということはできない」と判示された。

指 令
判 例
40

消防指令センターの職員が出場要請に対し救急隊等を出動させなかったことが不法行為に当たるとした判例

《京都地裁平成15年4月30日判決》

出典：判例時報1823号

関係法条　国家賠償法1条
原　告　　甲（救急車要請の通報者）
被　告　　乙（X市）

1　事案概要

　甲は、2日にわたり合計20回、自宅から119番通報をしたが、甲が言葉をうまく発することができなかったことなどから、電話を受けた消防局の消防指令センターがいたずらと判断し救急隊を出動させなかった。甲は、その翌日に自宅玄関前で倒れているところを近所の住民に発見され、その人からの119番通報に基づいて出動した救急隊によって病院に搬送され、脳梗塞と診断された。その後甲は病院を退院したが、四肢体幹機能障害という後遺症が残った。このため甲は、乙が最初の出場要請に対し救急隊等を出動させなかったことは不法行為に当たるとして、乙に対し損害賠償を請求して、認められた事案である。

2　認定事実

① 　甲が脳梗塞の発作を起こし、消防に救急車の出動を求めるため、8月11日から2日にわたり合計20回、自宅から119番の番号に電話をかけたが、言葉をうまく発することができなかったことなどから、電話を受けた消防指令センターの職員（以下「指令センター員」という。）は、救急隊の出動を要する事態ではないと判断し、救急隊を出動させなかった。

② 　3回目の通報の際には、通報を受信した指令センター員は、通報者が声を出せないこともおもんぱかった副指令センター長の指示で何か物をたたいて合図をするように呼び掛けたものの、これに対しても、何ら反応がなかった。

③ 　4回目の119番通報の際には、指令センター員から甲の姓をあげ、電話番号

も全て分かると告げて呼び掛けると、しばらくして甲側から電話が切られ、指令センター員が呼び返しをしても、留守番電話となっていたり、甲が出ても電話機のプッシュボタンを操作する音が聞こえるのみであった。
④　6回目の119番通報の際には指令センター員から、これ以上いたずらの119番通報をすると警察に通報する旨の警告までされている。
⑤　8回目の119番通報の際には、指令センター員が甲に対し呼び掛けたところ、「はぁい。」あるいは「ふわぁい。」といった声を数回発した。
　指令センター長は、指令センター員の呼び掛けと甲の反応を聴話していたが、甲の発声は、泥酔者あるいは意識朦朧とした人間が、指令センター員の呼び掛けとは無関係に発声していると感じ、甲からの電話をいたずらであると判断した。

3　争点

消防指令センターの職員が救急隊を出動させなかったことが不法行為に当たるのか。

4　争点に対する判断

発信者の身元、通報回数まで把握されていることを告げられ、警察に通報をする旨の警告を受けながら、なお短時間に自宅の加入電話からの通報を繰り返していたこと、指令センター員の呼び掛けに対する発声も意識朦朧とした者の声と理解し得るものであったこと、一般的に、119番通報をする者の中には、疾病等のために、何とか電話機の「119」の番号を押すことはできたものの、指令センター員の声を聞き取ることも、声を発することもできない者がいることを想定すべきこと、そのような者は、電話機の「119」の番号を押した後も、何とか救助を求める意思を伝えるため、電話機を操作し、誤って電話を切ってしまったり、留守番電話に設定したり、関係のないボタンを押したりすることもあり得ること、したがって、上記4回目の通報の際に、甲側から回線が切断されたり、呼び返しに対し、留守番電話になっていたり、プッシュボタンの操作音が聞こえたことも上記誤った操作の結果との可能性も想定し得たこと、以上の事情を考慮すると、甲からの8回目の119番通報を受信した際には、これを受信し、あるいは聴話して

いた指令センター員としては、その際の通報及びそれ以前の通報がいたずらによるものではなく、疾病等のために適切な応答ができない者からの通報ではないかと疑うことができ、また、疑い得たというべきである。

そうすると、指令センター員としては、この時点で、救急隊等を出動させるか、少なくとも、この通報が真に救助を求めるものかどうかを確認するための何らかの措置をとるべき義務が生じたというべきである。ところが、この通報の受信を担当した指令センター員も、指揮台を担当した指令センター員も、この通報もいたずらと判断し、救急隊を出動（弁論の全趣旨によると、この時点で甲方に救急隊を出動させることは可能であったことが認められる。）させなかった上、何らかの確認のための措置もとらなかった。このことは、甲に対する不法行為に当たるということができる。

5 解説

① **指令センターの職員の義務**

指令センターの職員は119番通報等によって、救急業務を実施する必要のある事態が発生したことを認知した場合には、救急隊等を出動させることが不可能でない限り、救急隊を出動させるなどの処置をとる義務がある。

② **救急車の出動の要否の判断**

本判例では、「X市の「消防通信規程」や「指令管制マニュアル」においては、119番通報の際に、適切に事態を通報できない者の存在も想定して救急隊の出動の要否を判断すべきものとされており、本件の場合も通報が真に救助を求めるものかどうかを確認するための何らかの措置をとるべき義務があった」と判示された。

③ **X市の「指令管制マニュアル」の規定**

X市の「指令管制マニュアル」では、通報者が「何らかの原因で119番通報したが話せない」などの場合があり、虚偽通報か実災害の通報なのか判断が困難な場合、災害らしいと判断したときは、発信地表示された場所へ必要隊を出動させると規定されていた。また、通報者が119番通報をしたが、話せない、言語障害者である、一方的に話し、受話器を置いたなどの理由によって、その通報が虚偽であるのか、実際の災害の通報であるのかを判断することが困難な

場合、受話器を通じて通報先の動き（物音、話し声等）を確認しつつ、(1)災害らしいと判断したときは、発信地表示された場所に救急隊又は消防隊を出動させる、(2)呼び返し操作で相手を呼び返すなどといった方法で処理するものとしており、無応答等に対する処理もこれに準じるとされていた。

④ **救急車の出動の要否の判断**

本事案の救急車不出動については、諸般の状況を勘案して不法行為に当たると判示されたものであるが、いずれにしろ、救急車の出動の要否の判断は慎重に行わなければならないことはいうまでもない。

予防・査察
判例41

ホテル火災について防火管理者ではない経営者の刑事責任を認めた判例

《和歌山地裁昭和51年3月30日判決》
出典：判例時報823号

関係法条　消防法8条
被告人　　甲（Kホテル経営者・代表取締役）

1　事案概要

Kホテルにおいて、死者3名、負傷者6名を出した火災が発生した。

Kホテルの経営者である甲が業務上過失致死罪に問われ、自動火災報知設備の設置及び点検整備の義務違反があるとして、禁錮及び罰金刑に処せられた事案である。

2　認定事実

① Kホテルの延床面積は約13,586㎡であり、客室84室（他に宴会場7室）、宿泊定員約420名で、ほぼH字形をなす建物群により構成されていた。
② 昭和47年2月25日午前6時30分頃、3階の宴会場配膳室付近から出火し、午前7時頃にはKホテルは一面火の海となった。
③ 火災発生当時、Kホテルには宿泊客を含め400名を超える在館者がいた。
④ この火災でKホテルは全焼し、死者3名及び負傷者6名をだし、同日午前11時55分頃鎮火した。
⑤ Kホテルでは、甲が経営、管理の一切の権限を掌握し、その指揮系列下に経理担当の総務支配人A、営業全般担当の営業支配人Bらが配置され、特にBは防火管理者に選任され、防火管理上必要な業務に従事していたが、その当時経営内容が悪化していたこともあって金銭的支出を要する事項については全て甲の決裁を必要とし、これら両支配人以下の従業員に対しては甲が直接指揮、監督する立場にあった。
⑥ Kホテルの法令違反状況は、煙感知器付自動火災報知設備の設置義務違反、

熱感知器付自動火災報知設備の点検整備義務違反（誤報のため受信機の電源が切断された状態）であり、消防署の立入検査がたびたび実施され、その都度行政指導がなされたが、甲は資金の目途が立たないことを理由に漫然と措置を講じなかった。

3 争点
① 防火管理者が選任されている場合、経営者である甲は防火管理業務を自ら履行する義務を免責されるのか。
② 火災による死傷の結果と２認定事実⑥の義務違反との間に因果関係はあるのか。

4 争点に対する判断
① 経営者は、火災事故の発生を防止するため、消防法令の趣旨・目的に添い防火管理上の必要な業務を自ら履行する義務を負うものというべきであり、当該義務は消防法第８条第１項に定める防火管理者の選任により直ちに免責されるものではなく、その選任後においても同条項所定の防火管理者の義務とともに併存しているものと解するのが相当である。甲はＫホテルの管理権原者として自動警報設備を設置し、維持管理に努めるべき義務を負っており、防火管理者が選任されていても甲は別個独立の責務を負うものである。

自動火災報知設備を完備することは火災事故を防止するうえで最も重要、基本的な注意義務に属するものであり、設置には多額の費用を要し、当該費目を含む諸経費の支出権限を有する甲にこれらの注意義務の履行を期待要請できることは当然である。

② 宿泊客らの個別的な避難状況や火煙の拡大進行状況、被害者らの避難、死亡の状況等に照らすと、甲において速やかに煙感知器付自動火災報知設備を設置し、かつ既設の熱感知器付自動火災報知設備を常時点検整備して正常に作動し得る状態にしておけば、被害者らは、より早期に火災の発生を知って階段などを利用して館外へ脱出することが十分可能だったこと、したがって被害者らは焼死することなく避難できたと認めることができる。被害者らの死傷という結果は、客観的に予見可能だったというほかないので、甲の注意義務懈怠によっ

て死亡という結果の発生することは経験則上通常予想でき、この間に相当因果関係を認めるのに十分である。

5 解説

防火管理者と管理権原者

防火管理者は、「管理権原者に選任され、防火管理業務を行う者」である。

管理権原者は、「防火対象物又はその部分における火気の使用又は取扱いその他法令に定める防火の管理に関する事項について、法律、契約又は慣習上当然行うべき者」であり、代表的な例としては防火対象物の所有者、占有者等がこれに当たる。

管理権原者は防火管理の最終責任者であり、防火管理者を選任することで防火管理責任を免れるものではない。

本判例は、消防法第8条第1項の規定による管理権原を有する管理権原者が、その管理権原者としての業務を適切に果たさなかったために生じた被害者の死傷の結果に対して、刑法上の業務上過失致死傷罪の規定が適用されることを明らかにしたもので、消防行政上参考となる判例である。

予防・査察
判例 42

防火管理者である旅館経営者の刑事責任を認めた判例

《神戸地裁昭和53年12月25日判決》

出典：判例時報935号

関係法条 刑法211条
被告人 甲（料理旅館業を営む会社の代表取締役社長）

1 事案概要

昭和43年11月2日午前3時前頃、甲が営む旅館において建物のほとんどが焼失する火災が発生し、宿泊客ら30名が焼死した。

昭和39年から40年末頃に旅館の増築工事を行ったことにより、当該旅館の既設建物部分にも自動火災報知設備を設置する消防法令上の義務が生じたが、再三にわたる消防当局からの指導にもかかわらず、自動火災報知設備の設置を怠ったことにより、30名の焼死者を出す火災を発生させたことは、防火管理者である甲の過失であるとして、業務上過失致死罪に問われ禁固2年とされた事案である。

なお、この旅館は城のような形態になっており、天守閣、本丸等7棟の建物から構成されていた。

2 認定事実

① 甲は、X市において、観光客を相手に料理旅館業を営む会社の代表取締役社長として、旅館の経営管理を統括するとともに、消防法上の防火管理者として、消防設備等の点検、整備、避難又は防火上必要な構造及び設備の設置、維持、管理等を行う業務に従事していた。

② 昭和35年改正の消防法令により、その施行時において既設の防火対象物又は現に増改築等の工事中の防火対象物については、原則としてその設置義務を負わせず、その後に工事に着手した増、改築により、(1)当該増改築部分の床面積の合計が1,000㎡以上となる場合、又は(2)当該増改築部分の床面積の合計が既存延床面積の2分の1以上となる場合、既設部分にもその設置義務が生じるとされていた。

③ 昭和40年8月、増築部分の建築確認申請の際、X市消防局は、既設建物部分にも自動火災報知設備を設置する義務がある旨、申請代理人に伝えた。
④ 昭和41年1月1日、天守閣及び本丸の使用を開始したことにより、消防法令上、既存建物部分にも自動火災報知設備を設置すべき義務が生じた。
⑤ 昭和41年2月3日の本丸使用開始届検査をした際、X市消防出張所は、立会人を通じて甲に対し、早急に既設建物部分に自動火災報知設備を設置するよう指示した。

甲は、このとき既設建物部分にも自動火災報知設備を設置しなければならないことを知るに至り、業者に見積りをさせるなどした。
⑥ 昭和41年12月9日の立入検査の際にも、X市消防出張所は再度その設置方を指示した。
⑦ 昭和42年1月6日、甲は「既設物防火設備施行計画書」を提出したが、自動火災報知設備の全館設置については、同年秋以降に着工する旨回答した。
⑧ 昭和42年11月6日、X市消防出張所は立入検査を行い、提出のあった計画書が履行されていないとして早急な設置方を指示した。
⑨ 昭和42年12月4日及び24日、X市消防出張所は「指導書」により履行計画書等の提出を促した。
⑩ 昭和43年2月4日、甲は、北の丸新築工事の完成時に設置するという内容の「指導書による改修計画書」を提出した。
⑪ 昭和43年4月、甲は北の丸新築工事の着工届を提出したが、自動火災報知設備の設置は北の丸部分のみであったため、却下された。
⑫ 甲は、既設建物を3ブロックに分け、段階的に設置していこうと計画した。
⑬ 昭和43年7月26日、X市消防署は、立入検査を実施し、既存建物部分に早急に自動火災報知設備を設置するように指示したが、甲は「2年後には壊す予定だからそれまで待って欲しい。」など、設置に対して極めて不熱心な態度をみせた。
⑭ 昭和43年7月30日、消防当局は、自動火災報知設備の設置について、「改善されないときは、正式命令により告発に踏み切る」旨の「警告書」を発した。
⑮ その後、段階的な措置を訴える甲と既設建物部分全部の設置を指導する消防当局との間で押し問答がなされた。

⑯ 昭和43年11月2日午前3時前頃、仁王殿2階サービスルーム内から出火し、旅館建物のほとんどを焼失する火災が発生し、死傷者が発生した。

3 争点

甲に旅館経営者としての刑法上の注意義務違反があったといえるのか。

4 争点に対する判断

甲が約2年6月もの長期間、再三にわたる消防当局の指導、勧告、警告にもかかわらず、自動火災報知設備を既設建物部分に設置しなかった経過に照らせば、甲には単に消防法令上の義務であるというにとどまらず、刑法上の注意義務の違反があったことは明らかである。

甲は、利潤追求を第一とする余り、自動火災報知設備を設置する費用を出し惜しんだことにより、本件火災によって、死亡者30名、負傷者多数を出したこと等を考慮すると、甲の旅館経営者としての職責に照らし、その犯情は決して軽くはない。

5 解説

旅館経営者の防火管理責任

多数の人々を預かる旅館の経営者が、防火管理上の対策を講ずる必要があることは当然のことであり、経営者は宿泊客や従業員の安全について特に細心の注意を払わなければならない。

既設部分に自動火災報知設備を設置してなかったことは、単に消防法令上の義務違反であるにとどまらず、刑法上の過失致死傷罪の法令義務違反となる。

予防・査察
判例43

病院火災での死傷者の発生が夜警員や当直看護婦により回避可能であったとして事務長を無罪とした判例

《札幌地裁昭和57年12月8日判決》

出典：判例時報1069号

関係法条	刑法211条
被告人（差戻し後第一審）	甲（K病院常務理事兼事務長）

1 事案概要

　K病院でボイラー及び暖房設備の操作、維持管理等の業務に従事していた職員Aが、凍結したドレンパイプを融解するため、モルタル壁近くの同パイプ露出部分にトーチランプの炎を噴射し、同壁内部の下地板等に着火させたことにより火災が発生し、入院中の患者21名及び新生児6名のうち、患者1名及び新生児3名の計4名が死亡、患者2名が傷害を負った。

　このため、A並びに病院理事長兼病院長B及び甲が、それぞれ業務上の注意義務を怠った過失があるとして起訴され、第一審では3名とも有罪となったが、控訴審ではAについては控訴棄却、B及び甲については原判決を破棄して、Bは無罪、甲は原審に差し戻された。

　差戻し後第一審において甲が無罪となった事案である。

2 認定事実

① 旧館2階には非常口が設置され、同所から屋外の非常階段を降りて地上に脱出し得る構造であったが、非常口の扉は常時屋内側から施錠閉鎖されており、その鍵は常時旧館2階看護婦詰所にあり、同詰所勤務の看護婦又は助産婦には一目でその所在と用途が分かる状況であった。また、看護婦詰所に隣接する新生児室には1人で一度に3、4名の新生児を搬出し得る新生児搬出用担架が2個備え付けられていた。

② 夜間や早朝時には、夜警員が派遣されており、夜警員は火災に十分注意し、在院者の人命第一に努め、火災が発生したときは、患者及びK病院関係者に出

火場所を通報すること等がその職とされていたが、火災発生時、夜警員は火災報知ベルが鳴るや、直ちに旧館1階の火災発生場所に赴いたものの、同室の火災状況を見て狼狽し、旧館2階には新生児や患者が多数在院しているのを知りながら、来合わせた給食賄婦に消防署への通報を依頼しただけで、他には何らの措置も取らないまま新館に避難した。

③　K病院では、総婦長が看護婦及び助産婦等の採用、教育など看護業務全般の監督事務を直接担当しており、さらに旧館2階産婦人科の看護業務については、同科責任者が総婦長の指揮監督の下に看護婦等の当直業務を含めた日常業務を指揮監督していた。

④　火災発生時、旧館2階には助産婦と看護婦見習が当直中のほか、入院患者が個別に契約していた付添婦が勤務中であった。3名はそれぞれ火災報知ベルの音を聞き、火災報知ベルが設置されている部屋の前に集まったが、これまでにも火災が発生していないのに火災報知ベルが鳴ったことがあったため、本件でも火災が発生していないと速断し、火災発生の有無及び出火場所の確認をしなかった。

⑤　看護婦見習は黒煙が立ち昇るのを発見して火災に初めて気付いたものの、非常口の開扉や新生児の救出には全く思いが至らず、直ちに避難するよう各病室に触れまわったが、その時点で非常口の鍵を持ち出すとともに新生児を搬出し、非常口を開錠していれば、少なくとも新生児3名は十分救出し得たと認められる時間的余裕があったのにこの行動に出ず、急速に煙が充満してきたのに驚いて立ちすくみ、助産婦が抱きかかえてきた新生児3名の搬出に手を貸したにとどまった。

⑥　K病院ではドレンパイプの凍結が頻発したため、Aからの申請によりトーチランプの購入を検討し、上司である甲の決裁を経てトーチランプを購入するに至った。その際、甲は部下職員に対し使用に当たっては十分注意するよう指示したものの、それ以上具体的な指示はしなかった。

3　争　点

甲に次の注意義務があったといえるのか。
①　火災が発生した際に、通報、救出、避難誘導等を実施するための訓練を行う

とともに、迅速確実に非常口の施錠を解錠し得る措置を講ずべき業務上の注意義務
② 凍結した暖房用パイプを融解する際、火災発生を防止すべき業務上の注意義務

4 争点に対する判断

① 火災通報等の対策が甲により定立されていず、訓練が実施されていなくても、甲としては、夜警員がその職務にある者として通報などを行うこと、また、約3年6か月の勤務経験がある看護婦見習が上司看護婦の教導指示や看護婦としての自覚により、救出、避難誘導などを行うことを当然に予見し、かつ期待し信頼することが許された。

したがって、甲の立場から考えると、出火通報、非常口解錠並びに新生児ら在院者の搬出、救出活動、避難誘導が現実に実行されない場合のことまでも考慮に入れて火災発生に備えた対策を定立し、これに基づく訓練を実施しなければならないというのは甲に過大な要求を科するものといわざるを得ないから、甲に業務上過失致死傷の責を問うことはできないというべきである。

② 甲は、K病院における防災及び建物・物品管理等に関する職責を当然負担していたといわざるを得ないが、甲の立場から考えると、トーチランプを用いて凍結したドレンパイプを融解しようとする者に対し、その取るべき適切な手段方法等を一般的な注意として事実上なすことは望ましいことではあっても、それ以上にこれを刑法上の注意義務として科することは過大な要求であるといわざるを得ないから、甲に業務上過失致死傷の責も問うことはできないというべきである。

5 解説

病院経営者（管理権原者）及び管理権原者の補助者の責任

本事案では、院長及び常務理事（事実上の事務長）がともに、業務上過失致死傷罪については無罪となった。

確かに、看護師が積極的に避難誘導をすれば、事故は防げたかもしれないが、日頃避難訓練をしておけば、とっさの場合に避難活動をスムーズに行うことがで

き、事故の発生を予防できる可能性が大きい。
　しかしながら、管理権原者である院長としては、まず、防火管理者を選任し、消防計画を作成させ、また、管理権原者の補助者の事務長としても、積極的に防火管理対策を講ずるべきであったと考える。
　このため、現在では、本件事案と同様のケースで、院長及び事務長が業務上過失致死傷罪に問われた場合、有罪となる可能性が高いと思われる。

予防・査察

判例 44

ホテル火災について防火管理者の刑事責任を認めた判例

《山形地裁昭和60年5月8日判決》

出典：判例時報1162号

関係法条 刑法211条
被告人 甲（Kホテル防火管理者・Kホテル代表取締役社長）

1 事案概要

　昭和58年2月21日未明、Kホテルにおいて電気配線の一部が過熱・発火し、Kホテル及びこれに隣接する建物が焼損し、避難の遅れたKホテル宿泊客や従業員ら合計11名が死亡し、2名が負傷するという火災が発生した。

　本件火災において、Kホテルの自動火災報知設備（以下「自火報」という。）の受信機の音響スイッチが「断」のまま放置され火災発生の覚知が遅れた等の理由で多数の死傷者が発生したとして、Kホテルの代表者である防火管理者の甲が業務上過失致死傷罪で起訴され、有罪（執行猶予付き）となった事案である。

2 認定事実

① 本館は、昭和4年頃建築された木造4階建の老朽建物で、その3階部分はほぼ東西に区画されていて相互に往来することができず、1階から2階に通じる階段と2階から3階に通じる階段とは離れて設けられ直接連絡することができない構造となっており、冬期間に入るとスキー客ら多数が宿泊していた。

② Kホテルには自火報が設置されており、各感知器により火災発生が感知等されると、本館1階事務室設置の受信機の火災表示灯及び火災発生地区を表示する地区表示灯が点灯して火災発生区域が示されるとともに、全館に非常ベルが鳴って自動的に火災の発生が報知されるしくみになっていたものであるが、本件火災発生時には、受信機の各音響スイッチがいずれも「断」の状態のままであったため、主音響装置及び地区音響装置（非常ベル）がともに鳴動しなかった。

③ 昭和57年夏頃から、非火災報が発生するようになり一部の感知器を取り替え

たがなくならなかったため、甲は、昭和58年１月頃、ホテル従業員であるＡ（本件火災により死亡）から相談を受けた際、非火災報が多くて宿泊客に迷惑がかかるようなときには、一時的に受信機の各音響スイッチを切っておいてもよく、これを断にするか否かはＡの判断にまかせる旨話した。その後、甲は非火災報の際、受信機の火災表示灯が点灯し非常ベルが鳴らないのを経験し、Ａが各音響スイッチを断にしたものと思うことがあった。

④　甲はホテル内に居住し、ほぼ毎日事務室で執務していたが、本件火災発生前夜である２月20日午後10時30分頃、甲が執務を終えて事務室を出るときに受信機の各音響スイッチの状態を確認しておらず、各音響スイッチが「断」の状態になっていたのは、Ａが、このときよりも前にこれを「断」にしたからであった。

3　争点

本件火災について、会社経営者でもある防火管理者甲の過失が認められるのか。

4　争点に対する判断

甲は、会社経営者、ホテルの防火管理者として、本館建物の構造、材質、宿泊客ら多数の者が存在することなどの事実関係の下では、自火報が常に正常に作動し得る状態に置くよう管理すべき業務上の注意義務を負うところ、これを怠り、本件受信機の各音響スイッチの状態を確認することが極めて容易であり、また、ホテル従業員Ａが各音響スイッチを「断」にすることがあることを知りながら、各音響スイッチの状態を確認せず、これが「断」の状態にあったことを見逃した過失が認められる。

5　解説

自火報設置対象物の火災における経営者（管理権原者）でもある防火管理者の責任

本判例では、「会社経営者でもあるホテルの防火管理者の甲には、万一火災が発生した場合においては、ホテル宿泊客、ホテルに住込みで稼働していた従業員、ホテルに居住していた甲の家族が、早期に火災発生の事実を覚知してより早く避

難態勢をとり得るために、建物に設置されていた自火報を常に正常に作動し得る状態に置くよう管理し、宿泊客らの生命、身体の安全を確保すべき業務上の注意義務がある」と判示し、防火管理者であると同時に管理権原者であるホテル経営者の防火管理責任を認めた。

予防・査察
判例 45

ホテル火災について実質的経営者の刑事責任を重くとらえ実刑とした判例

《最高裁第一小法廷平成2年11月16日決定》

出典：判例時報1374号

関係法条 国家賠償法1条、消防法2条・8条
上告申立人（控訴申立人、被告人） 甲（Kホテル取締役）

1 事案概要

このホテル火災は、宿泊客及び従業員ら45名を一酸化炭素中毒等により死亡するに至らせたほか、宿泊客22名に対し傷害を負わせた重大事案である。第一審、控訴審とも甲及び代表取締役Aが、禁固2年6月の判決を受けたが、Aに対しては執行猶予が付与され、甲に対しては、執行を猶予する余地はないとして実刑判決を言い渡されたため、甲が量刑不当として上告した。

しかし、本件火災による宿泊客等の死傷の結果は、甲が、防火管理責任（消防計画作成、避難誘導訓練等）及び防火戸・防火区域設置義務があるのにこれを怠ったことによるものであるからとして、上告を棄却した事案である。

2 認定事実

① 甲は、旅館業等を目的とするKホテルの取締役であり、代表取締役である夫のAと共同してKホテルの経営に当たっていたが、Aがホテル経営の意欲を失っていたこともあって、常時同ホテルにおいて執務し、直接従業員を指揮監督して日常の業務を行うとともに、同ホテルの建物の維持管理はもちろん、新築、増改築を実行し、これらの業務と関連して防火防災管理の業務も行っていた。

② Kホテルでは、支配人（店長）が任命されていたが、防火防災管理の業務の面でも、その管理運営についてはその都度甲の指示を受けて処理していた。

③ 甲及びA以外に、消防法第8条第1項にいう「防火対象物の管理について権原を有する者」に当たる者は存在せず、また、同項に規定する防火管理者の選

任も行われていなかった。
④　火災発生時における宿泊客の避難誘導等に関する消防計画の作成及びその届出は一切行われておらず、消火、通報及び避難の訓練等は一度も実施されていなかった。
⑤　甲は、建物から火災が発生した場合、煙感知器連動式甲種防火戸が設けてあれば、煙及び火炎の流入、拡大を防止し、宿泊客等の生命・身体の安全を確保できることを、所轄L消防署及びX県土木建築課の改善勧告等により認識していたにもかかわらず、これらの設備を設けていなかった。なおKホテルにおいて、設備を設けることを困難ならしめる事情は存在しなかった。

3　争点
甲の本件ホテル火災事故等にかかる防火管理責任は代表取締役であるAよりも重いのか。

4　争点に対する判断
昼夜を問わず不特定多数の人に宿泊等の利便を提供する旅館・ホテルにおいては、火災発生の危険を常にはらんでいる上、甲は、防火防災対策が人的にも物的にも不備であることを認識していたのであるから、いったん火災が起これば、発見の遅れ、初期消火の失敗等により本格的な火災に発展し、建物の構造、避難経路等に不案内の宿泊客等に死傷の危険の及ぶおそれがあることはこれを容易に予見できたものというべきである。火災による宿泊客及び従業員の死傷の結果については、甲において、あらかじめ消防計画を作成してこれに基づき避難誘導訓練を実施するとともに、防火戸・防火区画を設置していれば、双方の措置が相まって、本件火災による宿泊客等の死傷の結果を回避することができたものと認められる。

本件火災による宿泊客等の死傷の結果は、甲に義務があるのにこれを怠ったことによるものであるから、甲には過失があり、甲に対し業務上過失致死、同傷害罪の成立を認めた原判決の判断は相当である。

甲とAの責任の程度を比較すると、甲は、判示のような事情から、本件旅館の経営を事実上ほとんど一任された立場で、新館改築等も自己の発意によって行い、

日常旅館内に起居し、支配人等幹部従業員を常時指揮監督すべき立場にあったもので、防災に無関心で客室の造形什器等にのみ力を注ぐという甲の経営姿勢が本件の結果を招いたものとみられ、本件の直接的かつ最高の責任者というべきである。Aは、旅館の経営に熱意を失い甲に事実上まかせがちであったからといって、責任を免れるものでないけれども、実質上経営の中心的存在であった甲に比べれば、その刑事責任には若干の差等があると考えられる。以上を総合し、刑としては両名とも禁錮2年6月に処するを相当と認め、甲に対しては到底その執行を猶予する余地はないが、Aに対しては、執行猶予を付するのが相当と判断した。

5 解説

ホテル火災における防火管理責任

ホテル火災は、ひとたび火災が発生した場合に、人命に対する影響が大きいので、管理権原者は、人の生命、身体の危険を防止する重い管理責任があるが、本事案では、甲が実質的に同ホテルを管理し、防火防災等の業務面についても実質的に指示を行っていたことから、甲は管理権原者としてAよりも重い責任があるとして実刑判決を相当としたものである。

予防・査察
判例46

デパートビル火災について防火管理者等の刑事責任を認めた判例 《最高裁第一小法廷平成2年11月29日決定》

出典：最高裁判所刑事判例集44巻8号

関係法条	刑法211条
上告申立人（被告人）	甲（K会社のLデパート管理部管理課長・同デパート防火管理者）
	乙（Lデパートビル7階を賃借してキャバレーを営むM会社代表取締役・同店管理権原者）
	丙（キャバレーの支配人・同店防火管理者）

1 事案概要

昭和47年5月13日午後10時25分頃、Lデパート3階の電気工事を請け負っていた業者の従業員らが同階売場内で工事をしていた際に、本件火災が3階の寝具売場から発生し、2階、4階はほぼ全焼した上、火災の拡大による多量の煙がエレベーターの昇降路、階段、換気ダクトを通って上昇し、7階のキャバレー店内に流入した。その結果、一酸化炭素中毒などにより、客及び従業員118名が死亡し、42名が傷害を負った。

このため、甲、乙及び丙が業務上過失致死傷罪で起訴され、第一審では3名とも無罪となったが、控訴審で3名とも有罪となり、上告審で上告が棄却された事案である。

なお、統括するLデパート管理部次長は、甲らとともに業務上過失致死罪で起訴されたが、第一審の公判審理中に死亡している。

2 認定事実

① Lデパートビルは、K会社が所有・管理する地下1階、地上7階、塔屋3階建の建物であり、K会社が6階以下を「Lデパート」として使用し、M会社がK会社から7階の大部分を賃借して、「キャバレー」を経営していた。

② Lデパートビルではテナント側の当直は禁じられ、K会社が営業時間外のテ

ナントの売場設置及び商品の警備を含む防火、防犯に関する業務を行うこととされ、この業務はK会社のLデパート管理部が担当していた。

③　Lデパートの各売場は、午後9時に閉店し従業員は全く不在になり、通常Lデパート管理部保安係員の5名のみで防火、防犯等の保安管理に当たっており、7階のキャバレーだけが午後11時まで営業し、多数の従業員や客が在店していた。

④　Lデパートの各売場内には防火区画シャッター及び防火扉が設置されていたが、これらは閉店後閉鎖されていなかった。

⑤　Lデパートビルには6階以下の全館に一斉通報できる防災アンプが設置されていたが、7階のキャバレーに通報する設備はなく、午後9時以降は1階の保安室から外線によって電話をする以外に同店に連絡する方法はなかった。

⑥　キャバレーがある7階より下の階から出火した場合、Lデパートの各売場から完全に遮断された安全な避難階段は7階南側の階段のみであったが、同階段を利用しての避難誘導訓練はもとより、階下からの出火を想定した訓練は一切行われていなかった。

⑦　キャバレーに設置されている救助袋は1個であり、それも一部破損しており、また、これを利用した避難訓練も行われていなかった。

⑧　本件火災発生時、Lデパートビルの宿直勤務についていた保安係員は火煙の勢いが激しかったため、消火作業をすることができないまま全員避難せざるを得なかった。その際、保安係員はいずれもキャバレーに電話で火災の発生を通報していなかった。

⑨　丙は、換気ダクトやエレベーターの乗降口から煙が流入してきた初期の段階で、従業員らを指揮し、客等を誘導して安全な階段から避難させる機会があったのに、これを失し、また、救助袋が地上に投下されたのに、従業員が救助袋の入口を開ける方法を知らなかったため、結局それを利用することができなかった。

3　争　点

① 　甲に過失があるのか。
② 　乙に過失があるのか。

③　丙に過失があるのか。

4　争点に対する判断

①　K会社としては、火災の拡大を防止するため、法令上の規定の有無を問わず、可能な限り種々の措置を講ずべき注意義務があったことは、明らかであり、そのための一つの措置として、平素から防火区画シャッター等を全面的に閉鎖することも十分考えられることから、甲は、自らの権限により、あるいは上司である管理部次長の指示を求め、工事が行われる3階の防火区画シャッター等を可能な範囲で閉鎖し、保安係員又はこれに代わる者を立ち会わせる措置をとるべき注意義務を履行すべき立場にあったというべきであり、これらの義務に違反し、本件結果を招来した甲には過失責任がある。

②　乙は、救助袋の修理又は取替えが放置されていたことなどから、適切な避難誘導訓練が平素から十分に実施されていないことを知っていたにもかかわらず、管理権原者として、防火管理者である丙が防火管理業務を適切に実施しているかどうかを具体的に監督すべき注意義務を果たしていなかったのであるから、この点の丙の過失は明らかである。

③　丙は、あらかじめ階下からの出火を想定し、避難のための適切な経路の点検を行ってさえいれば、7階南側の階段が安全確実に地上に避難することができる唯一の通路であるとの結論に到達することは十分可能であったと認められる。また、キャバレーの防火管理者として、階下で火災が発生した場合、適切に客等を避難誘導できるように、平素から避難誘導訓練を実施しておくべき注意義務を負っていたというべきであり、これらの注意義務を怠った丙の過失は明らかである。

5　解説

判決が認定した各被告の過失

①　デパートの防火管理者である甲の過失

　　甲は、火災の拡大を防止するため、法令上の規定の有無を問わず、可能な限り種々の措置を講ずべき注意義務に違反した過失

②　7階キャバレーの管理権原者である乙の過失

乙は、管理権原者として、防火管理者である丙が防火管理業務を適切に実施しているかどうかを具体的に監督すべき注意義務に違反した過失

③ **7階キャバレーの防火管理者である丙の過失**
　丙は、防火管理者として、階下で火災が発生した場合、適切に客等を避難誘導できるように、平素から避難誘導訓練を実施しておくべき注意義務に違反した過失

予防・査察
判例 47

デパート火災について経営会社の取締役人事部長等に業務上過失致死傷罪の成立が認められないとして無罪とした判例

《最高裁第一小法廷平成3年11月14日判決》
出典：判例時報1411号

関係法条	刑法211条、消防法8条、消防法施行令旧4条（現行3条の2）
上告申立人（被告人）	甲（Kデパート取締役人事部長）
	乙（Kデパート店舗本館3階の売場課長で同売場火元責任者）
	丙（Kデパート営繕部営繕課の課員でKデパートの防火管理者）

1　事案概要

　営業中のKデパート階段の2階から3階への上がり口付近において火災が発生し、火炎は階段室内に積み上げられていた商品を焼いて3階店内に侵入し、さらに3階から8階までの各階に燃え広がってそれらの階をほぼ全焼した。この火災により、一酸化炭素中毒などで、従業員、客など104名が死亡し、67名が傷害を負った。

　本件火災で多くの死傷者が出たのは、従業員らによる火災通報が全くされず、避難誘導もほとんど行われなかったためであるとして、甲、乙及び丙が業務上過失致死傷罪で起訴され、第一審で無罪となり、控訴審では有罪とされたが、上告審で無罪とされた事案である。

　なお、代表取締役社長及び常務取締役も、甲、乙及び丙とともに業務上過失致死罪で起訴されたが、第一審の公判審理中に死亡している。

2　認定事実

① 　Kデパートは、消防計画の作成が消防法令により義務付けられており、X市

消防局から再三にわたり指摘を受けていたにもかかわらず作成しておらず、従業員に対する消火、通報及び避難の訓練が実施されたこともなかった。
② 本件火災当時、増築工事とＫデパートの改築工事が行われており、増改築工事に伴ってＫデパート北側の非常階段が撤去されたが、これに代わる避難階段は設置されておらず、消防法令により設置が義務付けられていた非常警報設備、避難器具等も設置されていなかった。
③ 甲は、社長から防火管理者に選任されたこともＫデパートの維持、管理について委任を受けたこともなく、また、人事部の所管業務の中に防火管理に関する業務は含まれておらず、甲が実質的に防火管理業務に従事していたものではなかった。
④ 乙は、Ｋデパート３階の売場課長であったが、売場課長の職務の中に３階の防火管理業務は含まれていなかった。
⑤ 丙は、防火管理者として所轄消防署の消防に関する検査の立会い、消火器の点検や消火剤の詰め替え、消防署との連絡などの防火管理に関する業務を行っていたが、そのほとんどは上司の営繕課長と相談し、甲の指示を抑ぐなどして行っていた。

3 争点

① 取締役である甲に過失があるのか。
② 火元責任者である乙に過失があるのか。
③ 防火管理者である丙に過失があるのか。

4 争点に対する判断

① 防火対象物を使用して活動する事業主が株式会社である場合に防火管理上の注意義務を負うのは、会社の業務執行権限を有する代表取締役であり取締役会ではない。すなわち、株式会社は、通常は代表取締役が会社のため自らの注意義務の履行として防火管理業務の執行に当たっているものとみるべきであり、取締役会が防火管理上の注意義務の主体として代表取締役に義務を履行させているものとみるべきではない。

取締役としては、取締役会において代表取締役を選任し、適正な防火管理業

務を執行する権限を与えた以上は、代表取締役にその業務の遂行を期待することができないなどの特別の事情のない限り、過失責任を問われることはないものというべきであり、本件においては、特別の事情があるとは認められないから、原判決が甲に取締役会の構成員の一員として注意義務があるとしたのは、誤りといわざるを得ない。

② 火元責任者であるからといって、当然に受持ち区域における消火、延焼防止等の訓練を実施する職責を負うものではなく、防火管理者からその点の業務の遂行を命じられていたなどの事情がなければ、職責を認めることができないところ、乙はそれらの業務の遂行を命じられていたものとは認められず、乙が実際にそれらの業務に従事していなかったことも明らかである。

　また、乙は、応急消火、延焼防止等の措置をとるべき立場にあったというべきであるが、本件火災発生時にできる限りの消火、延焼防止の努力をしていたと認められるのであり、事後的な判断に立って乙に過失があるということはできない。

③ 消防法施行令第3条に定める「管理的又は監督的な地位」にあったとは認められず、権限を与えられていたとも認められない。

　また、丙は、防火管理者として選任及び届出がされてから本件火災までの間、丙が行える範囲の業務は遂行していたものと認められるから、丙に注意義務違反はなかったというべきである。

5 解説

① 防火管理上の注意義務を負う者

　多数人を収容する建物の火災を防止し、火災による被害を軽減するための防火管理上の注意義務は、消防法第8条第1項において消防計画作成等の義務として具体的に定めているが、本来は同項に定める防火対象物を使用して活動する事業主が負う一般的な注意義務であり、事業主が株式会社の場合は、通常は代表取締役がその責任を負う。

② 火元責任者の職責

　消防法令の予定する火元責任者の主な職責は、防火管理者の指導監督の下で行う火気の使用及び取扱いである（消防法施行令旧第4条第2項）。

③ **管理的又は監督的な地位にあるもの**

消防法施行令第3条では、防火管理者の資格として、所定の講習課程を修了したことなどのほか、「当該防火対象物において防火管理上必要な業務を適切に遂行することができる管理的又は監督的な地位にあるもの」という要件を定めているが、管理的又は監督的な地位にあるものとは、その者が企業組織内において一般的に管理的又は監督的な地位にあるだけでなく、更に当該防火対象物における防火管理上必要な業務を適切に遂行することができる権限を有する地位にあるものをいうと解されている。

④ **売場課長の職務**

売場課長であることから直ちに防火管理の職責を負うものとはいえず、その職務の中に3階の防火管理業務は含まれていなかった。

本判例では、「丙は、自己の勤務する店舗3階において本件火災に直面した者であり、応急消火、延焼防止の措置を採るべき立場にある者として、できる限りの消火・延焼防止の努力をしている以上、丙に過失はない」と判示された。

予防・査察
判例 48

ホテル火災についてホテルの管理権原者及び防火管理者の刑事責任を認めた判例

《静岡地裁沼津支部平成5年3月11日判決》

出典：判例時報1510号

関係法条 刑法211条

被告人 甲（Kホテル管理権原者）、乙（Kホテル防火管理者）

1 事案概要

昭和61年2月11日午前1時47分頃、Kホテル別館Lの1階パントリー内付近から出火し、その火煙がKホテル全館に延焼拡大して、別館Lの各客室及び従業員居室に宿泊、居住していた計24名が焼死により死亡する火災が発生した。

本件火災において、Kホテルの営業を実質的に掌理する甲と、同ホテルの防火管理者乙両名の過失により、自動火災報知設備の火災受信機主ベル及び地区ベルが一切鳴動せず、ナイトフロント等が火災の発生を早期に知ることができず、宿泊客らを避難誘導することもできないまま、宿泊客らの避難が不可能になったとして、それぞれ業務上過失致死罪で起訴され、有罪（甲は実刑、乙は執行猶予）となった事案である。

2 認定事実

① 甲及び乙は、過去の誤報等による経緯から、Kホテル本館1階に設置された自動火災報知設備（以下「自火報」という。）の受信機の主電鈴停止スイッチが、時折「断」の状態になっていて受信機が発報しても主電鈴（以下「主ベル」という。）が鳴動しないことがあることを以前から知っていた。

② 甲及び乙は、自ら又はその他のKホテル従業員を指揮・指示して、日頃から、従業員に対する受信機取扱い等に関する指導教育を徹底し、自火報設備が正常に作動し得る状態にあるよう点検、整備する注意義務があったがこれを怠った。

③ 甲は、感知器の故障により自火報受信機が発報しているのに、その主ベルが鳴動しないことを知っており、受信機の発報に適切に対処し、主ベルが鳴動し

得る状態に是正する措置を講じて、火災発生時における宿泊客らの生命の安全を確保しなければならない業務上の注意義務があったがこれを怠り、同月10日午後7時頃から、火災受信機の主電鈴停止スイッチが「断」の状態になっていて主ベルが鳴動しない状態にあるのを放置した。

④　他方、乙については、日頃の点検、整備を怠っていたため、同月10日午後7時頃から、火災受信機の主電鈴停止スイッチが「断」の状態になっていて主ベルが鳴動しない状態にあるのに気付かず、何らの措置を講じなかった。

⑤　本件火災の出火原因は、ガスコンロによる長期低温加熱による出火、すなわち、長年のガスコンロの使用により、ガスコンロに近いベニヤ板、間柱等に長年にわたって相当深くまで炭化が進行して非常に蓄熱しやすい状態になっていて、同月10日午後7時50分頃のガスコンロ使用による加熱が引き金となって、加熱による蓄熱と発熱反応により発生した熱により、炭化層内部の温度が上昇して内部に無炎着火し、無炎燃焼が炭化部分で拡大し、それがある程度の大きさになって発炎し、有炎燃焼に移行したものと認められる。

3　争点

①　甲乙両名の過失は重大であるのか。
②　本件火災について甲に情状酌量の余地はあるのか。
③　本件火災について乙に情状酌量の余地はあるのか。

4　争点に対する判断

①　本件火災がこのような大惨事となった原因は、甲らが火災受信機の主電鈴停止スイッチを定位にしていなかったため、主ベルが鳴動しなかったことにある。主電鈴停止スイッチさえ定位にしてあれば、直ちにナイトフロントらが火災を覚知し、避難誘導に移ることによって、1名の犠牲者も出さずにすんだはずである。甲乙両名が火災に対し注意を払い、最低限、主ベルの機能を維持することは可能であったから、それさえも怠った甲乙両名の過失は極めて重大であるといわなければならない。

②　甲は、Kホテルの実質的経営責任者として、主電鈴停止スイッチを定位に維持しなければならない最高の責任があり、また、そのために従業員らを指導監

督する権限も有していながら、それを怠り、**本件のような惨事を生ぜしめたもの**であり、しかも、その背景には甲自身の防火管理意識の希薄さから、防火管理体制が無防備極まりない状態で放置されていた実情があり、最も重い刑事責任を負うべきものといわなければならない。

③ 乙は、防火管理者として、また、実質的にも防火管理業務担当者として、主電鈴停止スイッチを定位に維持すべき責任があり、また、そのために他の従業員らに指示することもできたのに、それを怠り、本件惨事を招いたものであり、その刑事責任は決して軽くはないものといわざるを得ない。もっとも、その背景には、Kホテルにおいて防火管理体制が確立されていなかったことから、防火に関するさまざまな負担が乙に集中し、他方、乙以上に権限を有する支配人等がなんら防火管理業務を行っていなかったという実情があり、甲の刑事責任に比べれば、乙には酌量の余地があるものというべきである。

5 解説

① **管理権原者の責任**

管理権原者には、消防の用に供する設備等を設置、維持するとともに、自ら若しくは防火管理者らを指揮監督して、消防計画の作成、これに基づく消火、通報及び避難訓練の実施、自動火災報知設備等消防の用に供する設備等の点検、整備その他防火管理上必要な措置を講ずる責任がある。

② **防火管理者の責任**

防火管理者には、消防計画に基づく消火、通報及び避難訓練の実施、自動火災報知設備等の消防の用に供する設備の点検、整備その他防火管理上必要な措置を講ずる責任がある。

③ **本判例の特色**

本判例では、従前の類似火災の判例（判例44等）と異なり、実質的な管理権原者に実刑判決を下した点で特色がある。

予防・査察
判例 49

ホテル火災についてホテル経営会社代表取締役社長の刑事責任を認めた判例

《最高裁第二小法廷平成5年11月25日判決》

出典：判例時報1481号

関係法条 刑法211条、消防法8条・17条
上告申立人（控訴申立人、被告人） 甲（Kホテル経営会社代表取締役社長）

1 事案概要

甲の会社が経営するKホテルにおいて、昭和57年2月8日未明、9階の宿泊客のたばこの不始末が出火原因の火災が発生し、逃げ遅れた9、10階を中心とする宿泊客らは激しい火災や多量の煙を浴び若しくは吸引したことにより、32名が死亡、24名が傷害を負った。

火災発生前から消防当局がKホテルの防火管理者Aらに対して再三、指摘していたが、Kホテルは、消防法の法令などにより設置する必要があったスプリンクラー設備や代替防火区画の未設置等の不備があり、また、適切な消防計画の作成や消火、通報及び避難の訓練もほぼ行われておらず、防火管理体制にも不備がある状態にあった。

甲は、Kホテルの代表取締役社長に就任した当時から上記の不備について認識しており、また防火管理業務についてはAを指揮監督し、防火管理体制を確立しておく義務があったがこれを怠り、本件火災による宿泊客らの死傷には過失があるとして、業務上過失致死傷罪で起訴され、第一審で有罪となり、これを不服として控訴するも棄却されたため、さらに上告したが、棄却された事案である。

2 認定事実

① 甲は、Kホテル経営会社の代表取締役社長として（昭和54年5月28日就任）、本件ホテルの経営、管理事務を統括する地位にあり、従業員らを指揮監督し、本件建物の改修及び維持管理並びに従業員の配置及び管理の業務についてもこれを統括掌理する権限等を有していた者で、本件建物に関する消防法第17条第

1項の「関係者」及び同法第8条第1項の「管理について権原を有する者」であった。

② 本件建物にスプリンクラー設備が消防法令上の基準に従って設置されていれば、作動してその火を鎮圧し、特段の事情がない限り同室以外の区域に火災が拡大することはなかった等と認められ、また、防火用・消防用設備等の点検、維持管理が適切に行われ、消防計画が作成され、計画に基づく消防訓練が十分に行われていれば、従業員らによる適切な初期消火活動や宿泊客らに対する通報、避難誘導等の措置が容易となり、本件死傷の結果の発生を避けることができた蓋然性が高いといえる。

3 争点

Kホテルの経営、管理事務を統括する地位にある甲に、本件火災による宿泊客らの死傷の結果についての過失があるのか。

4 争点に対する判断

甲は、代表取締役社長として、Kホテルの経営、管理事務を統括する地位にあり、その実質的権限を有していたのであるから、多数人を収容する本件建物の火災発生を防止し、火災被害を軽減する防火管理上の注意義務を負っていたものであることは明らかであり、防火管理業務についてはAへ適切にこれを遂行するよう指揮監督すべき立場にあったというべきである。そして、甲は、代表取締役社長に就任した当時から、本件建物にはスプリンクラー設備も代替防火区画も設置されていないことを認識しており、また、防火管理者Aが行うべき消防計画の作成等の防火防災対策も不備があることを認識していたのであるから、いったん火災が起これば、発見の遅れや従業員らによる初期消火失敗等により、宿泊客らに死傷の危険の及ぶおそれがあることを容易に予見できたことが明らかである。したがって、甲は消防法令上の基準に従ってスプリンクラー設備等又は代替防火区画を設置するとともに、防火管理者であるAを指揮監督して、消防計画を作成させ、消防訓練及び防火用消防用設備等の点検、維持管理等を行わせるなどして、あらかじめ防火管理体制を確立しておくべき義務を負っていたというべきである。そして、甲においてこの義務を怠らなければ、これらの措置が相まって、本件火

災による死傷の結果を回避することができたということができる。

　以上により、甲に本件火災による宿泊客らの死傷の結果について過失があることは明らかである。

5　解説

① **業務上過失致死傷罪上の過失**

　本判例では、業務上過失致死傷罪上の過失として、「甲は管理権原者として、消防法令上の基準に従って消防用設備等を設置し、防火管理者を指揮監督して、消防計画の作成、消防訓練及び消防用設備等の点検、維持管理等を行わせるなどして、あらかじめ防火管理体制を確立しておくべき義務を怠った」と判示された。

② **スプリンクラー設備等の設置義務**

　消防法第17条の2の5（旧第17条の2第2項第4号、昭和49年法律第64号消防法の一部を改正する法律附則第1項第4号）等により、Kホテルについては、昭和54年3月31日までに地下2階電気室等を除くほぼ全館にスプリンクラー設備を設置すべきものとされ、一定の防火区画（代替防火区画）を設けることによってこれに代えることもできることとなっていたが、甲はこの義務を果たしていなかった。

予防・査察
判例 50

カラオケ店経営者の防火管理上の刑事責任を認めた判例

《神戸地裁平成19年12月12日判決》
出典：裁判所ウェブサイト

関係法条 刑法211条、消防法8条・17条
被告人 甲（カラオケ店経営者）

1 事案概要

甲が経営するカラオケ店Kにおいて、同店アルバイト従業員Aは、1階厨房で客に提供する軽食を調理するため、中華鍋をガスコンロの火にかけ、サラダ油を強火で加熱していた際、他の業務を行っている間に中華鍋の加熱を失念し、厨房を離れこれを放置したことにより発火して火災が発生し、同店2階客室内にいた客8名は一酸化炭素を含む高温の煙を吸引し、3名が死亡、5名が気道熱傷等の各傷害を負った。

甲は、同店の経営者として同店建物の消防用設備の設置管理や防火管理上の措置を行うべき義務を負いながら、これらの基本的な義務を何ら履行することなく本件カラオケ店を営業した過失等により、業務上過失致死傷罪で起訴され、有罪となった事案である。

なお、弁護人は、最終弁論において、甲の過失は争わないが、私的に本件カラオケ店を利用したことのある消防職員がいた等にもかかわらず、消防署は査察点検等を行っていなかったという事情が甲の過失に影響すると主張した。

2 認定事実

① 甲は、本件カラオケ店を経営し、同店の運営管理を統括していた者であり、同店建物につき、消防法第17条第1項の関係者であるとともに、同法第8条第1項の管理権原を有する者として、適切な消防用設備等を設置維持し、かつ、消防計画を作成し、これに基づく消火訓練の実施等防火管理上必要な措置を講じるなどの防火管理に関する業務に従事していた者である。

② 本件カラオケ店は、防音のために2階の窓が全てベニヤ板や石膏ボードで頑

丈に塞がれ、2階に開口部分が一切なく、防火面から見て極めて危険な構造の建物となっていた上、誘導灯や避難はしご等の器具も全く備え付けられておらず、消火器については、一度使用した後、再び使用できると思い込み、漫然と放置しており、余りにも防火意識に乏しく、防火面で全くずさんな体制であった。

③ 本件火災の背景には、甲により特段の防火措置を施すことなく、本件カラオケ店の厨房と流し台を壁で隔てて独立させ、相互に見通すことができない危険な構造に改造され、その後、実際に、厨房において従業員がぼやを起こしたり甲自身も空焚きを経験するなどし、通常であれば防火面での注意喚起がされるべき機会が何度もあったにもかかわらず、防火面で何らの改善措置を講じないまま営業を続けたこと、経営状態が厳しいという理由から甲は十分な従業員を雇って勤務体制を改善することもせず、本件火災当時、Aは一人で17名もの客の対応をすることとなり、Aがガスコンロの火から目を離して失火に至ったこと等があり、さらに、本件出火の直後、Aは客らに対する迅速な避難誘導を行っていないが、甲がこれまで一度も消火訓練等を行っていなかったことに起因するものということができる。

3 争点

弁護人が主張する「消防署員が私的に本件カラオケ店を利用したことがあり、また、他の公的機関が本件カラオケ店の存在を認識していたにもかかわらず、消防署が長年本件カラオケ店の査察点検や防火指導等を行っていなかった」という事情は、甲の過失の程度を軽減するのか。

4 争点に対する判断

本件カラオケ店を利用していた消防署員が、同店の防火面の不備に気付き、これを契機に消防署が積極的に査察や指導等を行うべきであったとの思いを被害者やその遺族らが抱くのは格別、甲の過失との関係でみた場合、そもそも、甲自身が本件カラオケ店の営業を開始するに当たり、法令上定められた届出を行わなかったために消防署が同建物を査察や指導の対象としていなかったもので、いわば、査察が行われない状況自体も甲自身が招いたものであるというべきであるし、

本件カラオケ店を利用していた消防署員らが不備を指摘しなかったという点についても、甲は、厨房の改造後、実際にぼやや空焚きを経験するなど、現に防火面での注意喚起の機会が何度もあったにもかかわらず、何一つ改善することなく放置していたのであるから、他の注意喚起の機会があれば改善していたとの主張自体、説得力を欠くものといわざるを得ず、査察や指導が行われていなかった事情を甲の過失の程度を軽減するものとみることはできない。

本件における甲の過失は、通常の火災死傷事故において、避難設備や防火体制の不備等に関してその管理者が負うべきいわば間接的な過失にとどまるものではなく、従業員の過失による火災を誘発させ、一旦火災が発生した場合には客の死傷の結果に直結するような過失であって、甲の行為は厳しい非難を免れないというべきである。

5 解説

① **経営者甲の過失**

本判例では、「甲の過失は、通常の火災死傷事故において、避難設備や防火体制の不備等に関してその管理者が負うべきいわば間接的な過失にとどまるものではなく、従業員Aの過失による火災を誘発させ、一旦火災が発生した場合には客の死傷の結果に直結するような過失であって、甲の行為は厳しい非難を免れないというべきである」と判示された。

② **従業員Aの過失**

本判例では、「従業員Aは、調理中にガスコンロの火から目を離して失火に至ったが、適切な初期消火活動を遂行することができず、常連客を呼んで消火を手伝ってもらおうとしたのみで、客らに対する迅速な避難誘導を行っていない過失がある」と判示された。

③ **消防機関としての責務**

本事案においては、消防本部の責任は認められなかったが、このような極端に不適切な防火管理を行っている店舗に対し、違法な防火管理を是正することを消防機関が期待されている時代となっている今日、消防機関は、他の行政機関等との連絡を密にしながら実状を把握し、適切な指示をするなど必要な措置を講ずることが求められる。

予防・査察
判例 51

雑居ビル火災について会社の実質的な経営者等の業務上過失致傷罪を認めた判例

《東京地裁平成20年7月2日判決》
出典：判例タイムズ1292号

関係法条 刑法211条、消防法8条
被告人 甲（火災になったビルを所有する会社の実質的な経営者）
乙（同会社の代表取締役として防火管理上必要な業務に従事していた者）
丙（ビルの3階店舗の経営者）
丁（ビルの3階店舗の店長（防火管理者））
戊（ビルの4階店舗を経営し防火管理上必要な業務にも従事していた者）
己（丙を補佐してビルの3階店舗の業務全般を処理し、丙の指揮監督の下、防火管理業務に従事していた者）

1 事案概要

平成13年9月1日、雑居ビル3階のエレベーターホール付近から午前0時50分頃から午前0時55分頃の間に発生した火災が、ビルの階段やエレベーターホールに置かれていた大量の物品に燃え広がり、3階・4階店舗の客及び従業員44名が焼死又は一酸化炭素中毒死し、3階店舗の従業員3名が、排煙窓のガラスを割って外に飛び降りたりするなどして負傷した。

このため、甲、乙、丙、丁、戊及び己が業務上過失致傷罪で起訴され、己以外が有罪となった事案である。

2 認定事実

① 1階を除く各階の店舗の出入口の横に防火戸が設置されており、煙感知器が火災を感知した場合には、各店舗の出入口が自動的に閉鎖される仕組みになっていた。

しかしながら、3階店舗においては、防火戸と連動する煙感知器が二重天井に遮られていたため、煙感知器が正常に火災を感知して防火戸を閉鎖させる機能はほとんど失われていた。他方、4階店舗においては、従業員が、普段、防火戸を粘着テープによって戸枠に固定していた。また、同店の防火戸は、出入口前に敷いたフロアマットや、エレベーターホールに設置したアコーディオンカーテン等によってその自動閉鎖に障害を来す状態にもなっていた。
② 1階から4階の各店舗に排煙窓が設置されていたが、3階店舗では1階から屋上まで伸びるダクトによって遮へいされていた。4階店舗では店内の内壁等で全面的に塞がれていたり収容物によって開閉不能であった。
③ 各階段の状況は、物置代わりや従業員の着替え場所、ゴミの保管場所として使用することが常態化していた。

3 争点

① 結果回避措置と結果との間に因果関係が認められるのか。
② 甲、乙、丙、丁、戊及び己に業務上の過失が認められるのか。

4 争点に対する判断

① 主位的訴因に係る結果回避措置は、自ら行うべきであったか、あるいは他者に働きかけて行わせるべきであったかという点の違いがあるものの、被告人6名に共通するのは、本件ビルの階段及びエレベーターホールから出火又は延焼の原因となる物品を撤去するとともに、火災発生時には防火戸が自動的かつ正常に閉鎖するように維持管理する措置である。被告人6名が、これらの措置を講じていれば、死亡結果はもとより傷害結果も発生しなかったであろうと認められる。

どの被告人の関係においても結果発生を防止することができたと認められる反面、ダクトや内装を除去する措置は、それ単体では結果発生との間に因果関係がないことは明白である。

② 甲及び乙は、(1)本件ビルの階段及びエレベーターホールから出火及び延焼の原因となる物品を撤去し、(2)火災発生時に防火戸と連動した各店舗の煙感知器が火災発生を確実に感知する位置に設置された状態で煙感知器を維持管理する

とともに、防火戸が自動的かつ正常に閉鎖するよう維持管理すべき義務を怠った過失があり、丙については、(1)本件ビルの階段及びエレベーターホールから出火及び延焼の原因となる同店舗の物品を撤去し、(2)火災発生時に防火戸と連動した同店舗内の煙感知器が火災発生を確実に感知する位置に設置された状態で煙感知器を維持管理するとともに、防火戸が自動的かつ正常に閉鎖するよう維持管理すべき義務を怠った過失があり、丁については、本件ビルの階段及びエレベーターホールから出火及び延焼の原因となる同店舗の物品を撤去すべき義務を怠った過失があり、戊については、(1)本件ビルの階段及びエレベーターホールから出火及び延焼の原因となる同店舗の物品を撤去し、(2)火災発生時に防火戸が自動的かつ正常に閉鎖するよう維持管理すべき義務を怠った過失があることになる。

　己は、管理権原者と認めることはもちろん、丙から防火管理上必要な業務を適切に遂行することができる管理的、監督的な地位、権限を与えられていたと認めることもできない。そうすると、己には、結果回避義務を履行すべき作為義務を認められない。

5　解　説

① 刑法第211条の「業務」

　「業務」には、「人の生命・身体の危険を防止することを業務内容とするものも含まれると解すべきである」（最高裁第一小法廷昭和60年10月21日決定）とされている。本判例では、「防火管理業務に携わることが予定されている3階店舗の防火管理者であった丁についてはもちろんのこと、本件ビルの管理権原者であった甲及び乙についても、各テナントの店舗部分の各管理権原者であった丙及び戊についても、従業員や客に対する死傷の発生を防止すべき義務は、いずれも本来の経営業務に付随するものとして、上記の条項にいう「業務」に該当するものというべきである」と判示された。

② 管理権原者の責務

　本判例では、「管理権原者は、一般的に防火管理業務を遂行すべき責務を負っているものと考えられるが、それは、必ずしも自らその責務を履行しなければならないというものではなく、従業員や他の業者らを使ってその責務を履行す

ることが当然予定されているものと解される。また、管理権原者が防火管理者を選任することによって防火管理業務を遂行させることができることは、消防法第8条第1項に規定されているところであるが、管理権原者が他の管理権原者に自己の防火管理権限を委任、委譲することもできると解される。しかしながら、管理権原者は、防火管理者を選任したからといって、あるいは、他の管理権原者に対し防火管理権限を委任、委譲したからといって、自らあるいは人を使って防火管理業務を遂行すべき責務を直ちに免れるものではなく、防火管理者や他の管理権原者による適切な防火管理業務の遂行が期待できる関係が管理権原者との間に成立していない場合には、その責務からは解放されず、仮に、防火管理者や他の管理権原者による適切な防火管理業務の遂行を期待していたとしても、その信頼は保護に値しないものと解される」と判示された。

③ **本件火災を契機とした消防法の改正**

多数の死傷者が発生したことから、本件火災が発生した翌年の平成14年に消防法が改正された。

予防・査察
判例 52

死者が発生した火災について易燃物の管理責任者の業務上失火罪及び業務上過失致死罪を認めた判例

《最高裁第一小法廷昭和60年10月21日判決》

出典：判例時報1176号

関係法条 刑法117条の2・211条
上告申立人（控訴申立人、被告人） 甲（易燃物の管理責任者）

1 事案概要

工場内で溶接工事を行っていたA及び工事に立会い監視していた甲の過失により、多量の溶断火花を周辺に飛散させ、ウレタンフォーム原反等に接触着火させて建物を全焼させ、当時建物内にいた7名を一酸化炭素中毒により死亡するに至らせた。

甲及びAが業務上失火罪及び業務上過失致死罪に問われ、第一審で有罪、控訴審で棄却、その後甲のみ上告したが、最高裁で棄却された事案である。

2 認定事実

① Aは、鉄骨組立加工業を営むK鉄工株式会社に勤務し、鉄骨組立工事等の施工及びこれに伴う電気溶接、ガス溶断等の業務に従事し、同会社が請負ったLゴム株式会社工場の建物内のリフトの補修工事を担当していた。

② 甲は、ウレタンフォームの加工販売業を営むLゴム株式会社の工場部門の責任者として、同社工場の機械設備の維持管理並びに易燃物であるウレタンフォームの取扱保管及びこれに伴う火災の防止等の業務に従事し、Aらの補修工事の施工に立会い監視していた。

③ Aは、酸素アセチレン火炎の出るガス切断器で鉄板を溶断しようとし、甲は溶断作業に立会いこれを監視していたが、付近に大量の易燃性ウレタンフォームの原反等が山積みされていて、溶断作業に伴って発生する多量の火花が周囲に飛散し、これらに接触着火して火災を発生させる危険があった。

④ 甲は、Aが溶断作業を開始すれば多数の溶断火花が飛散することを知ってお

り、また、易燃性のあるウレタンフォーム原反等の大部分の存在状況を把握していた。
⑤ Aは業務上の注意義務を尽くすことを怠り、何らの措置を講じないまま溶断作業を開始、継続した過失により、甲は業務上の注意義務を尽くすことを怠り、何らの措置を講じないままAが作業を開始、継続することを許容し行わせた過失により、多量の溶断火花を周辺に飛散させその一部をウレタンフォーム原反等に接触着火させてLゴム株式会社工場の建物を全焼させ、当時建物内にいた7名を一酸化炭素中毒により死亡するに至らせた。

3 争　点

甲について、刑法第117条の2の業務上失火罪及び同法第211条の業務上過失致死罪が成立するのか。

4 争点に対する判断

刑法第117条の2前段にいう「業務」とは、職務として火気の安全に配慮すべき社会生活上の地位をいうと解するのが相当であり、同法第211条前段にいう「業務」には、人の生命・身体の危険を防止することを義務内容とする業務も含まれると解すべきであるところ、原判決の確定した事実によると、甲は、ウレタンフォームの加工販売業を営む会社の工場部門の責任者として、易燃物であるウレタンフォームを管理する上で当然に伴う火災防止の職務に従事していたというのであるから、甲が第一審判決の認定する経過で火を失し、死者を伴う火災を発生させた場合には、業務上失火罪及び業務上過失致死罪に該当するものと解するのが相当である。

5 解　説

① **業務上失火罪の「業務」**

学説上、「とくに職務としてつねに火気の安全に配慮すべき地位を指す」（大塚仁刑法各論下巻）といわれている。本判例でも、「職務として火気の安全に配慮すべき社会生活上の地位をいう」と判示された。

裁判で業務上失火責任を問われた具体的な職務としては、次のようなものが

あり、甲の職務はイに該当すると考えられる。

ア　火気を直接取り扱う職務（公衆浴場経営者等）
イ　火災発生の蓋然性が高い物質、器具、設備等を取り扱う職務（高圧ガス販売業者、風呂釜の販売取付業者等）
ウ　出火防止を任務とする職務（夜警員等）

② **業務上過失致死傷罪の「業務」**

学説上、「各人が社会生活上の地位に基づいて継続して行う事務である」とされ（団藤重光　刑法綱要各論）、その業務が性質上人の生命・身体に対する危険を包含するものでなければならないが、人の生命・身体の危険を防止することを義務内容とする業務もこれに含まれるものと解しなければならないとされており、本判例もこの学説を是認している。消防法上の管理権原者、防火管理者の行う業務等が、この「業務」に該当すると考えられる。

予防・査察
判例 53

飲食店舗におけるガス爆発事故について従業員らに対する業務上過失致死傷罪を認めたものの量刑を斟酌した判例

《静岡地裁浜松支部昭和60年11月29日判決》

出典：判例時報1176号

関係法条 刑法211条
被告人 甲（総合スポーツ施設Kの食堂長）ら5名

1 事案概要

Kの飲食店舗においてガス爆発事故が発生し、14名が死亡し27名が重軽傷を負った。

この事故は、従業員らが店舗改装作業の際にガス栓を閉め忘れたことが原因であるとして、Kの食堂長甲ら5名が業務上過失致死傷罪に問われ、禁錮刑（執行猶予付）に処せられた事案である。

2 認定事実

① 本件店舗は、Kの敷地内にあり、昭和52年に完成したもので、建面積993.7㎡の鉄骨平屋建店舗だった。

② 店舗では、昭和52年以降、夏場はバーベキュー料理を主体とする営業をしていたが、冬場は鍋料理を主体とする営業をしていた。支配人は、改装につき経費節減を図るため、当初から従業員による自前の改装作業を実施し、以来同様の営業方針が採られてきた。

③ 店舗内へのガス供給施設は、店舗外に位置するプロパンガスボンベから中間元栓まで配管され、さらに、店舗床下の地下に枝管が配置され客室内の各端末栓に導かれていた。また、中間元栓からやや下流のところで配管が2系統に分岐しており、客室系統とは別の枝管が厨房内に配管されていた。中間元栓の下流配管のうち、客室系統の配管が使用されない冬場においても、厨房系統の配管は使用されることがあったから、中間元栓を閉栓して撤去作業を行うような

場合、各端末栓を確実に閉栓しておくことが事故防止上必要不可欠であった。
④　昭和58年11月の改装作業では、バーベキューコンロのガスホースを端末栓から外し、テーブル等を撤去して、床面を更地とし、その上にビールラックを逆さまにして並べ新たに床を造り、畳を敷き詰めて座敷を造り、その座敷上に鍋料理用の座卓、卓上ガスコンロを配置するなどしたが、撤去作業において、作業責任者らは従業員らに対し、各端末栓の確実な閉栓方を指示しないまま作業に当たらせたため、従業員らはいきなりガスホースを引っ張って抜き取るなどしてこれを外し、端末栓を閉栓しないまま撤去作業を続けた結果、合計約31個の端末栓は閉栓されないまま放置された。
⑤　同月22日午後０時10分頃、事情を知らない食堂の従業員が厨房内で料理のため中間元栓を開いた。そのため、開放状態のまま放置されていた端末栓から多量のプロパンガスが客室床下に流出・滞留した。午後０時15分頃、中央監視室のガス漏れ集中監視盤の警報が発報し、被告人の乙は中央監視室で発報を認めたが誤報と速断し、午後０時30分頃、まだ集中監視盤の警報灯が点灯していたのを認めたがそのまま放置したため、午後０時47分頃、電気機器の火花から着火、爆発炎上し店舗内に居合わせた14名が死亡し、店舗内及び付近に居合わせた27名が重軽傷を負った。

3　争点

被告人に対する刑事責任の追求に相応の限界があるのか。

4　争点に対する判断

　各被告人に共通の、又は個別の有利・不利の諸事情を総合検討してみると、各被告人それぞれの過失は、いずれも厳しい非難に値するものではあるが、本件事故は、Ｋに勤務する多数の関係者の行為が幾重にも関係して発生したことも明らかであって、その結果を全て被告人５名の責に帰すべきものと断定することは相当でなく、さりとて、いずれかの被告人の過失が結果発生に決定的な要因となったとも断定できないのであり、その他、各被告人が、いずれも長期間善良な社会人としての生活を送ってきたものであって、**本件発生から捜査・公判の段階を通じて新聞・テレビ等による報道や捜査段階での身柄拘束等により事実上の制裁を**

一部受けていることや、各被告人とも本件を引き起こした各自の責任を深く自覚し反省していることなどの諸事情をも考慮すると、過失事犯である本件事故による被害は誠に重大ではあるが、各被告人に対して刑事責任を追及するにおいては、相応の限界が存在することもやむを得ないものと思料される。

5 解説

斟酌すべき事情

　本判例では、「本件事故は、店舗の構造やKにおける安全管理体制上の不備・欠陥等が前提条件となって発生したものであり、その背後には、支配人の経営姿勢に安全管理上の視点がほとんど欠如していたこと、副支配人も全く同様であったこと、ひいては、会社の経営姿勢自体に問題があったことを指摘せざるを得ない。

　このような諸々の問題点については、手遅れとなったとはいえ、本件後会社の深く自覚したところであって、会社側は、事故後速やかに被害者側に対し、会社の責任を全面的に認め、誠意を尽くして対応してきており、死亡者全員の遺族関係者及び生存被害者のうちいまだ症状の固定しないものを除く全員の関係で高額の賠償金を支払うなどして示談を成立させている。また、会社はKの施設に対する安全管理体制を、新しい支配人の下で、抜本的に見直し、人的・物的にわたって防災体制を完備するとともに、従業員に対する安全教育、防災訓練等も充分実施し事故再発の絶無を期している。この諸事情は、各被告人に共通の情状として斟酌されるべきであると考えられる」と判示された。

予防・査察
判例 54

テレビから出火した火災について製造者の損害賠償責任を認めた判例

《大阪地裁平成6年3月29日判決》

出典：判例時報1493号

関係法条 民法709条、民事訴訟法247条
原　告 甲（火災による被害を被った会社）
被　告 乙（テレビを製造した会社）

1 事案概要

昭和63年3月8日午後3時55分頃、テレビが発煙、発火し、これにより火災が発生して甲の所有する鉄骨造4階建店舗事務所付共同住宅の2階事務所を焼損し、そのほぼ真下に位置する1階店舗部分が消火の放水のため浸水し、2階廊下部分が煤のため汚損した。

甲は、欠陥のないテレビを供給すべき製造者としての義務に違反して、通常の用法で使用中に発煙、発火するという、消費者が期待する通常の安全性に欠けるテレビを乙が製造、販売したのであるから、これによって生じた損害を賠償する義務を乙は負うと主張して、訴えを起こし認められた事案である。

2 認定事実

① テレビは、乙が昭和62年6月に製造したものであり、同年7月、甲の友人が市内の電気店で購入し、甲に贈与した。

② 甲は、テレビをテレビ台の上に載せて応接室の北西角に設置し、西側壁面北寄り床近くの二口コンセントに電源コードのプラグを差し込んだままにしていた。

③ リモコンでテレビの待機状態と受像状態を切り替えるのみで、主電源を切ることはなかった。テレビはさほど頻繁には利用されておらず、甲の終業時間頃などに、たまに利用される程度であった。

④ 焼損状況によれば、火災が発生したのは応接室内であることは明らかというべきであり、応接室の内部では、北西角方向から焼燬を受けた状態となってい

ることや、西面壁の北側部分が著しい焼損状態を呈していることなどから、本件テレビが設置されていた北西角部分が出火場所であることもやはり明らかというべきである。

⑤　客観的焼損状況から、火災は、テレビの発火によるものであることが強く推認されるというべきである。

⑥　従業員Ａ１人が甲事務所の事務室内で執務中であったところ、応接室からドア越しにパチパチというような音が聞こえたため、ドアを開け応接室の様子を確認すると、テレビ本体後部から黒煙が出ているのを認めた。煙の量が増加してきたため、火事になると思って119番通報をし、二口コンセントから、テレビの電源コードのプラグを引き抜き非常ベルを鳴らして屋外に退避した。

⑦　甲がテレビの内部構造に手を加えたり、第三者が修理等をしたとの事実は認められない。

3　争点

①　火災はテレビの発火によって発生したのか。
②　乙は、甲に対し損害賠償する義務を負うのか。

4　争点に対する判断

①　電気用品取締法上の型式認可を受けている場合であっても、事故例が集積されて初めて設計上の欠陥原因が明らかになる場合も存することに加え、通産省の事故収集制度報告書明細編によれば、たとえ設計上の欠陥原因がない場合であっても、トランスの巻線不良やトランス内へのハンダ屑の混入、部品の取付不良など、製造過程でわずかな欠陥原因が生じたに過ぎない場合であっても、その後、徐々に絶縁の劣化が進行するなどした結果、製品に発火の危険などが生じる可能性のあることは否定できないことが認められるから、本件型式テレビ一般の安全性と、個々の製品についての欠陥原因の有無とは別問題であるといわざるを得ない。

また、本件型式テレビの場合、待機状態であっても、電源トランス部分には100Ｖの電圧がかかっており、電源トランスを経て、マイクロコンピューター等には最大28Ｖの電圧がかかっていることが認められるから、これらの部分

に欠陥原因があれば、待機状態であっても、発火する可能性が絶無であるということはできない。

火災はテレビ本体の発火によるものであると認められ、これを覆すに足りる証拠はない。

② テレビは、合理的利用中に発煙、発火したと認められるから、不相当に危険と評価すべきであり、テレビには欠陥が認められ、欠陥原因は、乙がテレビを流通に置いた時点で既に存在していたことが推認される。

乙は不法行為に基づき、火災により甲が被った損害を賠償する義務を負うというべきである。

5 解　説

① **製造物責任法との関係**

本事案は、製造物責任法の制定前のものであったが、本判例では、民法第709条を適用して製造者の製造物責任を認めた。

② **判決の確定**

本判決は、乙が控訴しなかったことにより確定した。

予防・査察

判例 55

子供の火遊びによる出火について親の損害賠償責任を認めた判例

《東京高裁平成8年4月30日判決》

出典：判例時報1599号

関係法条	民法714条、失火ノ責任ニ関スル法律
控訴人（原告）	甲（損害保険会社）
被控訴人（被告）	乙（火遊びをした子供Aらの親）ら

1 事案概要

Aら（当時9歳・10歳）は、空き家に無断で侵入し火遊びをした結果、建物を全焼させた。

責任無能力者である子供が起こした建物の失火について、甲が子供の両親である乙らに対して、子供に対する監督義務を怠ったとして保険代位により損害賠償を請求したが、第一審で棄却、控訴審で一部認容、上告審で破棄差戻、差戻控訴審で控訴人の請求が一部認容された事案である。

2 認定事実

① 本件建物は、昭和39年に建築された防火造平家建の作業場併用住宅であり、昭和53年頃からは空き家となり、本件火災当時は物置代わりに使用していたが、玄関の鍵が開けられたり、ガラスが割られ、雨戸が外されて、誰でも容易に出入りできる状態になっていた。

② 平成元年1月29日午後4時30分頃、Aらは本件建物に遊びに行き、建物内で多数のブックマッチが詰められているボール紙の箱を発見して、近くにあったプラスチック製の洗顔器を段ボール箱の上に置き、その中に紙をちぎって入れ、ブックマッチで火をつけて遊び始めた。

③ ブックマッチを3、4個くらい燃やしたところ、洗顔器の底が溶けて燃え出し、さらに火がその下の段ボール箱に燃え移ったため、近くにあった物で火を叩いて消そうとしたが消えず、建物の外に出て自宅に行き、容器に水を入れて戻ったが、既に煙が充満し、窓から炎が上がっていたため、約50m離れたK消

防署まで走って行き、午後5時5分頃、火災の発生を知らせた。
④ しかし、火の回りが速かったため、建物は全焼した。
⑤ Aらは責任無能力者であり、乙らがその監督義務者である。
⑥ 乙らはAらに対し、本件建物に入って遊ばないように注意したことはなく、また、火の危険性について格別の注意はしていなかった。

3 争 点
Aらの監督について乙らに重大な過失がなかったといえるのか。

4 争点に対する判断
Aらは他人所有の建物に無断で侵入し、しかも、危険な火遊びをするようなことが許されないことであるということは理解し得たはずであると認められるのに、極めて安易に建物の無断侵入と危険な火遊びという行為をしたものである。したがって、乙らにおいて、日頃からAらが平素どのような場所で、どのような行動をしているのか、その場所や行動が適切で、危険性のないものであるかということに十分注意を払い、仮にも他人所有の建物に無断で侵入したり、その建物中で危険な火遊びをするなどという、Aらの年齢の児童でも行ってはならないものであることが容易に理解できるような、違法でしかも危険性が高い行動に出ることのないように適切な指導、注意を行っていれば、容易に本件火災の発生を回避できたものというべきである。しかし、乙らは、日頃からAらの行動について十分な注意を払い、その内容に応じた適切な指導、監督をしていたものとは到底認められないから、乙らはAらの監督について、いまだ重大な過失がなかったとはいえない。

5 解 説
① **監督義務者の監督責任**
　本判例では、「責任を弁識する能力のない未成年者の行為により火災が発生した場合においては、民法第714条第1項に基づき、未成年者の監督義務者が火災による損害を賠償すべき義務を負うが、監督義務者に未成年者の監督について重大な過失がなかったときは、その責任を免れる」と判示された。

② **過失相殺割合**

　本判例では、「本件建物所有者は、誰でも容易に内部に入り込めるような状態で放置していたものであり、そのため、Aらは建物内に容易に侵入することができ、建物内に置かれていたブックマッチで火遊びをした結果、火災が発生するに至ったものであるから、所有者には、建物の管理につきかなりの過失があったものというべきであり、その過失割合は3割とするのが相当である」と判示された。

③ **不法行為による損害賠償と失火ノ責任ニ関スル法律（失火責任法）との関係**

　失火による損害賠償については、失火責任法が適用され、失火者の重大な過失が要件とされる。子供の失火に関し、親の監督に重大な過失があるときは、失火責任法が適用され、損害賠償責任が発生する。

④ **類似判例（大阪高裁平成18年6月22日判決　損害賠償請求控訴事件）**

　幼児が火遊びをして火災を発生させ、隣接する建物に延焼させた事案について、民法第714条第1項により母親の責任を認めた判例である。

予防・査察
判例 56

県が所有し市が管理する土地に放置された廃棄物に放火され延焼した火災について市の過失を認めた判例

《大阪地裁平成22年7月9日判決》

出典：判例時報2091号

関係法条 民法717条、国家賠償法1条・2条・3条
原　告 甲（プラスチック加工業経営者）
被　告 乙（X県）、丙（Y市）

1 事案概要

平成19年10月29日午前1時55分頃、乙が所有し丙が管理する土地（以下「本件土地」という。）に放置された可燃性廃棄物に何者かが放火して火災が発生し、隣接する甲の工場に延焼した。

甲は、当該火災の原因は乙及び丙が本件土地の適切な管理を怠ったことにあると主張して、主位的には乙及び丙に対し国家賠償法第2条第1項及び法第3条第1項に基づき連帯して、予備的には丙に対し民法第717条又は国家賠償法第1条第1項に基づき、損害賠償を請求したところ、丙に対する請求が認められた事案である。

2 認定事実

① 乙は、昭和54年5月29日、本件土地を買収し、都市計画道路予定地として所有していたが、本件土地は供用開始がなされていなかった。
② 丙は、乙からの委託に基づき、乙が買収した当初から本件土地の管理をしていた。
③ 本件土地の担当部署は、Y市土木建設課街路係であった。
④ 丙が乙から本件土地の管理を委託された目的は、主に、不法占拠など将来の道路整備に際して支障となる事態を防ぐことにあった。
⑤ 本件土地は、本件火災当時、フェンスで周囲を囲われた部分とそれ以外の部分に分けられ、後者の部分は、前者の部分と本件建物に挟まれた道路状になっ

ていた。後者の部分の両端のうち、南東側には可動式の金網ネットが設置されていたが、北西側にはネット等の侵入を妨げる物は設置されておらず、当該部分から容易に本件土地に人が出入りすることができた。
⑥ 本件土地の一部には、成人の身長ほどまで草が生い茂り、その草より高く木製パレット等が積み重なっていたほか、ドラム缶やキュービクル等の廃材が放置されていた。
⑦ Ｙ市土木建設課街路係長Ａは、平成17年から18年頃、本件土地の状況を一度だけ見たことがあるが、定期的な巡回等はしなかった。
⑧ 本件建物管理者Ｂは、平成15年頃から度々、丙の土木課の職員に電話で不法廃棄物の撤去等を陳情してきたが、市役所に出向いたり、写真や文書を送付したりまではしなかった。
⑨ 本件建物所有者Ｃは、Ｙ市土地開発公社の局長補佐Ｄに、不法廃棄物の撤去の陳情を続けていたが、これに対する回答は、担当部署に連絡して善処するというものであった。

3 争点

① 乙及び丙に対して国家賠償法第２条第１項及び第３条第１項に基づく損害賠償請求ができるのか。
② 丙に対して民法第717条第１項に基づく損害賠償請求ができるのか。
③ 丙に対して国家賠償法第１条第１項に基づく損害賠償請求ができるのか。

4 争点に対する判断

① 本件火災は、本件土地上に置かれていただけで土地に固定していたとは認められない廃棄物等を介して発生したものであり、本件土地自体に欠陥があったとはいえない。本件土地は、道路の供用予定地であり、特に住民が何らかの利用をすることが予定されている場所ではなかったから、その利用状況に対応した危険を予測することはできず、本件土地に廃棄物等が置かれており、フェンス等の遮蔽措置がとられていなかったとしても、それが土地の安全性に関わる事実とはいえない。本件土地自体が崩落しやすいとか陥没しているなど、一般に通常有すべき安全性を欠いていたと認めることのできる証拠もない。

よって、その余の判断をするまでもなく、乙及び丙に対する国家賠償法第2条第1項及び第3条第1項に基づく請求は理由がない。
② 　上記判示のとおり、本件土地に設置又は保存の瑕疵があったとは認められず、丙に対する民法第717条に基づく請求には理由がない。
③ 　丙は、本件土地の管理者として、無関係の者を本件土地に立ち入らせないように遮蔽措置を講じたり、不法廃棄物が放置されているのであればこれを撤去すべき義務があったものと認められる。そして、認定事実のとおり、Bは丙の土木課に廃棄物の撤去を陳情していたこと、Cから陳情を受けたDは丙の担当部署に連絡したこと、Aは本件火災発生前に少なくとも一度は本件土地の状況を確認していることが認められるから、丙は本件土地に可燃性の廃棄物が放置されていることを知っていたと認めることができる。

　確かに、Bらが廃棄物の撤去を陳情した目的は、一次的にはそれらの倒壊の危険や衛生面を懸念してのものと解され、放火による火災の発生を未然に防ぐことをBらにおいて明示していたとまでは認められないし、明確に意識していたとも認められない。

　しかし、本件土地の北西部から人が立ち入ることは容易であり、本件土地付近には民家がなく夜間は人目につきにくいところであり、木製の物には火がつきやすいこと、ドラム缶に引火しやすいものが入っている可能性もあったことなどからすれば、本件土地の廃棄物に放火されることが予見不可能であったとはいえず、上記注意義務違反と放火との間の相当因果関係も認められる。そして、放火されたことから本件土地上の廃棄物が燃え、本件建物はそこに隣接する位置にあったから燃え移ったのであり、延焼の経路に不自然なところはなく、丙の過失と甲の損害との間にも相当因果関係があることは明らかである。

　よって、甲は、丙に対し、国家賠償法第1条第1項に基づく請求をすることができる。

5 解　説

① **国家賠償法第2条第1項の「瑕疵」**

　国家賠償法第2条第1項の「瑕疵」とは、営造物が通常有すべき安全性を欠いていることをいう。営造物の設置又は管理に瑕疵があったとみられるかどう

かは、当該営造物の構造、用法、場所的環境及び利用状況等諸般の事情を総合考慮して具体的、個別的に判断すべきである（最高裁第三小法廷昭和53年7月4日判決）。

② **土地の管理者の責任**

本判例は、所有しないが委託管理する土地の管理者の責任について、不法廃棄物が放置されているのであれば、市はこれを撤去すべき義務があるとして、国家賠償法第1条の責任を認めたものである。

判決に至った営造物の事実関係を十分に掌握する必要があるとは思われるが、いずれにしろ行政機関には適切な管理が要求されることはいうまでもない。

予防・査察
判例 57

消防同意は抗告訴訟の対象となる行政庁の行為ではないとした判例

《最高裁第一小法廷昭和34年1月29日判決》
出典：最高裁判所民事判例集13巻1号

関係法条	行政事件訴訟特例法3条、消防法7条
上告人（控訴人、原告）	甲（煙火製造販売会社）
被上告人（被控訴人、被告）	乙（工場所在地の村長）

1 事案概要

甲は、火災により工場のうち3棟を焼失したため、X県知事（以下「知事」という。）に対し、焼失した3棟の建築（再築）許可を出願したところ、知事において許可を行うには消防法第7条の規定により消防長の職務を行う乙の同意を要することから、知事が乙に同意を求めたところ、乙は知事に対しいったんは同意をしたにもかかわらず翌日その同意を取り消した。甲は、同意の取消しは違法であるとしてその取消処分を撤回するよう請求したが、第一審、控訴審及び上告審ともに棄却された事案である。

2 認定事実

① 甲は所轄庁の許可を得て煙火工場を設け、始発筒の製造並びに販売を営んでいる会社であり、昭和23年12月22日、工場のうち3棟を焼失したので翌24年1月8日知事に対し、3棟の工場再建築許可の申請をなした。

② 知事において右の許可をなすについては消防法第7条の規定により消防長の職務を行う乙の同意を要するとのことから、乙は1月8日に知事の出先機関である土木事務所長に同意書を提出したが、翌1月9日に同意を取り消した。

③ 会社の工場近くには集落があり、工場の火薬爆発の際、爆風、激震等によって危害を被った家屋は集落の47～48戸に上り、その被害の程度も屋根瓦が落ち、窓ガラス、戸袋が破損したにとどまらず、渠の落ちたところもあり相当の範囲において被害の及んでいることが認められ、このような情況から、乙は本件工場の建築については消防上の見地から支障があると判断し取り消したものである。

3 争点

消防同意の取消しないしは無効確認を求める訴は適法なのか。

4 争点に対する判断

本件乙の同意は、知事に対する行政機関相互間の行為であって、これにより対国民との直接の関係においてその権利義務を形成し又はその範囲を確定する行為とは認められないから、行政事件訴訟特例法の適用については、これを訴訟の対象となる行政処分ということはできない。

それゆえ、本件においては、知事のなした建築出願不許可処分に対し、その違法を理由として行政訴訟を適法に提起し、その訴訟において、不許可処分の前提となった乙の同意拒絶ないし同意取消しの違法を主張し得ることは格別、行政機関相互間の行為たるにとどまる、知事に対する乙の本件同意拒絶ないし同意取消しの違法を主張して乙を被告としてその取消しないし無効確認を求める訴は、不適法たるを免れず、これと同趣旨に出でた原判決は正当である。

5 解説

① **抗告訴訟の対象となるべき行政庁の行為**

本件は、甲が知事のした建築出願不許可処分に対し、消防機関である乙のした消防同意等を違法な処分であるとして行政事件訴訟特例法により提訴したものであるが、行政事件訴訟特例法の抗告訴訟の対象は、国民との直接の関係において、その権利義務に関係あることを必要とし、行政機関相互間における行為は、その行為が、国民に対する直接の関係において、その権利義務を形成し、又はその範囲を確定する効果を伴うものでない限りは、抗告訴訟の対象とならないと判示された。

② **消防法と建築基準法との関係（消防長の同意と建築確認）**

建築基準法第93条の規定により、建築主事等は、建築基準法の規定による許可又は確認をする場合においては、建築物の工事施工地又は所在地を管轄する消防長又は消防署長の同意を得なければ、当該許可又は確認をすることができないと規定されている。消防機関は、建築計画の消防上の問題点を確認し、消防設備に問題がないことをもって、建築に同意することになる。

> 予防・査察
> 判例
> 58

消防司令補が作成した現場見分調書を刑事訴訟法に規定する証拠とすることができるとした判例

《東京高裁昭和57年11月9日判決》

出典：東京高等裁判所刑事判決時報33巻10～12号

関係法条　刑事訴訟法320条・321条・323条
控訴申立人　甲

1　事案概要

　刑事訴訟法第321条第3項は、書面の作成の主体を「検察官、検察事務官又は司法警察職員（以下「検察官等」という。）」と特に限定したうえで、所定の要件の下にその検証の結果を記載した書面の証拠能力を肯定している。本件は、消防司令補が作成した現場見分調書の証拠能力が争われたが、刑事訴訟法に規定する証拠として認めた事案である。

2　認定事実

① 　刑事訴訟法第321条第3項は、当該規定により検証の結果を記載した書面の証拠能力を肯定する場合の要件を定めているにとどまり、検察官等の所定の資格者が作成した場合のみに限定する趣旨までを含むものではない。

② 　刑事訴訟法第323条第1項第3号には「特に信用すべき情況の下に作成された書面」に対しては証拠能力を認める旨の概括的条項が存するので、消防司令補作成の現場見分調書が同号の書面に当たると認められるときは、その証拠能力を肯定するのが正当である。

③ 　刑事訴訟法第321条第3項が検察官等の検証の結果を記載した書面に対し証拠能力を認めている趣旨を考察すると、その書面は次のことからして同条項所定の要件の下で書面自体に証拠能力を付与する方が妥当であり、そうすることとしても伝聞証拠を排斥することとした法の基本原則にも実質上反することはないとの判断に立つものと解される。

　ア　書面上の記載の方が検証者の現在の記憶に基づく供述よりも正確なのが常

であり、事柄の性質上も現在の記憶に基づいて供述させることが困難な数量的、技術的な記載にわたる場合が多いこと。
イ 書面の作成者である検察官、検察事務官又は司法警察職員は、法律上捜査の職権と職務とを有する公務員であり、その検証の結果を信用し得る資質上、制度上の保証を備えていること。
ウ 検証に際しての認識等の正確性、真摯性についての吟味は、作成者を証人として喚問し、書面の記載に関して尋問することによってなし得ること。
※この裁判は、訴訟手続に関するものであるため、事実認定はせずに上記のような書面の判断のみを行っている。

3 争点

消防司令補が作成した現場見分調書を、刑事訴訟法に規定する証拠とすることができるのか。

4 争点に対する判断

検察官、検察事務官又は司法警察職員が作成した書面と消防司令補が作成した現場見分調書とを対比すると、共に検証の結果を記載した書面であって、性質にほとんど差異がなく、ただ作成者を異にしているにとどまっている。

そして、消防司令補その他の消防職員が、消防法上、消防長又は消防署長の補助職員として、火災原因の調査と証拠の収集を行う職権と職務とを有する公務員であり、火災現場において行う検証の結果を信用し得る資質上、制度上の保証を備えていることから、この作成者の相違を重大視するには当たらない。

したがって、消防司令補が作成した現場見分調書は、その性質上刑事訴訟法第321条第3項の書面に準ずるものと解するのが相当であり、その供述者が公判期日において証人として尋問を受け、その真正に作成されたものであることを供述したときは、刑事訴訟法第323条第1項第3号の規定により、これを証拠とすることができるものと解すべきである。

5 解　説

伝聞証拠と現場見分調書

　伝聞証拠とは、証拠となるべき内容を体験者自身が公判廷で供述する代わりに、他人からその体験を伝え聞いた者がそれを公判廷で供述する場合や、体験者の陳述を録取した書面が公判廷に提出される場合の証拠をいう。

　刑事訴訟法第320条においては、第321条ないし第328条に規定する場合を除いては、公判期日における供述に代えて書面を証拠とし、又は公判期日外における他の者の供述を内容とする供述を証拠とすることはできないとされている。

　伝聞証拠の例外として、刑事訴訟法第321条第3項は、検察官等の検証の結果を記載した書面は、その供述者が公判期日において証人として尋問を受け、その真正に作成されたものであることを供述したときは、これを証拠とすることができることになっている。

　本判例は、消防職員の作成する現場見分調書も、刑事訴訟法第321条第3項に準ずる書面として証拠能力を有することを判示したもので、消防実務上参考となる判例である。

予防・査察

判例 59

検察送致後に消防職員が作成した質問調書の証拠能力を認めた判例

《最高裁第三小法廷昭和58年7月12日判決》

出典：判例時報1092号

関係法条　　　　　　　　　　消防法32条・35条の2
上告申立人（控訴申立人、被告人）　甲（現住建造物等放火事件の被告人）

1 事案概要

現住建造物等放火事件の第一審において、司法警察員及び検察官に対する供述調書を違法収集証拠であるとして証拠能力を否定し、勾留質問調書及び消防司令補Aの作成した質問調書を直接証拠として甲は有罪判決を受けた。

甲は、質問調書は検察に送致された後にAが作成しており、消防法第32条第1項及び同法第35条の2第1項に違反するため証拠能力を欠くとして無罪を訴え、控訴、上告したがいずれも棄却された事案である。

2 認定事実

① 木造家屋等8棟を焼損する火災が発生した。
② 警察は、甲に対する放火の嫌疑を抱いたが、逮捕状を請求するに足りる資料は収集できなかったため別件の住居侵入罪で逮捕し、本件放火について取調べを行った。
③ 甲は、本件放火について自白したため逮捕され検察に送致された後、Aにより、火災原因調査のため甲の質問調書が作成された。
④ Aが質問調書を作成した際、警察官が同席したが、質問の途中で口を挟む等調査自体に関与した形跡はない。

3 争点

① 消防司令補が作成した本件質問調書は、消防法第32条第1項及び同法第35条の2第1項に違反しているのか。

② 検察送致後に作成された質問調書に証拠能力は認められるのか。

4 争点に対する判断

① 消防法第32条第1項は、消防署長等が消防職員に質問調査を行わせることを禁じた趣旨ではなく、また同法第35条の2第1項は、放火又は失火の罪で警察官に逮捕された被疑者に対し、事件が検察官に送致された後に、消防署長等が検察官等の許諾を得て同法第32条第1項による質問調査を行い、あるいは消防職員に行わせることを禁じた趣旨ではないと解すべきである。

② 消防法第32条第1項による質問調査は、捜査官とは別個独立の機関である消防署長等によって行われ、しかも消防に関する資料収集という犯罪捜査とは異なる目的で行われるものであるから、違法な別件逮捕中における自白を資料として本件について勾留状が発付され、これによる勾留中に被疑者に対し質問調査が行われた場合でも、その質問を違法とすべき理由はなく、消防職員が捜査機関による捜査の違法を知ってこれに協力するなど特段の事情のない限り、質問に対する被疑者の供述を録取した調書の証拠能力を否定すべきものではない。

5 解 説

① **消防職員による質問調査（消防法第32条第1項）**

本判例では、「消防法第32条第1項は、同項の質問を行う主体を「消防長又は消防署長」と規定しているが、火災等が多発する現状にかんがみると、火災原因等の調査を消防長又は消防署長が全て行うことは実際上不可能であって、現実には一般の消防職員等がこれに当たる必要があること、同項による質問は、火災の効果的な予防及び警戒体制の確立などを目的とする一般的な行政調査であって、罰則によって相手方にその受忍を義務付けているものではないことなどに徴すると、同項は、消防機関の内部規程に基づき、消防長又は消防署長の補助機関である消防職員をして同項所定の質問権を代行して行使させることを容認しているものと解すべきである」と判示された。

② **質問調書の刑事事件における証拠能力**

本判例では、「消防機関は、捜査機関とは独立した機関であり、その行う質

問調査は、効果的な火災の予防や警戒体制を確立するなど消防活動に必要な資料を得るために火災の原因、損害の程度を明らかにする独自の行政調査であって、犯人を発見保全するための犯罪の捜査ではないから、消防機関が行政目的で行った質問調査が、捜査機関によって違法に収集された第一次的証拠を資料として発付された逮捕状、勾留状による被疑者の身柄拘束中に、当該被疑者に対して行われたとしても、そこに捜査と一体視し得るほどの密接な関連性を認めて、その質問に対する任意の供述の証拠能力を否定すべきものではない」と判示された。

③ **検察官送致後の質問調査の証拠能力（消防法第35条の２）**

本判例では、「消防法第35条の２第１項の法意は、警察官が放火又は失火の犯罪の被疑者を逮捕した場合であっても、消防機関においてその被疑者に対し質問をすることができる旨を明らかにし、警察機関に対して消防機関の行う質問権の行使に対する協力を義務付けたものであって、これを事件が検察官に送致されるまでに限ったのは、検察官に対する事件送致により、事件が検察官に引き継がれ、警察官が捜査の主宰者たる地位を失うところから、警察機関と消防機関との権限調整規定としての性質上、警察官が捜査を主宰し被疑者の身柄を拘束している事件送致前に限ったに過ぎず、事件送致後において、消防機関が被疑者に対し同法第32条第１項により質問することを許さない趣旨まで含んだものと解すべきではなく、消防長又は消防署長は、かかる被疑者に対し、事件が検察官に送致された後においても、同法第32条第１項の一般的な質問権の行使をすることができるものと解すべきである」と判示された。

消防法第32条第１項による質問調査権に基づく質問調書は、検察官送致後の質問調書であっても証拠能力を有するという判断を示したものである。

④ **消防法第32条の質問調査権と消防法第35条の２の調査権**

本判例は、被疑者が警察官から検察官に送致された後においても、消防法第32条第１項による質問調査権を認めたもので、消防法第35条の２の調査権は、消防署長等が消防署に所属する消防職員に質問調査を行わせることを禁じた趣旨でないという判断を示した判例で、消防行政上参考となる判例である。

予防・査察
判例60

消防同意に対する損害賠償請求を棄却した判例

《新潟地裁昭和63年4月28日判決》

出典：判例時報1291号

関係法条 国家賠償法1条、消防法7条、建築基準法93条
原 告 甲（建物K及び土地L所有者亡丙の訴訟承継人）ら
被 告 乙（X市）

1 事案概要

丙は、昭和54年10月30日、将来自己の居住用建物を新築するため、土地L及び建物Kを宅地建物取引業を営むM会社から買い受けた。

買い受け当時、土地Lに隣接し道路へ接する土地Nに建っていた建物O（土地N・建物OともにM会社所有）は、M会社により取り壊されていたため、空地であった。

M会社は、建物Oを壊して土地N上に建物P（共同住宅）を建築するための建築確認申請をX市の建築主事にしていた。

建物Pの建築確認を行えば建物Kが接道義務違反になるので、建築主事は接道義務違反を理由に申請を不適合処分にするか、少なくとも建物Kの除却を前提とする建物Pの建築確認をすべきであり、また、X市の消防長が、建物Pの計画による場合は建物Kの接道義務を満たすことができないことを容易に確認し得たはずであるにもかかわらず、建物Pのみを基準にして建築基準法第93条の同意を建築主事へ与えたことは違法行為であるとして、甲らは乙に対して国家賠償法第1条により損害賠償請求したが、棄却された事案である。

2 認定事実

① M会社は、昭和54年7月13日建物Pの建築確認申請手続をとり、X市の建築主事Aが、同日これを受理し、M会社は、同月20日建物Oを取り壊した。

② 昭和54年9月7日、X市の建築主事Aは、建物Pの建築確認申請を受理したことから、X市消防長に対し、建築基準法第93条の規定による同意を求め、同

消防長は、同月12日、これに同意する旨の回答を建築主事Aに対し行った。
③　建築主事Aは、建物Pの建築計画について確認審査手続を全て終了し、同計画が建築関係規定に適合するとの判断を下し、同月13日、M会社に対し確認の通知をした。
④　M会社は、昭和55年3月頃、建物Pの建築は完成させたが、登記簿上は昭和54年12月30日新築として保存登記手続を了した。
⑤　丙は、建物Kを買い受ける際に、M会社から新築可能である旨の説明を受けそれを軽信し、その後、単独で新築することが不可能で建物Pの増築という方法をとれば、実質的には本件土地上に建物を新築することが可能であることが判明したため、丙が住宅を建築しようとするときは、M会社が責任を持って建物Pの増築という方法をとり、それが無理ならば、M会社が建物Kを買い戻す等の合意をした。
⑥　その後、丙がM会社及び代表者を相手として、売買代金返還等請求事件を提起し勝訴の判決が言い渡された。

3　争点

建築基準法第93条及び消防法第7条の消防同意が違法であるとして損害賠償請求をできるのか。

4　争点に対する判断

本件消防長の同意は、建築主事に対する行政機関相互間の行為であって、これにより対国民との直接の関係においてその権利義務を形成し又はその範囲を確定する行為ではないし、消防長の不適法な同意・不同意は建築主事を拘束するものではなく、消防長は諮問機関的な機能を果たすにとどまるものであるから、建築主事の建築確認とは独立に違法を論ずる意味はないというべきである。

仮に消防長の同意についての違法性を問題にし得るとしても、建築基準法第93条、消防法第7条の同意をするに当たっては、申請に係る建築物以外の建築物が防火関係規定に違反しないかどうかを斟酌する必要はないものというべきである。

5 解　説

消防同意の性格

　消防法第7条及び建築基準法第93条の消防同意は、消防機関が防火の専門家としての立場から、建築行政に対して建築物の新築等の計画段階で防火上の観点からチェックし、予防行政を達成しようとするものである。

　消防同意は、建築確認以前の行政機関内部の行為であるから、建築確認についての国家賠償責任は、建築確認についての権限を有する行政庁が負うもので、行政機関内部の関係にある消防機関に賠償責任は生じない。

予防・査察
判例 61

消防職員による立入検査について違法ではないとした判例

《東京地裁平成20年10月20日判決》

出典：判例時報2027号

関係法条	国家賠償法1条、消防法4条
原　告	甲（スポーツ教室経営者）
被　告	乙（X市）

1　事案概要

本件は、X市K消防署の消防職員らが、甲が経営する店舗（スポーツ教室）に対して実施した消防法第4条第1項に基づく立入検査及び立入検査への立会依頼は、必要性や正当性がなく、営業を妨害し信用を毀損し本件店舗に対する占有を侵害するもので、国家賠償法上違法な行為であるとして、甲が、国家賠償法第1条第1項に基づき、乙に対し慰謝料及び損害賠償の支払を求め提訴したが、棄却された事案である。

2　認定事実

① 甲は、Lビル地下1階においてスポーツ教室を経営していた。
② K消防署員2名は平成17年7月、本件店舗について立入検査を実施した。
③ K消防署は、平成17年8月、甲に立入検査結果通知書を送付して、立入検査により判明した本件店舗の違反指摘事項（防火管理者未選任、消防計画未作成等）を通知し、改修報告書の提出を求めたが、甲は改修報告書を提出しなかった。
④ K消防署員のAは、平成18年10月、本件ビルの立入検査を実施するため、本件ビル所有者に立会いを依頼したが、本件ビルの各テナントに個別の事前連絡はしなかった。
⑤ K消防署員らは、本件ビルの入り口ドアの横にあるインターフォンで本件店舗に連絡して甲に開錠してもらうことをせず、本件ビルの他のテナントに電話で連絡してオートロックを開錠してもらい階段を降りて、地下1階の本件店舗

前のホールに至り、入り口ドアをノックしたが、応答がないためドアを開け、店舗内の女性客に声を掛けて、甲を呼び出した。
⑥　Aは甲に対し立入検査への立会いを依頼し、都合が悪ければ後日でもかまわないこと等を説明した。他方、甲は、事前連絡がなかったこと、インターフォンで連絡せずに直接店舗のドアを開けたことなどが非常識で、不法侵入や営業妨害になると批判して立入検査への協力を拒否し、立入検査は実施できなかった。
⑦　甲はK消防署員の再三の立入検査依頼に対し拒否し続けた。K消防署は、10月の立入検査の際、無断で本件ビル内に入ったことについて、配慮が欠けており、不信感及び不快感を与えたことをお詫びする旨の書面を送付した。
⑧　K消防署員らは、甲からの回答を得ないまま、同年12月に2回、立入検査を実施するため本件店舗を訪れたが、甲は拒否し立入検査は実施できなかった。

3　争点

①　本件立入検査等の必要性及び目的等は正当なものか。
②　本件立入検査等の方法に違法性はあったのか。

4　争点に対する判断

①　K消防署長は、本件店舗につき改めて立入検査を行う必要があるとして、本件立入検査等の実施を判断したことが認められ、平成17年の立入検査後の経緯に照らせば、甲に対して再度資料の提出を命じても、奏功しない可能性も否定できないところであり、K消防署長の判断に裁量の逸脱はない。また、本件立入検査等の経緯、態様に照らしても、甲に対する報復、制裁といった不当な目的はうかがわれない。
②　K消防署員らが、事前の連絡をせずに営業時間中に訪問したことが、相当性を欠き、消防法第4条第3項に違反するということはなく、地下1階ホール部分への立入りが甲の業務等に支障を与えるような違法なものであったということはできない。また、K消防署員らが甲の意向を一切無視して執拗に立入検査への協力を求めたという事情はうかがえないので、甲の営業や信用に悪影響を与えたということはできない。

以上によれば、Ｋ消防署員らによる本件立入検査等が国家賠償法上違法であるということはできない。

5　解　説

① **立入検査の時間的制限及び事前通告制度**

　以前は、立入検査の時間制限及び事前通告制度に係る規定が消防法第4条に定められていたが、新宿区歌舞伎町の火災事故を契機として、消防法が平成14年4月に改正され、第4条第2項で規定されていた立入検査の時間制限の規定が削除され、消防機関は常時立入検査が可能となった。また、第4条第3項の立入検査の事前通告制度の規定も削除された。しかし、いずれの立入検査の場合にも、立入検査の必要性や相手方との比較衡量を図らなければならないことはいうまでもなく、消防目的達成の必要性はあるものの、関係者の生活や経済活動等への干渉となるおそれがある場合には十分な配慮が必要である。

② **再度の立入検査**

　再度の立入検査を実施する場合には、前回の立入検査からの状況をあらかじめ正確に把握しておくことが必要である。

危険物 判例 62	条例による貯蔵所設置許可申請却下処分が裁量権を逸脱しているとした判例

《広島地裁昭和28年10月7日判決》
出典：行政事件裁判例集4巻10号

関係法条　消防法12条（旧条文）
原　告　　甲（石油販売会社）
被　告　　乙（X町長）

1　事案概要

　甲は、重油タンク等5基をX町に設置しようと計画し、乙に対し昭和27年7月8日に貯蔵所設置許可の申請をした。その後、昭和27年12月25日X町議会において危険物取締条例に「ただし周囲の状況その他特別の事情があると認める場合は許可しないことができる」とのただし書を設ける改正がなされ、同月26日甲の申請が却下された。

　甲は、申請を却下した乙の処分は条例の解釈を誤り、所定の裁量の範囲を逸脱した違法の処分であるから取り消されるべきであると訴え、認められた事案である。

2　認定事実

① 甲が提出した申請書の内容は、条例所定の条件に適合していた。
② 甲が申請した場所付近には他店のタンクが設置されており、甲が申請した数箇月前に設置許可を受けた事業所があった。
③ 乙は、甲の申請から却下に至る間、危険性の有無について科学的な鑑定等は行わなかった。
④ 町民らから乙に対し、本件貯蔵所設置反対の陳情がなされていた。
⑤ 乙は、改正規定を根拠として「本件危険物貯蔵所が設置されることは将来公共の福祉を害するおそれがある」と認定して申請を却下した。
⑥ 貯蔵所が設置された場合、周囲に及ぼす危険性について鑑定人の鑑定の結果

によれば、貯蔵所が申請内容どおり所定の要件を備えて設置された上、更に消防用設備の充実、避雷針の増設等防火施設の考慮を図れば、科学的な見地から危険性はないに等しいと判断されている。

3 争点

本件申請却下の処分に裁量権の逸脱があるといえるのか。

4 争点に対する判断

　条例による制限が消防目的の危険防止の趣旨を逸脱するものであってはならないことは当然であり、少なくとも明らかに危険が存在しない場合に、条例において申請を却下するような裁量権を認めることは許されないというべきである。
　条例による委任は、町長に消防上の危険防止以外の特別事情による許否権を認めたものではなく、申請が一応条例所定の条件を充たしているが「周囲の状況その他特別の事情により」消防上の危険があると認める場合にこれを却下することができる余地を残したものに過ぎないと解すべきである。このように解することによって合理的な意味を持ち得るものであり、反対に解釈すれば当該規定は消防法の委任する範囲を超えた無効のものとなる。
　申請が条例所定の条件を充たしている以上仮に「周囲の状況その他特別の事情」によりそれのみでは危険防止上不充分であると認められる場合でも、充分な危険防止の措置が客観的に不能であるか又は申請人の主観的事情により不能であることが明白である場合以外は、一応その不充分な点を充足すべきことを命じた上、なおこれを充足しない場合初めてただし書の規定に該当するものとして申請を却下し得るものであって、ただ単に条例所定の条件を具備するのみでは危険防止上不充分であるとの理由だけでは却下することはできないものと解すべきである。
　危険性の有無を誤認した乙の却下処分の裁量は、改正条例ただし書の規定を誤り適用した違法な処分といわなければならない。

5 解説

条例で認める市町村長の裁量権の範囲（消防法第12条第1項（旧条文）と条例の関係）

本判例では、「消防法第12条により認められる市町村長の許否権が自由裁量であるか、それとも法規裁量であるかについては争の存するところであるが、結局同規定に基づく市町村条例による許否について自由裁量を認め得るか否かの争いに帰着するところ、消防法が危険物の貯蔵所等の設置について守るべき準則をおのずから政令その他の一般法規に委任して定めずこれを個別的に市町村条例に委任した所以は、市町村に恣意的な制限を為すことを認めたものではなく、単に各市町村の実情に則して制限をなすことが消防目的からする危険防止上妥当であるとされたものに他ならないと解すべきことは同法の趣旨から明らかである」と判示された。

　本事案は、消防法の旧規定時代の判決例であり、現行規定では「政令で定める技術上の基準」（消防法第12条第1項）に適合するか否かが、不許可とするか否かの判断基準となる。

危険物 判例 63	給油取扱所設置不許可処分を相当であると認めた判例 《福岡地裁昭和31年11月13日判決》

出典：行政事件裁判例集7巻11号

関係法条　消防法10条（旧条文）・12条（旧条文）、X市危険物取締条例
原　　告　甲（石油販売会社）
被　　告　乙（X市長）

1　事案概要

甲は、ガソリン及び石油製品の販売を目的とし、給油取扱所の設置許可申請をしたところ、乙がこの申請を不許可としたため、甲は、この不許可処分はX市条例の規定に照らして違法な処分であるとして、乙の不許可処分の取消しを請求したが、棄却された事案である。

2　認定事実

① 甲は昭和30年11月1日、X市消防長を通じて乙に対し、X市の地上に、ガソリン及び石油製品の販売を目的とし、給油取扱所の設置許可申請をした。
② 乙は同月30日、申請を不許可とし、X市消防長を通じて口頭で甲にその旨を通告した。
③ 不許可の理由は、(1)申請に基づき設置されるべき給油取扱所の西側表間口が10m未満でX市危険物取締条例（以下「条例」という。）に定める基準に達しない。(2)給油取扱所南隣の建築物である銀行Kとの間に条例所定の10m以上の保有距離がない。(3)給油取扱所東側に道路を隔てて存する映画館Lとの間に前同様の保有距離がない。(4)給油取扱所はX市の中心繁華街に位置し、付近住民も設置に反対している。

以上から、条例による設置基準の緩和規定を適用すべきではない、というものだった。

3 争点

乙が以下の点を理由として行った給油取扱所設置不許可処分は相当といえるのか。

① 西側表間口が10m未満であること。
② 銀行Kとの間に10m以上の保有距離がないこと。
③ 映画館Lとの間に10m以上の保有距離がないこと。
④ 条例による設置基準の緩和規定を適用すべきではないこと。

4 争点に対する判断

① 乙は、本件給油取扱所の間口は9mに過ぎず条例に規定する間口10m以上の要件を具備しないことを不許可の理由として挙げているが、検証の結果によれば、間口は10m以上あることは明らかであるため、不許可の理由とならない。
② 給油取扱所と銀行Kとの関係においては、条例所定の保有距離の制限は適用がないものといわねばならない。よって保有距離がないことは不許可の理由とならない。
③ 給油取扱所の外壁と映画館Lとの保有距離が条例の10m以上の要件を具備しないとの点については、実際には7.4mであるため、不許可の理由として相当である。
④ 条例の緩和規定の適用の当否について考えてみると、条例所定の設置基準を具備しない場合でも土地建物施設その他周囲の状況、貯蔵取扱方法、危険物の種類及び数量等を斟酌して支障がないと認めた場合特に設置基準を緩和できることとした例外的なもので、その判断は市長の自由裁量に委ねたものと解されるところ、検証の結果、給油取扱所設置の場所は交通頻繁で狭隘な場所であり、出火その他非常の場合に災害防止に支障を来し公共の安全を保持するに困難な場所であることが認められ、付近住民も給油取扱所の設置申請当時から反対の意向であったことが認められ、その他給油取扱所施設等諸般の事情から、乙が緩和規定を適用しなかったことは相当である。

以上③、④の理由から乙が給油取扱所許可申請に対し許可しなかったことは相当である。

5 解説

許可の性質

　市町村長等は、危険物施設設置の許可の申請があった場合、その製造所等の位置、構造及び設備が「政令で定める技術上の基準」に適合し、かつ、当該製造所等においてする「危険物の貯蔵又は取扱いが公共の安全の維持又は災害の発生の防止に支障を及ぼすおそれがない」ものであるならば、許可を与えなければならないが、市町村長等が、許可を与えるか否か判断するに当たって、その基準とすべきものは、「政令で定める技術上の基準」と「危険物の貯蔵又は取扱いが公共の安全の維持又は災害の発生の防止に支障を及ぼすおそれの有無」とであり、それ以外の事情を考慮に入れることはできない。すなわち法定の許可要件を充足するか否かを判断し、充足するものであるときは許可を与えなければならないのであって、その間に自己の裁量を容れる余地はない。この意味で消防法第11条の許可は、覊束行為であり、裁量行為ではないと解される（「逐条解説　消防法　第五版」参照）。

　本判例は、旧規定時代の判例であるが、現行規定でも、「政令で定める技術上の基準」に適合しない以上は、不許可となると考えられる。

> 危険物
> 判例
> 64

行政指導に違法性があるとする損害賠償請求を棄却した判例

《京都地裁昭和47年7月14日判決》

出典：判例タイムズ283号

関係法条 民法709条・710条、国家賠償法1条、都市計画法第58条、風致地区内における建築等の規制の基準を定める政令第2条
原　告 甲（石油販売会社）
被　告 乙（X市）

1 事案概要

甲は、風致地区内に指定されている土地にガソリンスタンドを建設しようとしたが、乙から行政指導を受けた結果、ガソリンスタンドの建設が容易でないと判断し、土地の購入を断念した。その後、他の会社がガソリンスタンドを建設し開業したため、重大な過失に基づく誤った行政指導があったとして乙に対して損害賠償請求したが、棄却された事案である。

2 認定事実

① 甲は、数回にわたりX市計画局風致課長のAに面接し、本件土地でガソリンスタンドを建設することができるかどうかを相談した。
② 本件土地は風致地区に指定されており、Aは、甲に対し、「本件土地が風致地区である関係上、従来のガソリンスタンド形式では、許可されない」旨指導した。
③ Aは、代理人や甲に対し、ガソリンスタンドの設計図面を提示させ、具体的にこれを手直しする方法で指導しなかったし、同課で行政指導に当たっている風致美観相談員に相談して行政指導を受けるよう勧めることもしなかった。
④ Aは、甲が本件土地にガソリンスタンドを建設するために必要な風致地区内現状変更許可申請書を提出すること（都市計画法第58条第1項、風致地区内における建築等の規制の基準を定める政令第2条第1項）を前提に、その許可が円滑に行われるよう事前相談という形式で担当課長として行政指導をしたもの

で、この行政指導は、X市計画局風致課では慣行的に行われていた。
⑤　甲は、本件土地を入手してもガソリンスタンドを建設することは容易でないと判断し、本件土地の購入を断念した。
⑥　その後本件土地を購入したK商事株式会社が、本件土地上に乙の許可を得てガソリンスタンドを建設し開業した。

3　争　点

本件行政指導に違法性はあるのか。

4　争点に対する判断

　甲は、被侵害利益であると主張する逸失利益の前提となる本件土地の所有権を取得していない以上、被侵害利益は皆無であったとしなければならない。
　甲のこの立場を将来本件土地の所有権を取得し得る地位と解しても、この地位は、被侵害利益の前提として、強固なものではないから、侵害行為の不法性が大きくなければ、加害に違法性はないことに帰着する。
　このことから、Aの行政指導は、一般的抽象的なものに終始し、甲に対し、ガソリンスタンドの設計図面を用意させ、それを手直しする方法で具体的に指導しなかった点及び風致美観相談員の行政指導を受けるよう勧めなかった点で十分ではなかったが、Aが、甲が本件土地にガソリンスタンドを建設するのを嫌悪し、その建設を妨害する意図の下に不十分な行政指導をしたことが認められる証拠のない本件では、Aの行政指導にみられる不十分さは、不親切な指導であったとの非難は免れないにしても、これを不法性の大きな侵害行為であると到底いうことはできない。
　このようなわけで、Aのした行政指導が違法であるとすることはできない。

5　解　説

① **非権力的行政と公権力の行使**
　行政指導は、厳密には「非権力的事実行為」であるが、行政では多用され、実際には相当な強制力を発揮している。
　「公権力の行使」は、非常に幅広い行政が対象となり、行政指導や情報提供

など、「権力」という表現にそぐわない行政についても国家賠償の対象となり得ると解されている。

② **行政指導と国家賠償責任**

　行政指導に不服がある場合、行政処分とは異なり、行政不服審査法に基づく不服申立て（異議申立て及び審査請求）や行政事件訴訟法に基づく抗告訴訟を行うことはできないのが原則とされている。行政指導はそもそも任意であるので、不服であれば従わなければよく、それで何らかの処分を受けた場合には、その処分に対する不服申立て等の手段をとることができるからである。しかし、行政指導により何らかの損害を被った場合は、国家賠償法第1条（公権力の行使についての賠償責任）の対象となり得ると解されている。

③ **被侵害利益と侵害行為**

　本判例では、被侵害利益に当たるか否かについては、「甲が被侵害利益であると主張する逸失利益の前提となる本件土地の所有権を取得していない以上、被侵害利益は皆無である」とし、また違法行為に当たるか否かについては、「Aの行政指導にみられる不十分さは、不親切な指導であったとの非難は免れないにしても、これを不法性の大きな侵害行為であると到底いうことはできず、Aのした行政指導が違法であるとすることはできない」と判示された。

危険物
判例
65

発電所移送取扱所の設置許可処分に対する執行停止の申立てを却下した判例

《札幌地裁昭和53年9月14日決定》

出典：行政事件裁判例集30巻2号

関係法条	消防法11条、行政事件訴訟法9条・25条
抗告人（申立人）	甲（近隣住民）ら
相手方	乙（X県知事）
参加人	丙（電力会社）

1　事案概要

　丙は、Y市からZ市所在のK火力発電所までの間にパイプラインを敷設して送油することを計画し、乙に対し発電所移送取扱所の設置許可申請をした。

　乙は消防法第11条第1項に基づき丙に対して許可をしたが、甲らはその許可に対し行政事件訴訟法第25条に基づく執行停止の申立てをした。甲らは、地震の発生、技術基準の限界又は不備、軟弱地盤と地下水の影響等を原因とする油の流出による火災の発生、用水、土壌、海洋汚染が生じ回復困難な損害を被ると主張したが、申立てが却下された事案である。

2　認定事実

① 　乙は移送取扱所設置許可の可否を判断するに当たって適正を期すため、金属材料、溶接、耐震、地質等について、学識経験者であるL工業大学名誉教授Aら11名を技術専門員に委嘱した。

② 　技術専門員らは、乙に対し、許可申請にかかる本件移送取扱所の設置計画の内容は、消防法令等の基準をいずれも十分に満足しており、安全性の確保について現段階で考えられる技術的配慮が十分なされているものと判断するとの意見を添えた「K火力発電所の移送取扱所設置許可申請に関する技術検討報告書」を提出した。

③ 　本件移送取扱所の設置されるK地方における既往の地震の最大の震度は4で

あるところ、設置計画にかかる本件移送取扱所の構造は震度5の地震を想定した技術上の基準を十分に満足するものであった。

3 争点

本件許可処分により生ずる回復困難な損害を避けるための緊急の必要性はあるのか。

4 争点に対する判断

震度6以上の大地震の発生については、それが将来において絶対ないとは断定できないことはもちろんであるが、しかし、そのような大地震が、K地方に極めて近い将来発生することの蓋然性は、**本件全疎明資料によるもこれを認めることはできないから、結局、この点につき回復困難な損害を避けるため緊急の必要性があるということはできない。**

5 解説

① **行政処分の執行停止**

通常は、裁判中に行政処分の執行の停止等はできないが、処分の執行又は手続の続行により生ずる重大な損害を避けるため緊急必要があるときは、裁判所は、申立てにより、決定をもって、処分の効力、処分の執行又は手続の続行の全部又は一部の停止をすることが、行政事件訴訟法第25条第2項によりできることとなっている。

② **その後の状況**

甲らは、第一審で執行停止の申立てが却下されたため、行政事件訴訟法第25条第7項に基づき即時抗告したが、札幌高等裁判所は昭和54年2月2日に抗告を棄却した。

危険物 判例 66	**危険物施設の完成検査済証を交付しないとした処分等を適法とした判例**

《長崎地裁昭和54年4月16日判決》
出典：行政事件裁判例集30巻4号

関係法条　民法709条、消防法11条、危険物の規制に関する政令17条・23条
原　告　　甲（石油製品、ＬＰガスの販売会社）
被　告　　乙（Ｘ市長）ら

1　事案概要

　甲は、ガソリンスタンドを設置することを計画し、乙に対し給油取扱所設置の許可申請を行い、乙から給油取扱所の設置の許可を得た。甲は許可に基づき建設に着工したが、その工事途中、計画を変更したため、変更許可申請するとともに工事を続行し、消防法第11条に基づく完成検査申請を行った。

　しかし、乙は、完成検査申請に対しては申請どおり完成されていないとの理由で完成検査済証を交付しないとの処分を、変更許可申請に対しては危険物の規制に関する政令（以下「危政令」という。）第17条に適合していないとの理由で不許可とする処分を行った。

　甲は、乙の各処分はいずれもその職務を著しく逸脱してなされたもので違法であり、これにより、甲は開業することができず、社会的信用を失墜するとともに著しい精神的苦痛を被ったとして、民法第709条に基づき損害賠償を請求したが、棄却された事案である。

2　認定事実

① 甲は、屋内給油取扱所の設置を計画し、乙はそれを許可（原許可）したが、甲は、その工事途中、地盤が悪いなどの理由から、屋外に給油所を設置することに変更した。

② 原許可時において予定されていた屋内給油取扱所の北側は道路、南側は空地となっていたが、計画変更後の屋外給油取扱所の北側道路は廃止されて、新た

に洗車場が設置されることとなり、さらに南側の空地では完成検査前から甲がＬＰガススタンドの営業を開始していた。
③　甲は、計画変更について、屋内給油取扱所に要求される防災上の基準は、屋外のそれよりも厳格であるから、屋内給油取扱所として設置許可を受け、屋外給油取扱所として完成した本件給油取扱所に対しても、乙は当然完成検査済証を交付すべきであると主張した。
④　Ｘ市消防本部では、本件給油取扱所につき、南側隣接地にＬＰガススタンドが設置され、現に営業している以上、本件給油取扱所とＬＰガススタンドとの境界線上には、塀の設置が不可欠であるとの立場から甲を説得していたところ、甲は軽量鉄骨の塀を設けたが、耐火構造の壁や甲種・乙種防火戸と対比するとその構造は弱く、危政令第17条第１項第13号の基準に適合しないものであった。

3　争　点

①　完成検査申請に対して、申請どおり完成されていないとの理由で、完成検査済証を交付しないとした処分は違法であるのか。
②　変更許可申請に対して、隣接するＬＰガススタンド側に塀を設ける計画がなく、危政令第17条に適合していないとの理由で、許可しないとした処分は違法であるのか。

4　争点に対する判断

①　許可又は変更申請についての審査は、危政令に定める技術上の基準に適合し、かつ、公共の安全の維持又は災害の発生の防止に支障を及ぼすおそれがないものか十分慎重になされる必要があるが、完成検査は現実の施設が許可された計画に従い、基準に適合するように作られているか否かを確認する必要上設けられたものである。

　　許可内容と完成内容とに相異があれば完成検査済証を交付せず、変更申請させ、その審査の過程において技術上の基準に照らし、安全性に問題がないか否かを決するのが相当であり、法の趣旨にも沿うというべきであることから、本件において、原許可と完成した給油取扱所とを対比し、申請どおり完成されていないとして乙がした完成検査済証不交付処分は適法である。

② 給油取扱所側に発生した火災等が隣接するＬＰガススタンドに延焼すれば、災害が著しく拡大するであろうことは容易に認められるため、両施設間の境界には防火塀等を設置する必要があり、特別の事情が認められない本件にあっては、危政令第23条を適用して塀を免除する余地はない。また、乙は当初要求していなかった塀を変更許可申請に当たっては要求しているが、隣接地が空地からＬＰガススタンドに変化したことに伴い、給油取扱所側の安全対策にも変化が生じているため当然であり、行政権の濫用であるとは解されない。

したがって、甲は塀を設置すべきであり、かつ、甲の設置したものでは技術上の基準に合致しないのであるから、塀が設置されていないことを理由として行った本件変更許可申請に対する不許可処分は適法である。

5 解説

行政処分と裁量権の濫用

本件においては、当初要求していなかった塀の設置を変更許可申請の際に乙が要求しており、甲の設置した軽量鉄骨の塀では、技術上の基準に合致しないとして、乙が完成検査済証を交付しないなどの処分をしたことについて、甲が、行政権の濫用であると訴えたが認められなかったものである。

本件隣接地が空地からＬＰガススタンドに変化したことに伴い、給油取扱所側の安全対策にも変化が生じているため乙が要求したものであり、行政権の濫用に当たらないと判示されたのも安全対策の面で当然といえよう。

危険物 判例 67	給油取扱所変更許可処分が有効に成立していないとした判例 《最高裁第一小法廷昭和57年7月15日判決》

出典：判例時報1055号

関係法条	消防法11条、行政事件訴訟法3条
上告人（控訴人、被告）	甲（X市長）
被上告人（被控訴人、原告）	乙（給油取扱所変更許可申請者）

1 事案概要

乙は、昭和48年3月初め頃、甲に対し、消防法第11条第1項の規定に基づき給油取扱所変更許可申請をしたところ、同月30日に申請が受理され、その後、甲（主管：X市消防本部）が、本件申請に対し、「隣接住民の同意書を後日提出すること」を条件に同年3月31日付で変更許可書の原本とその写しを作成し、乙の元売会社であるK石油L支店（以下「L支店」という。）のA課長に変更許可書の写しを交付した。

本件は、隣接住民の同意書が提出されなかったため、同意書がいまだ提出されていないので、本件変更許可処分の効力は発生しておらず、処分もいまだ存在していないとする甲に対し、乙が、本件変更許可処分は存在しその効力を有することの確認等を求め提訴し、第一審において乙の主張が認められたことから、甲が控訴・上告し、上告審で甲の主張が認められた事案である。

2 認定事実

① 甲は、給油取扱所の変更許可申請の際、X市環境保全条例により事前に隣接住民の同意書を提出させていたので、本件変更許可申請についても、乙に対し隣接住民の同意書の提出が本件変更許可申請に係る許可処分の条件になる旨連絡し、その提出を求めたが、乙は終始これを拒否していた。

② 甲は、L支店を乙の代理人と考え応待していたところ、L支店及び同じく乙の元売会社であるY県漁業協同組合連合会（以下「Y漁連」という。）から、隣接住民の同意書を後日提出するので、昭和48年3月31日付で本件変更許可処

分をしてもらいたい旨の懇請を受けた。
③　その理由は、乙が通商産業省から昭和47年度の給油取扱所の変更の枠を得るためには、昭和48年3月31日までに本件変更許可処分が効力を生じていなければならなかったからである。
④　甲は、L支店らの懇請により、例外的に隣接住民の同意書の提出がないまま許可することとし、同年3月31日付で本件変更許可処分の許可書の原本とその写しを作成したが、その際、L支店とY漁連から連名で、「工事に関する貴市指定隣接住民の同意書を提出するまで本件変更許可書の受理につき異議を申しません。」の念書を差し入れさせ、これと引換えに許可書の写しをL支店らに交付し、他方乙に対しては許可書原本を交付することなく、終始隣接住民であるBの同意書を提出することを求めた。

3　争点

隣接住民の同意書の提出がない状況下で行った本件許可書の写しの交付をもって、甲の乙に対する有効な変更許可処分がなされたものと認めることができるのか。

4　争点に対する判断

行政処分が行政処分として有効に成立したといえるためには、行政庁の内部において単なる意思決定の事実があるか、あるいは本意思決定の内容を記載した書面が作成・用意されているのみでは足りず、本意思決定が何らかの形式で外部に表示されることが必要であり、名宛人である相手方の受領を要する行政処分の場合は、更に本件処分が相手方に告知され又は相手方に到達することすなわち相手方の了知しうべき状態におかれることによって初めてその相手方に対する効力を生ずるものというべきである。

本件において、本件許可書の写しのL支店らに対する交付は、同人らの懇請に応じ通商産業局長に対する関係で、昭和47年度の給油取扱所の変更の枠を確保することを目的としてあたかも許可処分があったかのような状況を作出するためにされたものに過ぎず、乙に対する許可処分そのものは隣接住民の同意書の提出を待って許可書の原本を交付することによって行うこととされ、L支店らももと

よりこれを了承して許可書の写しの交付を受けたのであるから、この交付をもって乙に対する許可処分の外部的意思表示がされたものとみることはできない。したがって、L支店長A課長への写しの交付だけでは、本件許可処分は行政処分としていまだ成立していないといわざるを得ず、その後この状態に変動がない以上、乙に対する有効な許可処分は存在していないというほかはない。

5 解説

行政処分の成立

　行政処分の成立要件は、行政処分が対外的に意思表示されることである。

　本事案は、乙が変更許可処分の存在及び効力の確認、隣接住民の同意書を提出する義務の存在しないことの確認等を求めて出訴したものであるが、本判例は、「給油取扱所の変更許可処分の外部的意思表示がされたものとみることができず、いまだ行政処分として成立していない」との判断を示したもので、消防行政実務上参考となる重要な判決である。

危険物 判例 68

給油作業中の失火について予見可能性を認めた判例

《最高裁第二小法廷昭和57年11月8日判決》

出典：判例時報1062号

関係法条　刑法116条・117条の2
上告申立人（被告人）　甲（石油等配達業者）

1　事案概要

プロパンガス及び石油類の配達給油等の業務に従事する甲が、クリーニング店においてA重油を給油する際過失によりA重油を飛散させ、石油ストーブの火が引火して木造の店舗1棟を焼損させた。

甲は業務上失火罪により起訴され、第一審では過失を認めることはできないとして無罪となったが、控訴審で原判決が破棄され有罪となり、上告審でも控訴審の判断を支持し、上告を棄却した事案である。

2　認定事実

① 甲は、顧客に対するプロパンガス及び石油類の配達給油等の業務に従事中、軽四輪貨物自動車に積載中のドラム缶内のA重油約200Lをクリーニング店舗内のボイラー用タンクへ給油すべく、電動式コンプレッサーの吸入側ホースをドラム缶へ連結し、その送油側にビニール製ホースの一端を接続し、他端を同店舗の給油口に連結した。

② 甲は、注意を怠り店舗側給油口の開栓を忘れ、送油管が閉鎖されたままの状態で電動コンプレッサーを作動させて、ドラム缶内のA重油を送油管へ送入し始めた。

③ 甲は、重油が送油管などから外部へ漏出して周辺へ飛散すれば、周辺の人家内にあるかもしれない火気に引火して火災が発生する危険があることを予見できたのであるから、重油送入途中における漏出抑止のために作業上の手順措置を完了したうえで、送油を開始し、火災の発生を未然に防止すべき業務上の注意義務があった。

④ このことにより、コンプレッサー・ポンプの作動によって増大した油圧で送油管の一部分であるビニール製ホースに裂け目が生じ、A重油を外部へ噴射飛散させ、店舗内にあった石油ストーブの火気上に降りかからせて引火し、瞬時に周辺の衣類等を燃え上がらせて、木造2階建店舗1棟を焼失させた。

3 争点

① 甲は、給油口の開栓を忘れたまま給油を開始した過誤により火災が発生するかもしれないことを認識予見していたのか又は予見ができたのか。
② 甲がクリーニング店舗内の火気の有無を点検し、当時、使用中の石油ストーブを消さなかったことが過失と認められるのか。

4 争点に対する判断

① 甲は給油作業に当たり、その重油漏出抑止義務を怠れば、噴出飛散するA重油の飛沫がクリーニング店を含めた周辺の人家内にあるかもしれない暖房用などの火気に引火して火災を惹起するかもしれないことを予見できたものといえる。
② 周囲の火気の有無点検義務はもちろん肯定するが、**本件ストーブが点火されていることを確認しなかったからとか、その火気を消さなかったからといって、これを甲に失火責任を問う過失であるとすることはできない。**

5 解説

① **業務上失火罪・重過失失火罪**

刑法第116条第1項により、失火により、現住建造物等又は他人所有の非現住建造物等を焼損した者は50万円以下の罰金に処することとされており、また同条第2項により、失火により自己所有の非現住建造物等又は建造物等以外の物を焼損し、よって公共の危険を生じさせた者も同じとされている。

業務上失火又は重過失失火の場合は、刑法第117条の2で3年以下の禁錮又は150万円以下の罰金に処することとされており、これらの犯罪を、業務上失火罪、重過失失火罪という。

刑法第116条に該当する行為が、業務上必要な注意を怠ったことによるときは、

刑法第117条の2の規定により業務上失火罪に該当することとなり、本件は業務上過失に該当する事案である。

② **業務上失火罪の「業務」**

業務上失火罪の「業務」とは、学説上、「特に職務として常に火気の安全に配慮すべき地位を指す」（大塚仁　刑法各論下巻）といわれている。最高裁も業務上失火罪の「業務」とは、「職務として火気の安全に配慮すべき社会生活上の地位」をいうと判示している（最高裁第二小法廷昭和60年10月21日）。

判例で、具体的に業務上失火責任が問われた職務としては、次のようなものがある。

ア　火気を直接取り扱う職務（公衆浴場経営者等）
イ　火災発生の蓋然性が高い物質、器具、設備等を取り扱う職務（高圧ガス販売業者、風呂釜の販売取付業者等）
ウ　出火防止を任務とする職務（夜警員等）

本件は、イに該当する職務と判断される。

| 危険物 判例 69 | 法規制上の障害に基づく損失は道路法第70条における損失補償の対象にならないとした判例 |

《最高裁第二小法廷昭和58年2月18日判決》

出典：判例時報1136号

関係法条	道路法70条
上告人（控訴人、原告）	甲（道路管理者）
被上告人（被控訴人、被告）	乙（石油販売会社）

1　事案概要

　甲が、一般国道の区域内にある交差点に地下道を設置したところ、乙の経営する給油所の地下に埋設されていた貯蔵タンクの所在位置が、地下道から水平距離において10m以内となったため、乙はX市消防局長から地下貯蔵タンクが消防法等に違反する旨の警告を受け、地下貯蔵タンクの移設工事をした。

　そのため、乙は、甲に対し、地下貯蔵タンクの移設工事は、地下道の設置に起因するとして、道路法（以下「法」という。）第70条に基づく損失補償請求を行い、Y県収用委員会において損失補償金を認める裁決を受けた。

　これに対し、甲は、法第70条は道路の新設又は改築に起因する物理的障害に基づく損失のみを補償の対象とし、法規制上の障害に基づく損失までも補償の対象とするものではないと主張し訴えを起こし、第一審及び控訴審で棄却されたが、上告審において甲の訴えが認められた事案である。

2　認定事実

① 乙は、経営する給油所においてガソリン等の地下貯蔵タンクを埋設していた。
② 甲の道路工事の施工に伴い、地下貯蔵タンクの設置状況が消防法第10条・12条、危険物の規制に関する政令第13条、危険物の規制に関する規則第23条の定める技術上の基準に適合しなくなり警察違反の状態を生じたため、乙は地下タンクを別の場所に移設せざるを得なくなった。

3 争点

道路法第70条が規定する損失補償の対象として、消防法による規制上の障害に基づく損失までも補償の対象となるのか。

4 争点に対する判断

警察法規が一定の危険物の保管場所等につき保安物件との間に一定の離隔距離を保持すべきことなどを内容とする技術上の基準を定めている場合において、道路工事の施工の結果、警察違反の状態を生じ、危険物保有者が技術上の基準に適合するように工作物の移転等を余儀なくされ、これによって損失を被ったとしても、それは道路工事の施工によって警察規制に基づく損失がたまたま現実化するに至ったものに過ぎず、このような損失は、法第70条の定める補償の対象には属さないものというべきである。

よって、乙が被った損失は、正しく警察規制に基づく損失にほかならず、法第70条の定める補償の対象には属さない。

5 解説

地下タンクの移設と道路法第70条との関係

本判例では、「道路法第70条第1項の規定は、道路の新設又は改築のための工事の施工によって当該道路とその隣接地との間に高低差が生ずるなど土地の形状の変更が生じた結果として、隣接地の用益又は管理に障害を来し、従前の用法に従ってその用益又は管理を維持、継続していくためには、用益上の利便又は境界の保全等の管理の必要上当該道路の従前の形状に応じて設置されていた通路、みぞ、かき、さくその他これに類する工作物を増築、修繕若しくは移転し、これらの工作物を新たに設置し、又は切土若しくは盛土をするやむを得ない必要があると認められる場合において、道路管理者は、これに要する費用の全部又は一部を補償しなければならないものとしたものであって、その補償の対象は、道路工事の施行による土地の形状の変更を直接の原因として生じた隣接地の用益又は管理上の障害を除去するためにやむを得ない必要があってした前記工作物の新築、増築、修繕若しくは移転又は切土若しくは盛土の工事に起因する損失に限られると解するのが相当であるとし、本件地下タンクの移設は法第70条による補償の対象にはならない」と判示された。

人事管理

判例 70

消防団員に対する補償に加え国家賠償法による損害賠償請求を認めた判例

《名古屋地裁昭和44年12月17日判決》
出典：交通事故民事裁判例集2巻6号

関係法条　民法715条、国家賠償法1条
原　告　　甲（消防団員Aの親）ら
被　告　　乙（X市）

1　事案概要

X市消防団員Aは、消防自動車に乗って火災現場に向かう途中、消防自動車が水田に転落し、消防自動車の下敷きとなり死亡した。

本件は、甲がX市が行った公務災害補償に加え、国家賠償法第1条により損害を賠償する義務があるとして提訴し認められた事案である。

2　認定事実

① Aの理髪業はもともとAの父甲（明治42年生）が大正年代に始めたもので昭和26年頃になってX市内に移り住み店を持つようになった。
② 納税等の対外的な関係では従前のまま甲が経営者として名前を掲げ、Aは事業専従者としての取扱いをしていた。
③ 事故当時における理髪業の経営者は形式的には甲となっていたが、実質的にはAであった。
④ Aは高校在学中より理容師の免許をとって甲の手伝いをし、高校卒業後は東京に理容の修業に出るなどして一家のうちでAが父の後継者となるべく早くから身を入れていた。
⑤ Aが亡くなった後に甲らは県等から弔慰金、功労表彰賜金、消防賞じゅつ金、自動車損害賠償責任保険金及び香典等の支給を受けた。

3 争点

弔慰金、功労表彰賜金等を受領した場合に国家賠償法等による損害賠償請求権を放棄したことになるのか。

4 争点に対する判断

乙の甲らに対する金員の支払関係等を総合しても、これらをもって直ちに乙主張のような甲らの乙に対する損害賠償の一切をも解決し、国家賠償法等による損害賠償請求権をまで放棄した趣旨のものであるとはとうてい認めることはできない。

なお、甲らが、市長香典等の金員を受領していることが認められるので、損益相殺として、損害金にその2分の1ずつ充当するを相当と認める。

5 解説

① **弔慰金、功労表彰賜金、消防賞じゅつ金、自動車損害賠償責任保険金等の支払と国家賠償法との関係**

公務中に発生した事故であるから、弔慰金、功労表彰賜金、消防賞じゅつ金、自動車損害賠償責任保険金等を受領でき、かつ国家賠償法による損害賠償の請求もできると判示された。

② **損益相殺**

損益相殺とは、不法行為や債務不履行等による損害賠償の算定に当たって、被害者又は債権者が損害を被った反面、その損害に関連して利益をも得ている場合における損害賠償額を調整する方法であり、被害者又は債権者が受けた利益額を損害賠償額から控除するものである。民法の条文上認められているものではないが、損害賠償が現実に被った損害の回復を目的としているものであることから、学説・判例上認められている。

| 人事管理 判例71 | 訓練中の死亡について公務外と認定した処分の取消しを認めた判例 《大阪高裁平成6年2月23日判決》 |

出典：労働判例649号

関係法条	地方公務員災害補償法1条
控訴人（原告）	甲（消防職員Aの遺族）ら
被控訴人（被告）	乙（地方公務員災害補償基金X市支部長）

1 事案概要

体力錬成計画に基づく訓練に参加中のAが、脳動脈瘤破裂により意識不明となり死亡した。

甲らが乙に対し公務災害の認定請求を行ったが、乙が公務外とする認定処分を行ったため基金支部並びに本部審査会に審査請求、再審査請求をしたがいずれも棄却された。

その後、甲は、公務外認定処分の取消しを求め提訴し、第一審においては請求が棄却されたが、控訴審で同人の死亡は脳動脈瘤の存在と公務が共働原因となって発生したとして、公務外とした第一審判決が取り消された事案である。

2 認定事実

① Aの勤務していた消防職員としての日常の業務は精神的肉体的に負担が多く、これによりAは現実に相当な疲労を蓄積していた。
② 発症当日、低気温の中で実施された施設活用訓練に参加し、訓練後の帰署に際しても消防車に側乗して寒気にさらされ、加えて、その後、通常より短い休憩時間を経たのち、体力錬成訓練として勤務署の外周道路を走ったのであるが、通常は駆け足で2周してやめるのに、この日は5倍の10周1,800mを走り、しかも最後の1周の180mは全力で走った。
③ その直後倒れて嘔吐し、いびきをかいて眠り始めるなど、脳動脈瘤破裂によるくも膜下出血の症状を示していた。

3 争点

公務の遂行とＡの脳動脈瘤破裂との間に相当因果関係があると認められるのか。

4 争点に対する判断

Ａの脳動脈瘤破裂は、消防職員としての公務遂行により疲労（精神的・肉体的負荷）が徐々に蓄積され、死亡当日までに脳動脈瘤が破裂しやすい状態になって、死亡当日、低い気温の中での施設活用訓練に参加等し、さらにその後、全力疾走を含む体力錬成訓練をしたため、脳動脈瘤がその自然的経過を超えて増悪した結果発症したものと推認するのが相当である。

そうだとすれば、Ａの死亡は、その形成について公務遂行と因果関係があるとまでは認められない脳動脈瘤が、公務遂行に伴う前記のような負荷によって自然的経過を超えて増悪した結果破裂したことによるものであって、脳動脈瘤の存在と公務が共働原因となって発生したものというべきであるから、Ａの死亡については公務に起因するものであり、地方公務員災害補償法所定の公務上の死亡に当たるものと認めることができる。

5 解説

本件は、Ａの死亡が公務災害であるか否かが争われた事案であり、Ａが死亡当日、低気温の中での施設活用訓練に参加し、さらにその後、全力疾走を含む体力錬成訓練を行った結果、公務遂行上の精神的・肉体的負担と過酷な訓練が、脳動脈瘤の増悪と共働原因となって死亡につながったとして、公務起因性を認められた判例である。

なお、公務起因性が認められるためには、相当因果関係につき結果発生の客観的可能性の予見ないし予見可能性が必要である。

人事管理
判例72

自殺を図った部下の救助活動後に発症した脳梗塞について公務遂行性・公務起因性を認めた判例

《大阪地裁平成8年7月29日判決》
出典：判例タイムズ927号

関係法条　地方公務員災害補償法1条
原　告　　甲（X市K消防署副署長）
被　告　　乙（地方公務員災害補償基金Y県支部長）

1　事案概要

甲は、部下Aからの自殺をほのめかす電話を受け、その救助活動に従事した後、勤務先のX市K消防署（以下「K署」という。）に戻る途中で脳梗塞（以下「本件疾病」という。）を発症した。

甲が乙に対して、地方公務員災害補償法に基づき、本件疾病の公務災害認定を請求したところ、公務により生じたものではないとして公務外認定処分（以下「本件処分」という。）とされたため、本件処分は違法であると主張してその取消しを求め提訴し、訴えが認められた事案である。

2　認定事実

① 甲は、昭和36年5月1日にX市消防本部に採用され、昭和49年10月1日から、火災現場で実際に活動する仕事から離れ、昭和55年4月1日にK署副署長・消防司令となり、本件疾病発症当時はK署副署長であり、職員の人事管理等デスクワーク中心の仕事であった。

② Aは、酒や賭け事が原因で多額の借金を負っており、前々から問題のある職員であり、甲は、Aが昭和59年にK署に配属された際、X市消防本部次長のBから、Aを消防署員としてふさわしい人物に育成するため、公私にわたり特に指導助言を行うように指示され、A本人だけではなくその家族についても公私にわたり面倒をみてきており、Aは甲にとって単なる一部下という存在を超える特別な関係の人物であった。

③　昭和61年2月24日午前10時5分頃、K署で幹部会議中の甲に当日休んでいたAから「薬を飲んだ」という電話があった。
　　甲はAが自殺を図ったと直感し、K署署長に報告し、同署長からの指示を受け、同署長の了解を得て司令車を運転して、K署を出発した。
④　甲は、Aの自宅に駆けつけ、Aを説得して病院へ連れて行き、診察を受けさせ、K署への帰途につくまで約3時間弱を要した。
　　また、甲がその間全力疾走や駆け足、Aを抱えるなどして移動した距離は約1.2kmを下らず、その間水分を補給した事実も認められない。
⑤　甲は、帰署後体調不良を訴えたため、救急車で病院に搬送され、脳梗塞と診断された。
⑥　甲は、地方公務員災害補償基金Y県支部審査会に対し、本件疾病の公務災害認定を請求したが棄却され、さらに地方公務員災害補償基金審査会に対し、再審査請求をしたが、こちらも棄却する旨の裁決がなされた。

3　争点

甲が勤務するK署署長の命令により、自殺を図った部下Aの救助のため、Aを病院へ搬送し、その帰署途中に発症した本件疾病について、公務遂行性及び公務起因性が認められるのか。

4　争点に対する判断

甲は、K署の副署長の職にあったが、その職務には部下の人事管理も含まれており、その上、甲は、当時消防本部次長であったBから指示を受けて、いわゆる問題署員であったAの公私にわたる指導を行ってきたのであり、これらの事情をも総合すると、本件救命活動は、公務に含まれるものというべきであり、本件疾病の公務遂行性はこれを肯定することができる。

また、甲は、消防署に勤務していたとはいえ、今までに災害現場での救助活動の経験はなく、本件当時の主たる職務は副署長として人事管理や業務計画の立案等といったいわばデスクワークが中心であったことに照らすと、本件発症当日の職務が精神的身体的に過重なものであったということができる等の理由から、本件公務（Aの救助活動）は、本件疾病発症の相対的に有力な原因に当たるものと

いうべきであり、両者の間には相当因果関係があるものと認めることができる。

5 解説

① **疾病の公務起因性**

他の危険因子と比較し、職務遂行が有力な原因で発症したことをいう。

② **本件救助活動と本件疾病との相当因果関係**

本判例では、「甲の日常の職務と照らし、Aに対する救助活動は、甲に過重な精神的負担を与えていたということができ、本件疾病発症について相対的に有力な原因に当たる」として、過重な精神的負担と本件疾病との相当因果関係を認めたものである。

人事管理
判例73

救助訓練期間中における職員の死亡について公務起因性を認めた判例
《長野地裁平成9年9月26日判決》
出典：労働判例731号

関係法条	地方公務員災害補償法1条
原　告	甲（消防職員Aの妻）
被　告	乙（地方公務災害補償基金Y県支部長）

1　事案概要

Aは、非番日の平成元年7月24日午前9時30分過ぎ頃に、公園で訓練として行っていたランニング中に倒れ、同日午前11時頃、搬送先の病院において、急性心停止により死亡した（以下「本件災害」という。）。

甲は、乙に対し地方公務員災害補償法に基づく公務災害認定請求をしたが、公務外の災害であるとの認定を受けたことから、審査請求、再審査請求をしたものの棄却されたため、本件災害の公務起因性を主張して本件処分の取消しを求め、認められた事案である。

2　認定事実

① 　AらX市K消防署の救助隊員は、引揚救助について県大会での3年連続優勝、関東大会での入賞、全国大会出場が目標とされるなど、上位の成績を収めることが署内外から期待されていた。
② 　K消防署では、大会訓練の期間として平成元年5月8日から同年8月31日までを指定し、訓練塔の設置されている公園内の訓練場において、他の事務に支障のない限り毎日訓練を実施することとした。
③ 　Aは、引揚救助の種目に二番員として出場することとなり、年齢及び経歴などから引揚救助のチームリーダーとみなされており、訓練の方法、成果に関して気を配る必要があったため、精神的負担も他の同僚より重かった。
④ 　二番員であるAは、長袖の救助服、革製の編上靴、ヘルメット、革手袋を着用し、塔上の床面に置かれた空気呼吸器一式を一連の訓練の開始から終了まで

装着し、一連の訓練と訓練との間には特に休憩時間を設けることがなかった。
⑤ 引揚救助は、重い装備を着けながら、炎天下で、不自然な呼吸を強いられる中、塔への昇降を含めて正確さと速さを競うものであり、これを繰り返す訓練は、身体に対する負荷の非常に大きなものであった。
⑥ 6月1日から本格的に大会訓練を開始し、Aが大会訓練に参加した日数は、県大会当日（6月30日）の朝を含む24日に及んでいる。6月中にAが終日休暇を取れたのはわずか3日で、必ずしも休養が十分に取れるような状況ではなかった。また、当直による疲労も抜けない状態で行う激しい大会訓練は、身体への負担を一層増大させるものであった。
⑦ 平成元年2月頃風邪の疑いとともに胸苦しさを訴え、その後、同僚隊員に向かって体力の衰えや、疲労感を口にし、さらに、同年6月初旬以降は胸の辺りを押さえるような動作をし、自ら脈を取ってみるなどの行動をするようになったが、医師の診療を受けることなく訓練を続けた。

3 争点

① 本件災害に公務による負荷があったと認められるのか。
② 本件災害に公務起因性が認められるのか。

4 争点に対する判断

① 大会訓練は、公務の一環であるうえ、その内容としても、不自然な呼吸の中で激しい運動を繰り返すという身体に対する負荷の極めて大きい過激な運動を含んでいたばかりでなく、大会にかける強い意気込みによって運動量が倍加され、当直明けの訓練も多かったことなどから、休養が取れず心身の疲労が蓄積した状態の中で連日繰り返されたのであり、特にAは事実上のリーダーとして精神的負担も重かったのであるから、公務として過重であったと認めることができる。
② 大会訓練の開始以降、これと軌を一にするようにして、訓練を行っているときに、胸の痛み、脈の乱れ、体調不良をしばしば訴えるようになったこと、大会訓練の内容は、公務として過重であったこと、大会訓練開始以後2か月足らずのうちに本件致死性不整脈を発症したことを併せ考慮すれば、Aが遅くとも

同年2月頃発症した器質的基礎疾患は発症当初においては直ちに死亡を招くほどのものであったとは考えにくく、むしろ、通常の勤務及び私生活を続けている限りにおいては、生命に対する危険の切迫しないものであった蓋然性が高いと認めることができるのであり、大会訓練を含む公務による負荷が自然的経過を超えてAの基礎疾患を増悪させ、7月の暑さと、直前のランニングによる負荷を契機として、本件致死性不整脈を惹起させたものであると認めることができる。

5 解説

① **公務起因性**

本判例では、「大会訓練を含むAの従事していた公務に内在する危険が現実化したものであり、公務と本件災害との間には、相当因果関係の存在を肯認し得るというべきである」とし、公務起因性を認めた。

② **体調不良でありながら、医師の診療を受けることなく訓練を続けた行為**

本判例では、「自ら脈の乱れについての自覚（疑い）を持ち、体調不良を訴えながら、医師の診療を受けることなく、また、激しい大会訓練や自主錬成を自制することもなく、本件致死性不整脈を発症するに至ったのであり、そこにはAの自己の身体に対する健康管理の懈怠を指摘し得ないではない。しかしながら不整脈は、さほど頻繁に生じていたものではなく、日常生活に支障があったとまでは認められないこと、A自身も、心不全ないし不整脈が生命にかかるものとは認識していなかったことがうかがわれること（症状がさほど重くなかったため、このように考えること自体はやむを得ないものと考えられる。）からすると、Aが医師の診療を受けず大会訓練に没頭していたことを一概に非難することはできず、公務起因性を判断するに当たって重視するのは相当でない」と判示された。

③ **判決の確定**

本事案は、乙が控訴しなかったことにより地裁の判決が確定した。

人事管理	
判例 74	**消防職員の死亡について公務起因性を認めた判例**

《東京高裁平成13年8月9日判決》

出典：労働判例815号

関係法条	地方公務員災害補償法31条・42条
控訴人（原告）	甲（消防職員Aの妻）
被控訴人（被告）	乙（地方公務員災害補償基金X県支部長）

1 事案概要

Aは、平成4年5月13日午前2時30分頃、勤務中に仮眠していたところを火災出動指令により起こされ、消防車に乗り込んだ直後に全身痙攣状態となり、急性心筋梗塞（以下「本件疾病」という。）を発症し、間もなく急性心不全により死亡した。

甲は、Aの死亡は公務に起因するものであるとして、乙に対して公務災害認定の請求をしたが、公務外の災害であるとの認定を受けたことから、処分の取消しを求めたところ、第一審で棄却されたものの控訴審で認められた事案である。

2 認定事実

① Aは、昭和51年4月1日にY市消防吏員として採用され、特別救助隊の隊員、特別救助隊長を経て、平成4年4月1日からK分署に勤務していた。

② 平成3年8月27日から同年10月27日までは、消防庁消防大学校（救助科）に入校し、特別救助技術等についての研修を受けた。

③ Aは、平成4年4月1日にK分署に異動してからは第二係長として、消防施設の管理などの事務を担当していたほか、救急隊員とポンプ隊員を兼務していた。

④ Aの死因である心筋梗塞の原因となる冠動脈硬化症の危険因子としては、高コレステロール症、喫煙、高血圧、肥満等が指摘されている。消防大学入校前のAについて、これらの危険因子をみると、喫煙及び肥満の危険因子があったが、健康診断の際に特段の加療を指示されたことがなかった。

⑤　消防大学校から帰任後、体重が約7kg減少し、食欲不振、頭痛、疲労をしばしば訴え、朝の点検後のランニングをしないことがあった。
⑥　平成4年5月7日の消防各署合同のポンプ操法訓練の終了後には、顔面蒼白で相当量の発汗があり、息苦しい様子で不快を訴えていた。さらに、死亡の前日夕刻には、来訪者から顔色が悪いと指摘されていた。

3　争　点

本件疾病に公務起因性が認められるのか。

4　争点に対する判断

　Aは、消防大学校入校後、急速に冠動脈硬化症を増悪させたものというべきである。消防大学校における訓練、従来の救助業務からK分署への異動に伴う10年ぶりの消防・救急業務への変更、この間の24時間交代制勤務の生理的・肉体的負担が、これに寄与していたものと認めるのを相当とする。
　仮眠中の火災出動という緊迫した場面でのストレスと急激な労作が交感神経亢進状態をもたらし、血圧を急上昇させ、相当程度増悪していた冠動脈硬化症により既に形成されていた冠動脈のプラークの破綻をもたらすとともに、交感神経亢進状態の関与による心室性不整脈が急激な心停止をもたらしたとみるのが相当というべきである。したがって、Aの死亡については、火災出動の作業が本件疾病の誘因となったものというべきである。
　Aの本件疾病の発症の誘因となった火災出動の作業は、交代制勤務の基本的業務である。勤務当日になって休暇を取得する場合には、欠員のままとするか、又は非勤務日の職員のうちから代替者を出勤させるかについて、消防署長の指示を得る必要があったから、K分署第二係長の職にあったAが、来訪者から顔色がすぐれないことを指摘されるような状態にあっても、直ちに休暇の許可を得ることができなかったものと容易に推認することができる。したがって、本件疾病に基づく急性心不全によるAの死亡は、交代制勤務の消防職員の公務に内在する危険が現実化した結果であるとみることもできるのである。
　以上のことから、Aの死亡と公務との間に相当因果関係の存在を肯定することができる。

5 解説

交替制勤務に内在する危険と公務起因性

本判例では、「公務起因性とは、職員が公務に起因して死亡した場合、すなわち、公務と職員の死亡との間に相当因果関係がある場合を意味する。この相当因果関係は、職員の死亡が公務を唯一の原因又は相対的に有力な原因とする場合に限らず、当該職員に基礎疾患があった場合において、公務の遂行が基礎疾患をその自然の経過を超えて増悪させて死亡に至ったとき、又は公務に内在する危険が現実化して死亡に至ったときにも、これを肯定することができるというべきである」とし、種々の要素から本件疾病の公務起因性を認めたものである。

人事管理

判例 75

公務の一環である体力測定で行った立ち幅跳びの後に発症した頸椎椎間板ヘルニアを公務に起因すると認めた判例

《岡山地裁平成14年4月9日判決》

出典：判例地方自治234号

関係法条 地方公務員損害補償法1条・26条・28条・28条の2・29条
原　告 甲（X市消防職員）
被　告 乙（地方公務員災害補償基金Y県支部長）

1 事案概要

甲が公務の一環である体力測定において実施種目の一つとして立ち幅跳びを行ったところ、これを契機に四肢の痺れ等を内容とする頸椎椎間板ヘルニアの症状を発症した。甲は、公務上発生したものであるとして、乙に対し公務災害認定請求を行ったが、乙は公務外と認定する処分を行った。甲は、この決定を不服とし、地方公務員災害補償基金Y県支部審査会に対して審査請求を行ったが棄却され、さらに地方公務員災害補償基金審査会に対し、再審査を請求したがここでも棄却された。

このため、甲は、乙が公務外であると認定した処分の取消しを求め、訴えたところ、処分の取消しが認められた事案である。

2 認定事実

① 甲は、立ち幅跳び実施後、足の痺れを感じながらも特に検査及び治療を受けることなく通常どおりの勤務を続け、日常生活を続けていた。しかし、足裏の痺れは残り、次第に悪化し、走るのが困難になり、手の痺れや陰部の痺れも発症したことから、立ち幅跳び実施から21日後に検査を受けたところ、頸椎椎間板ヘルニアと診断された。

② 甲は、本件災害前に頸椎疾患に罹患した既往歴はなく、頸椎に外傷を受けた事実もない。

3 争点

公務の一環である体力測定で行った立ち幅跳びの後に発症した頸椎椎間板ヘルニアについて、公務の遂行との相当因果関係が認められるのか。

4 争点に対する判断

本件災害は、体力測定としての立ち幅跳びにおける踏み切り動作によって四肢の痺れ等という相当に重篤な症状を発症させたものであり、公務の遂行と負傷との間に原因結果という条件関係が存在することは明らかである。

また、立ち幅跳びにより甲の頸椎椎間板ヘルニアは公務に内在ないし通常随伴する危険が現実化したものであり、公務の一環である体力測定で行われた立ち幅跳びと頸椎椎間板ヘルニアの発症との間には相当因果関係があり、本件災害は公務に起因するものと認めるのが相当である。

したがって、**本件処分は、本件災害について公務上であるのにその認定判断を誤り、公務外のものと認定判断をしたものであって、違法であることが明らかである**から、取消しを免れない。

5 解説

① **立ち幅跳びにおける踏切動作と頸椎椎間板ヘルニアとの因果関係**

本判例では、「全力で行う地面から空中への踏み切り動作により、その瞬間両上肢が強く後方に引っ張られ、頸部及び肩部の周辺筋に相当に強い外力が働いた結果、四肢の痺れ等が発症したものと推認するのが相当である。

今回の立ち幅跳びにより前記症状が急激に出現し、本件災害後におけるMRI画像所見等にみられる検査結果によると、頸椎前方固定を内容とする手術を必要とする状態であったというのであるから、特段の反証のない限り、踏み切り動作が頸椎椎間板ヘルニアを急激に悪化させた蓋然性は十分にあるといえる」と判示された。

② **頸椎椎間板の退行変性と公務起因性**

本判例では、「甲のＭＲＩ画像所見によると頸椎椎間板ヘルニアが発症する素地である退行変性の進行がみられたが、40歳代の男性には退行変性による頸椎椎間板ヘルニアは比較的よくみられる症例であり、本件においては、退行変

性の進行状況に関し的確な資料が存在しておらず、公務と負傷との因果関係についての判断は、甲の基礎疾患と甲の従事した公務の内容等を総合的に考慮して行うほかない」と判示された。

|人事管理|
|判例 76|

消防署管理係長の自殺と公務の間に相当因果関係があると認めた判例

《大阪高裁平成15年12月11日判決》

出典：労働判例869号

関係法条	地方公務員災害補償法31条
控訴人（被告）	甲（地方公務員災害補償基金X市支部長）
被控訴人（原告）	乙（消防職員Aの妻）

1 事案概要

乙の夫であり、K消防署（以下「K署」という。）の管理係長であったAがうつ病を発症し、平成5年9月8日に自殺した。乙は、本件自殺は、K署管理係長としての公務に起因するものであるとして、甲に対し、地方公務員災害補償法に基づく公務災害の認定を請求したが、甲は平成8年8月19日付で公務外の災害であると認定した（以下「本件処分」という。）。

乙が、本件処分の取消しを求め提訴し、第一審で認容されたため、甲が原判決を不服として控訴したが、棄却された事案である。

2 認定事実

① Aは、昭和53年から各地の消防署において係長の役職を務めていたが、平成3年4月にK署管理係長の職に就くまでは、管理係の所管事務である経理・庶務等の事務に携わったことがなかった。

② K消防署長とAは、昭和48年4月1日から同年9月末日までの間、消防課管制第二係で上司・部下の関係にあったが、Aは、K消防署長のワンマンぶりに我慢できず、自ら異動を申し出たことがあり、平成3年4月の管理係長への就任は、初めて携わる経理・庶務等の事務に対する不安及び緊張にとどまらず、さらに過去にあつれきのあった上司との人間関係に対する極度の不安及び緊張が加わった、かなり強度の精神的負荷を与えるものであった。

③ Aは、本件のうつ病発症に至るまで、長年にわたり優秀な消防士として勤務しており、何ら精神障害の既往歴はなく、家系的・遺伝的な要因も認められず、

20歳のときに肝臓病を患った以外は、アルコール症やその他の身体疾患の既往歴もなかった。

④　Aは、平成3年4月末頃にはうつ病の症状が現れていたが、その後治療も受けずに症状が重症化していき、同年7月にL病院で診察を受けた頃までにうつ病として病像が完成した。

⑤　K消防署長は、Aに対し格別嫌がらせやいじめを行う意図を抱いていた事実までは認められないものの、経理関係事務の決裁の際には詳細なチェックを行い、疑問点が生じる度ごとにAに詳しい説明を求め、十分に説明できなかったときには、起案担当者であるBを呼び、Aの目の前で直接説明をさせ、あるときは部下である管理係員の面前において大声でどなり、書類を机にたたきつけたりしたこと等があり、Aに強度の心理的負荷を与えていた。

⑥　K消防署長は、昭和57年頃に広域消防の消防長であったときにも、部下であった職員に対し他の職員らの面前で厳しい言葉で叱責したこと等から、同職員に対し、K消防署長を「殺したい」と思わせるほどに精神的苦痛を与えたり、K署署員においても、K消防署長が部下を叱責する際の言葉及び口調はかなり厳しいと感じていた。

3　争点

Aの自殺と公務との間に相当因果関係が認められるのか。

4　争点に対する判断

Aがうつ病に罹患したことについて、社会通念上、Aの公務がうつ病を発生させる危険を内在又は随伴しており、その危険が現実化したといえる関係にあるものと認められるから、Aの公務とうつ病との間に相当因果関係を認めることができる。

また、公務上の精神障害によって、正常な認識、行為選択能力が著しく阻害され、又は自殺行為を思いとどまる精神的な抑制力が著しく阻害された状態で自殺が行われたと認められる場合には、公務と自殺との間に相当因果関係が認められると解するのが相当である。

そして、Aの病状及びうつ病罹患者の自殺念慮の強さによれば、Aの自殺は、

うつ病によって、正常の認識、行為選択能力が著しく阻害され、又は自殺行為を思いとどまる精神的な抑制力が著しく阻害された状態で行われたものと推認するのが相当であり、Aは、過重な公務により、うつ病に罹患し、その自殺念慮によって自殺したものといえるから、公務起因性を認めるのが相当であり、これを否定した本件処分は違法である。

5 解説

うつ病による自殺と公務起因性

地方公務員災害補償法第31条の「職員が公務上死亡した場合」とは、職員が公務に基づく負傷又は疾病に起因して死亡した場合をいい、同負傷又は疾病と公務との間には相当因果関係のあることが必要であり、その負傷又は疾病が原因となって死亡事故が発生した場合でなければならないと解されている。

本件のような精神障害に起因する自殺の場合には、(1)公務と精神障害との間の相当因果関係があること、すなわち、精神障害の発症が当該公務に内在又は随伴する危険が現実化したといえることに加え、(2)当該精神障害と自殺との間に相当因果関係が認められることが必要である。

人事管理	消防職員の死亡と公務との因果関係を認めなかった判例
判例 77	《那覇地裁平成16年3月30日判決》 出典：裁判所ウェブサイト

関係法条 地方公務員災害補償法31条
原　告 甲（消防職員Aの事実上の配偶者）
被　告 乙（地方公務員災害補償基金X県支部長）

1　事案概要

　Aは、平成7年3月4日午前3時53分頃、Y市消防本部において勤務中に仮眠をとっていたところ脳動脈瘤破裂を発症（以下「本件発症」という。）し、翌3月5日午前1時58分に脳ヘルニアにより死亡（以下「本件死亡」という。）した。
　本件は、甲が乙に対して地方公務員災害補償法に基づき公務災害の認定請求を行ったが、公務外であるという認定処分を受けたことから、乙に対し、認定処分の取消しを求めたが棄却された事案である。

2　認定事実

① Aは、隔日24時間交替制勤務中に発症し、病院に搬送されたが、死亡した。
② 交替制勤務において、人員が不足する場合に不足を埋めるため超過勤務が行われることがあり、平成6年4月から平成7年2月までの11か月間におけるAの時間外勤務状況は、272時間（1週平均5.7時間）であった。
③ Aが勤務する消防署の隔日24時間交替勤務体制は、肉体的負担が重いことは否定し得ないものの、それにより疲労が回復せずに蓄積していくほどまでに過重な勤務体制であるとは認められない。
④ Aが、業務において過重な精神的負荷を受けた事実は認められない。
⑤ 平成6年11月18日の健康診断の結果は、高血圧症と尿蛋白が要医療、肥満、中性脂肪高値が要指導とされたが、特に治療を受けることはなかった。
⑥ 脳疾患の自然的経過を超えた発症に影響を及ぼす負荷として、長期間にわたる業務による疲労の蓄積が一般的に認識されている。

⑦　高血圧は、脳出血の最大のリスクファクターである。
⑧　Aには、頭部に明らかな打撲痕はなく、頭蓋レントゲンでも骨折は認められず、ＣＴスキャン上も脳挫傷は認められないのであって、頭部打撲の他覚所見は認められない。

3　争　点

本件発症に公務起因性が認められるのか。

4　争点に対する判断

本件発症ひいては本件死亡が「公務上」のものか否かの判断は、脳動脈瘤壁の脆弱化の原因が過重な公務にあるのか否かの問題に帰着するというべきである。

Aの業務の内容・程度が、動脈瘤壁を自然的経過を超えて増悪、脆弱化させるまでに過重であったと認めることはできないことから公務起因性は認められない。

5　解　説

24時間交替制勤務

本判例では、24時間交替制勤務について、「人間の通常の生活リズムに反するもので、拘束時間も長く、通常の日勤業務と比べて負担が重い側面を有すること自体は否定できない。

しかし、交替制勤務、深夜勤務それ自体が直接的に脳・心疾患の発症の大きな要因になるものではなく、シフトの変更により、生体リズムと生活リズムの位相のずれが生じ、その修正の困難さから疲労がとれにくくなるものであり、交替制勤務が日常勤務としてスケジュールどおり実施されている場合又は日常業務が深夜時間帯である場合における負荷は日常生活で受ける負荷の範囲内であって、必然的に疲労を蓄積させるものではない。そして、24時間交替制勤務の基本的シフトが守られる限り、甲が高血圧等の基礎疾患を有していたことを前提としても、必然的に疲労が蓄積していくほどのものとは認められない」とし、公務起因性はないと判示された。

人事管理	
判例 78	公務災害認定請求に対して公務外の災害であるとした処分の取消請求を認めた判例

《東京高裁平成24年6月6日判決》

出典：判例タイムズ1393号

関係法条	地方公務員災害補償法31条・45条
控訴人（被告）	甲（地方公務員災害補償基金Ｘ市支部長）
被控訴人（原告）	乙（消防職員Ａの妻）

1 事案概要

　Ａが勤務先であるＫ消防署Ｌ出張所の救急隊員用の寝室で死亡した事件について、甲は公務外の災害であるとする認定処分をした。この処分を不服としたＡの妻乙が、その取消しを求め、第一審において処分の取消しが認められたため、甲が控訴したが、控訴審でも原審の判断が支持され甲の請求が棄却された事案である。

2 認定事実

① 　Ａは消防署に勤務していた頃、気管支喘息の診断を受け治療を受けており、喘息重症発作も起こしていた。

② 　Ｌ出張所では、配置人員が13人のところ、出勤者が8人、週休者が3人、欠員が2人であり他の出張所からの助勤で補われていた。

③ 　Ａの代替として配置するためには、機関員認定者と救急隊員認定者の双方の資格を有する者であることが必要であるところ、出張所の配置人員中、機関員認定者資格と救急隊員認定者資格を有する者については明らかでなく、具体的に誰がＬ出張所に配置可能であったのか不明であった。

④ 　救急隊の編成のためには、隊員に複数の資格要件を必要とすることは前記定のとおりであり、単に人数がそろえば足りるものではない。

⑤ 　医療機関の受診歴は、平成13年12月から平成15年5月までは、継続してクリニックに通院し、Ｌ出張所に転勤となった平成14年10月以降である平成15年6

月以降は、仕事が繁忙であったため通院しなくなったものであるとみられる。また、Aは、平成16年7月28日に受診した健康診断で心室性期外収縮により受診勧告を受けるや直ちに病院を受診し、約3か月間継続して通院しており、健康管理に相応の配慮をしていたことをうかがうことができる。
⑥　Aは、出勤するときに、妻である乙に対し、体調が悪く、翌日の勤務終了後病院に行きたいので、駅に迎えに来てほしいと述べていた。
⑦　Aは、出勤時から顔色が悪く、明らかに疲れている様子であり、負傷者の搬送後には喘鳴が出現し、夕食時には、同僚との会話も少なく、30分ほどで休憩時間になるにもかかわらず、午後8時30分には寝室に向かった。

3　争　点

Aが公務のために治療の機会を喪失したこととAの死亡との間に相当因果関係があるのか。

4　争点に対する判断

公務のための治療機会喪失の有無については、Aは、死亡当日、客観的にみて治療を要する状況にあるにもかかわらず、Aの当時の職場環境が職種自体あるいは人員配置の点から代替性がなく、Aが休暇の取得その他治療を受けるための方法を講じることができず引き続き職務に従事しなければならないような状況にあり、公務を続けることを余儀なくされたものと認められるから、Aの公務とAの死亡との間には相当因果関係があるものと認めるのが相当である。

5　解　説

① **地方公務員災害補償法第31条の「公務上死亡」の解釈**

公務上の負傷又は疾病と相当因果関係をもって生じた障害又は死亡は、公務上のものと判断される。例えば、公務に起因して発症した、頭部外傷、内臓破裂等の負傷やじん肺、脳疾患等の疾病から引き続いて、あるいはある程度の期間を経て死亡したり、障害を残した場合で、医学上、それが当初の負傷又は疾病と相当因果関係があるときは、公務上のものと認定されている。認定に当たっては、個々の事例に即して、医学的意見を基に、相当因果関係の有無を判断す

る必要があるが、公務により精神疾患を発症したことが医学経験則に照らして明らかに認められ、その結果、自殺に至った場合には、公務上の災害と認められている。

② **その後の状況**

本事案については上告されず、その後地方公務員災害補償基金から、当時の現場環境が職種自体あるいは人員配置の点からＡの勤務の代替性がなく、Ａが休暇の取得等治療の方法を講じることもできなかった等として、乙に遺族補償年金、葬祭補償金等が支払われた。

公務災害であるか否かの認定に当たっては、職員の当時の状況を正確に把握しておく必要があることを示した判例であり、職務遂行上参考とすべき判例である。

人事管理 判例 79

消防職員の非違行為に関連して指揮監督責任がない職員に対して行った懲戒処分の無効確認請求を棄却した判例

《広島地裁昭和50年11月20日判決》

出典：判例時報802号

関係法条 地方公務員法29条
原　告 甲（X町消防署庶務係長）
被　告 乙（X町長・X町消防長事務取扱）

1　事案概要

　乙は、X町消防署職員2名（A及びB）が昭和47年10月25日に酩酊運転のうえ、タクシーに追突し、タクシーの運転手及び乗客に傷害を負わせながら、負傷者を放置して逃走した事故が発生した件につき、同月28日に25日付で、甲に対し地方公務員法第29条第1項を理由として戒告処分をなした。

　本件事故は、X町消防署職員2名の私生活に関して生じたもので公務とは無関係であり、かつ、この2名は甲の指揮監督を受けるべき職員ではないため、乙がなした本件処分は重大かつ明白な瑕疵があるとして、甲が昭和48年5月14日に本件処分の無効確認請求を提訴したが、本件処分は取り消しうべき処分ではあるが、無効とまではいえないとして、棄却された事案である。

2　認定事実

① 甲はX町消防署職員としてX町消防署に勤務する者であり、乙は甲の任命権者である。

② 本件事故後、事態の重大性を認めた乙は、昭和47年10月28日、A、B両名に対して諭旨免職、乙自身並びにX町消防署長に対して減給、庶務係長である甲に対して戒告、署の第二小隊長（警防係長兼務）及び第二小隊救急隊分隊長に対して訓告の各処分を行った。

③ 甲は本件処分を受けた当時、X町消防署の消防司令補として庶務係長の地位にあり、署員の配置、進退・賞罰その他身分に関すること、署員の服務教養に

関すること等の事務を分掌していた。
④　甲は前記Ａ、Ｂに対し直属上司ではないと思うので、自分が処分を受けることについて疑念を抱いたが、署長が警察では甲のような地位にある者に対しても処分がなされた例があるということなので、強いて反対できず、本件処分を受けることについて一応納得したが、昭和48年4月の定期昇給が3か月延伸し、その原因が本件処分にあることを知って不満が募り、本訴に及んだ。

3　争点

①　消防署の庶務係長の地位にあり、署員の配置、進退・賞罰その他身分に関すること、署員の服務教養に関すること等の事務を分掌していた甲は、直属の部下ではない消防職員の公務外の私生活上における非違行為について、指揮監督の責任を負うべきなのか。
②　本件処分には、重大な瑕疵が存し、かつその存在が外観上明白なものと認めることができるのか。

4　争点に対する判断

①　甲が仮にＡの勤務上の上司であるとしても、Ａの非行が純然たる公務外の私生活上においてなしたものである以上、甲が自ら良心に基づき道義的な責任を負担することは別として、法律的に指揮監督の責任を負担することはあり得ない。また、職制と両者の地位関係を考慮すると、甲がＡの上司に当たるものとは認められず、甲が署員の服務教養に関することを分掌事務としていても、Ａら署員の各具体的な職務に対し指揮監督権を及ぼし、指揮監督の義務を負担するものとは認められない。

そうすると、本件処分はＡの非行につき上司に当たらず、いかなる意味においても指揮監督の責任を負担しない甲に対し懲戒としてなされたものであって違法な行政処分といわねばならない。よって、本件処分は当然取り消すべき行政処分ということができる。
②　署員の服務教養に関することを分掌事務とする甲が、上司から責任を指摘され、やむを得ないと一応納得し、しかも消防署員は非番日休暇中といえども、職責を課せられることがあり、殊にＡが救急車の運転を職務としていたから、

Aの本件非行が甲の職務との関連性を持つように考えられたことも、一概に非常識とのそしりを受けるべきものとも断じ難い。

以上の事情を考慮すると、甲に対する本件処分は重大な瑕疵が存すると認められるが、その瑕疵が外観上明白なものと認めるに足りず、無効であるとはいえない。

5 解 説

① **取り消しうべき行政処分と無効な行政処分**

　ア　取り消しうべき行政処分

　　違法又は不当な行政行為として取り消しうるが、取り消されるまでは有効な行政行為とされる。

　イ　無効な行政処分

　　行政処分の瑕疵が重大な法令違反であり、しかもその瑕疵の存在が明白であれば、その行政処分は公定力を失って当初から無効とされる。

② **本件懲戒処分についての判断**

　一般職に属する全ての地方公務員の一定行為について問われる責任として、懲戒処分があり、地方公務員法第29条で規定している。

　本判例では、本件懲戒処分は違法であるが無効とまではいえないと判示された。

人事管理	
判例 80	猫の死骸などを消防長の机の引き出しに入れた消防職員の行為に対し威力業務妨害罪の成立を認めた判例

《最高裁第二小法廷平成4年11月27日判決》

出典：判例時報1441号

関係法条 刑法233条、234条

上告申立人（控訴申立人・被告人） 甲（X町消防職員）

1 事案概要

X町消防署の消防司令であった甲及び消防副士長であったA（第一審相被告人）両名が、個人的に不満を抱いていた消防長Bの業務を妨害する意思を固め、共謀の上、猫の死骸などをBの事務机の引き出しに入れるなどをし、Bにこれを発見させ、著しい不快、嫌悪の情や恐怖感により事務の執務を不可能にさせた行為について、威力業務妨害罪が成立するとして上告を棄却した事案である。

2 認定事実

① 甲は、昭和61年10月にX町役場の部長から同町消防長に就任したBとの間が険悪で、昭和62年4月1日の人事異動の際には、これに不満を抱いて「わしらの敵や」などとAらに話した。

② Bが甲らの意に沿わない上司として、消防署内部で不祥事を起こせばBがその責任を問われ消防長の職を解かれるものと考えるに至り、甲は4月4日午前9時頃、Aとともに勤務明けの帰途、Aに対し、「消防部内で何か事件を起こせば、Bも役場の方へ帰るやろう。消防長の部屋に犬か猫の死骸を入れたらびっくりして、職員の間にも広がったら部下の管理能力を問われ、役場の方へ帰るやろう」などと持ちかけ、Aもこれに同意した。

③ その後、甲は猫の死骸を準備し、これにマーキュロクロム液を振りかけ、犬の糞を用意するなどしたうえ、同日夕方、A方を訪れ、消防長室への入り方など手段、方法を指示するなどし、Aも甲の意図に同調した。

④ 甲とAは、共謀の上、翌5日（日）午前9時40分頃、X町消防本部3階消防

長室において、Aが、ロッカー内に収納されていたBの作業服上衣左胸外ポケットに犬の糞を入れ、事務机の引き出し内にマーキュロクロム液で赤く染まった猫の死骸を入れた。
⑤　翌6日午前8時15分頃、執務のため消防長室に入ったBは、犬の糞及び猫の死骸を順次発見し、その臭気や形状により著しい不快、嫌悪の情や恐怖感を抱き、同日午後2時40分過ぎ頃までの間、部下職員からの報告の受理、各種決裁事務の執務が不可能となった。

3　争点

猫の死骸などを被害者の事務机引き出し内などに入れておき、Bに発見させ事務の執行を不可能にさせた一連の行為は、刑法第234条にいう「威力を用い」た場合に当たるのか。

4　争点に対する判断

Bが執務に際して目にすることが予想される場所に猫の死骸などを入れておき、Bにこれを発見させ、畏怖させるに足りる状態においた一連の行為は、Bの行為を利用する形態でその意思を制圧するような勢力を用いたものということができるから、刑法第234条にいう「威力を用い」た場合に当たると解するのが相当であり、甲らの行為につき威力業務妨害罪が成立するとした第一審判決を是認した原判断は、正当である。

5　解　説

① **威力業務妨害罪と実害の有無**

本判例では、「威力業務妨害罪はいわゆる危険犯として現実に業務妨害の結果が発生したことを成立要件とせず、一般的にみて業務の執行を阻害するおそれのある状態を発生させれば罪が成立するのであるから、実害の有無は関係ないが、本件では犬の糞が作業服のポケットに入れられた以上、Bは作業服に着替えることはできないし、猫の死骸がそのまま事務机の引き出しに入れられている以上、その事実に意思が制圧され、普段その事務机に座って行われているBの消防長室における通常の執務が行うことができなくなることも容易に予見

できる。したがって、消防長の業務の執行が一般的にみて阻害されるおそれがある状態が具体的に発生したことは明らかであり、当日の出勤後、消防長室で朝から行われることが予定されていた部下からの報告の受理や決裁等の執務が現実に阻害されたことも明らかである」と判示された。

② **威力業務妨害罪の「威力を用い」の構成要件**

本判例では、「刑法第234条の「威力を用い」の構成要件は、人の意思を制圧するに足りる勢力を行使することであって、実際に人の意思が制圧されたことを要しないとされているところ、甲らの本件行為は、単なる思い付きから面白半分にしでかしたいたずらの域を越えていて、一定の思惑の下に消防長の業務を妨げることを意図して用意周到に計画された（指紋を残さないためゴム手袋を使用したり、アリバイ工作を謀るなど、事後の警察当局の捜査を予期している。）ものであり、相手方に少なからぬ恐怖感や不快感を与え、その意思を制圧して、現実に消防長室における消防長としての通常の執務を不能にならしめる態様のものであるから、当然同条の「威力を用い」との要件を満たすものである」と判示された。

人事管理 判例81

ダイヤルQ2事業に関与した消防職員に対する懲戒免職処分を適法とした判例

《大阪地裁平成11年2月3日判決》

出典：労働判例759号

関係法条 地方公務員法29条・33条・38条
原　告 甲（X市元消防職員）
被　告 乙（X市消防長）

1 事案概要

X市消防職員であった甲は、ダイヤルQ2の経営を行っていたことを理由に乙から懲戒免職処分を受けた。甲は、当該処分には、事実誤認、法令解釈の誤り、比例原則違反等の違法があるとして、その取消しを求め提訴したが、棄却された事案である。

2 認定事実

① 甲は、消防職員として、X市に採用された地方公務員であり、K消防署L分署に消防副士長として勤務していた。

② 甲は、妻及び友人ら5名で本件営業の企画や準備を進め、対外的な代表者を甲の妻として開業するに至り、事務所の賃貸借契約を甲名義でした。

③ 本件営業の業務内容は、開設するダイヤルQ2専用回線を利用してかけてきた不特定の客からの電話と、フリーダイヤル回線で電話してきた女性からの電話とを、事務所設置の自動交換機で接続し異性との会話の機会を提供した。

④ 事務所の受付の女性2名は甲と友人とで相談して採用したが、アルバイト女性2名は甲が面接して採用した。甲はゼネラルマネージャーの肩書を付けた名刺を所持し、非番の日を利用するなどして月2回程度は事務所に出勤した。

⑤ 本件営業への関与が発覚後、甲は上司であるL分署長らから事情聴取を受け、甲はこれらの事情聴取に際して、投資金や従業員処遇の諸問題から直ちには店舗閉鎖は困難であるなどと述べた。

⑥　その後、本件営業は自然消滅したが、消滅するまでの間、事務所の賃貸借契約は継続されていた。
⑦　甲は、乙から、地方公務員法第29条第1項の規定により懲戒処分としての免職の処分を受けた。
⑧　甲は、本件処分を不服として、X市公平委員会に対し本件処分の取消しを求めて審査請求したが、同公平委員会は、本件処分を承認する旨の判定をした。

3　争点

①本件処分に誤りはあるのか。
②本件処分に裁量権の逸脱は認められるのか。

4　争点に対する判断

①　テレフォンクラブと称される営業においては、売春や犯罪の温床となり、判断力の未熟な未成年者が被害に陥りやすいなどとして社会的に強い非難を受けており、地方自治体によっては、条例等で種々の規制等を行っているところがあることは新聞報道等によって周知されている公知の事案である。本件営業もまた、実質的にはこれと同内容の営業であることからすれば、同様の社会的非難にさらされるべきものである。

　甲は、地域全体の奉仕者としての立場から、職務専念義務の一環として営利企業等の従事制限や信用失墜行為の禁止等の義務を負わされており、服務に関して服務規程第6条の適用を受けることはいうまでもないところであり、これらの規定は、地方公務員には勤務時間の内外を問わず適用があるものと解される。甲は主体的に本件営業に関わっていたのであるから、この点で営利企業等の従事制限を規定した地方公務員法第38条に該当する。また、本件営業は強い社会的非難を受けるものであり、全体の奉仕者たる立場にある公務員がかかる営業に関わることは、その職種を問わず到底許されないことであり、服務規程第6条に違反し、信用失墜行為を禁止した地方公務員法第33条にも該当する。甲を懲戒免職にした乙の処分には、事実誤認や法令適用の誤りはない。

②　甲は関与発覚後も営業を継続する意思を有しており、社会的非難に対する自覚不足は甚だしいというほかなく、これらを前提とするときは、本件処分をもっ

て重きに失するとはいい難く、乙の裁量を逸脱しているとは認められない。

5 解説

① **消防職員の地方公務員法上の義務**

消防職員は、地方公務員法上の義務として、信用失墜行為の禁止（地方公務員法第33条）、職務に専念する義務（地方公務員法第35条）、営利企業等の従事制限（地方公務員法第38条）の各義務を負っている。

本事案は、地方公務員法上の義務に違反しているとして懲戒免職処分を行ったものである。

② **比例原則**

比例原則とは、達成されるべき目的とそのために取られる手段としての権利・利益の制約との間に合理的な比例関係が存在することを要請する原則をいうものである。

> 人事管理
>
> 判例 82
>
> # 現行犯逮捕された消防職員に対する処分に違法性は認められないとした判例
>
> 《山口地裁平成12年7月31日判決》
> 出典：判例地方自治212号
>
> 関係法条　地方公務員法29条
> 原　告　　甲（X市消防職員）
> 被　告　　乙（X市消防長）

1　事案概要

　スーパーマーケット（以下「スーパー」という。）に侵入し、商品を窃取したとして現行犯逮捕された甲に対し、乙は2か月の停職処分を行った。甲は乙がした処分の違法性を主張し提訴したが、違法性は認められないとして棄却された事案である。

2　認定事実

① 　平成8年10月12日、スーパーに設置されていた警報装置により、スーパーの北側出入口のガラス戸が破壊されたことを察知した警備保障会社から連絡を受けた警察官は、ガラス戸が破壊されてから8分後に現場に到着し、その1分後に店内を歩いている甲を目撃し、直ちに店内に入ってガラス戸から約20m奥に入った冷凍食品売場前で冷凍食品を物色している甲を認め、現場到着の4分後に商品を背広のポケットに入れたり、ビニール袋に入れたりしていた甲を現行犯逮捕した。
② 　甲は、本件発生後、平成9年3月14日までY市の病院に入院し、同年4月1日に復職した。
③ 　乙は、甲の復職後、甲から事情を聴取した上で、甲が深夜スーパー内に侵入して商品を窃取したとの事実を認め、これに基づき、甲が現行犯逮捕されたことを理由として、平成9年5月22日に停職処分を行った。
④ 　本事案についての刑事事件は不起訴処分となった。

3 争点

本件処分の内容及び手続に違法性はあったのか。

4 争点に対する判断

乙は、本件処分を行うに当たり、適正かつ公正な手続を受ける権利を保障するために最低限必要な手続をしたことが認められる。

したがって、本件処分は、その内容・手続のいずれの点でも適法に行われたというべきであって、これが違法なものであったとは認められない。

5 解説

① **不起訴処分と懲戒処分の関係**

本判例では、「不起訴処分になったからといって、甲がスーパーに侵入し、商品を窃取したことにより現行犯逮捕された事実が認められる以上、本件懲戒処分に違法性はない」と判示された。

② **処分の理由・手続**

本判例では、「義務違反の事実を確認し、警察、甲の父及び甲に対し事情を聞いた上で本件処分を行っており、懲戒処分の理由、手続に違法性はない」と判示された。

人事管理

判例 83

非違行為を繰り返した消防職員の分限免職処分を適法とした判例

《大阪地裁平成18年1月18日判決》

出典：労働判例914号

関係法条　地方公務員法28条
原　告　　甲（X市元消防職員）
被　告　　乙（X市消防長）

1　事案概要

　甲は、長年にわたり職場内外において暴行、暴言等の非違行為を繰り返してきた。

　消防職員としての適格性がないとして、甲は乙から地方公務員法第28条第1項第3号に基づき分限免職処分を受けたが、その処分は無効であると主張し、処分の取消しを請求したものの棄却された事案である。

2　認定事実

① 甲は昭和61年10月1日付けでX市の消防職員として採用され、昭和62年4月にK消防署に配属されたものであるが、同署の警備係に勤務していた平成5年10月10日に同僚を2回殴って傷害を負わせるという事件を起こした。

② 甲は、平成6年4月21日、同署の予防係勤務となったが、平成7年10月、勤務態度を指導した署長に対して興奮し、応接机を両手でたたいて応接机の上のガラスを割るという事件を起こした。

③ 甲は、平成8年4月には再三にわたって、ささいなことで激高して暴言を吐くという事件を起こし、同月24日には、興奮して、K消防署の幹部職員と市民が出席している会合に乱入し、暴言を吐いて、議事を中断させ、同年7月には、同僚と口論の末、その顔に唾を吐き、履いていたスリッパやトイレから持ってきた雑巾でその顔を拭くという事件を起こした。なお、甲は後者の2件については、始末書を提出し、訓告の処分を受けている。

④ 甲は、平成8年10月1日付けで、L消防署に転任し、M出張所勤務となった

が、平成9年4月には、飲酒により酔って上司の顔面を足で蹴り、平成10年10月には、署長に暴言を発するという事件を起こした。
⑤ 甲は、同年11月1日付けで、N出張所勤務となったが、火災の現場で同僚に暴言を吐くという事件を起こし、その直後、体調を崩し救急車で病院へ搬送された。
⑥ 甲は、平成13年10月1日付けでL消防署勤務となったが、平成14年3月には木刀をベンチプレスに振り下ろして折るという事件を起こしたり、飲酒により酔って飲食店のドアを蹴って破損させるという事件を起こし、後者の事件については始末書を提出し減給1か月の処分を受けた。
⑦ 甲は、平成15年3月、同僚と口論の上、その右頬を殴って傷害を負わせ、平成15年3月31日付けで、分限処分としての免職処分(以下「本件処分」という。)を受けた。
⑧ 甲は、平成15年4月21日付けで、X市人事委員会に対し、本件処分を不服として、不利益処分の審査請求を申し立てた。
⑨ 甲は、本件処分には、処分理由が存せず、また、仮に一部処分理由とされる事実が存したとしても、分限免職事由に該当せず、本件処分は、裁量の範囲を著しく逸脱し、無効であると主張して、本件処分の取消しを請求した。

3 争点

本件処分理由は、分限免職事由に該当するものと認められるのか。

4 争点に対する判断

本件処分の理由として、甲は「その職に必要な適格性を欠く場合」(地方公務員法第28条第1項第3号)に該当することを挙げている。

この「その職に必要な適格性を欠く場合」とは、当該職員の簡単に矯正することのできない持続性を有する素質、能力、性格等に基因してその職務の円滑な遂行に支障があり、又は支障を生ずる高度の蓋然性が認められる場合をいうものと解される。

粗暴で、上司の指導や職務命令に従わず、他者との協調性を著しく欠く原告の素質、性格は、容易に矯正することのできないものであり、職務の円滑な遂行に

支障を生ずる高度の蓋然性が認められるものというべきである。

本件処分理由は、分限免職事由に該当するものと認めるのが相当であって、本件処分が権利の濫用に当たるなど相当性を欠くものということはできない。

5 解 説

① **分限処分と懲戒処分との違い**

　ア　分限処分

　　公務能率の確保等の観点から当該職員を官職、あるいは職務から排除すること。

　イ　懲戒処分

　　職員の義務違反あるいは非行等に対する公務秩序維持の観点から制裁すること。

② **その職に必要な適格性の有無の判断**

　この意味における適格性の有無は、当該職員の外部に表れた行動、態度に徴してこれを判断すべきであり、その場合、個々の行為、態度につき、その性質、態様、背景、状況等の諸般の事情に照らして評価すべきであることはもちろん、それら一連の行動、態度については相互に有機的に関連付けて評価すべきであり、さらに、当該職員の経歴や性格、社会環境等の一般的要素をも考慮する必要があり、これら諸般の要素を総合的に検討した上、当該職に要求される一般的な適格性の要件との関連においてその該当性を判断しなければならないものと解されている（最高裁第二小法廷昭和48年9月14日判決参照）。

人事管理
判例84

酒気帯び自損事故による懲戒免職処分の取消しを認めた判例

《神戸地裁平成25年1月29日判決》

出典：労働判例1070号

関係法条 地方公務員法29条
原　告 甲（X市元消防職員）
被　告 乙（X市）

1　事案概要

甲は、X市消防職員として勤務していたところ、酒気を帯びた状態で原動機付自転車を運転して自損事故を起こしたことを理由として、地方公務員法第29条第1項第1号及び第3号の規定に基づき、X市消防長から懲戒免職処分を受けた。

そこで、甲は乙に対し、この処分は社会通念上著しく苛酷であり、裁量権の範囲を逸脱しこれを濫用したものであるとして処分の取消しを求めた請求が、認められた事案である。

2　認定事実

① 本件酒気帯び運転は、甲が非番の日に、職場とは関係ない出身高校の同窓会に参加した帰路に発生したものであって、私生活上の行為ということができる。

② 酒気帯び運転であることのほかに、速度違反等の事実は認められず、幸いなことに、物損、人損等の第三者に対する具体的な被害も生じなかった。

③ 勤務態度に特段の問題はなく、むしろ複数回にわたり署長表彰をはじめとする表彰を受けるなど、勤務態度が良好であるとの評価を受けており、また、本件処分を受けるまで、懲戒処分を受けたことはなく前科、前歴もなかった。

④ 事情聴取等には素直に応じ、飲酒運転をしたことは一貫して認め、謝罪、反省の気持ちを表しており、非違行為後の甲の態度は、非難すべきところはなかった。

⑤ X市の懲戒処分に関する基準では、酒酔い運転をした場合の標準例は「免職」とされ、酒気帯び運転の標準例は「免職　ただし、特段の事情がある場合は停

職」とされている。

　また、甲と同様に前科、前歴も懲戒処分歴もない職員が飲酒運転以外の交通事故によって「人に傷害を負わせた」という場合には、標準例によれば「減給又は戒告」という懲戒処分を受けるにとどまることとされている。

3 争点

本件懲戒免職処分は裁量権を逸脱する違法なものなのか。

4 争点に対する判断

　本件酒気帯び運転を重大な非違行為と受け止め、これに厳罰をもって対処しようとしたＸ市消防長の判断は、全く首肯できないわけではない。

　しかし、懲戒免職という処分は公務員にとって著しい**不名誉**であるだけではなく、これにより、当該公務員は、直ちに職を失って収入が閉ざされ、退職金の全部又は一部を失うことになるなど、これによって当該公務員が被る有形・無形の損害は甚大であって、懲戒免職処分を行う際には、処分権者の側にも相応の慎重さが求められるといわなければならない。このことは、甲のように約29年6月の長期にわたりまじめに勤務実績を積み上げ、一定の積極的評価も受けてきた者に対しては、一層強く妥当するというべきである。

　そのような観点を踏まえ、自損事故を惹起したにとどまる本件酒気帯び運転に対し、懲戒免職処分で臨むことは、乙が処分に至った事情を考慮しても、なお社会通念上著しく妥当性を欠き、裁量権を逸脱したものと評価するのが相当というべきであり、したがって、**本件処分は違法なもの**というべきである。

5 解説

裁量権の濫用

　本事案は、酒気帯び運転と懲戒免職処分との関係について総合的に判断し、裁量権の濫用があるとして免職処分が取り消された事案であり、本判例では、「懲戒権者の裁量権の行使に基づく処分が社会観念上著しく妥当性を欠き、裁量権の範囲を逸脱しこれを濫用したと認められる場合に限り、違法であると判断すべきものである」と判示された。

| 人事管理 判例85 | 一般職員の消防吏員への任命処分の取消し請求を認めた判例 《青森地裁昭和44年1月31日判決》 |

出典：判例時報575号

関係法条 地方公務員法25条・49条・52条・56条、行政事件訴訟法8条・14条
原　告 甲（X町職員）
被　告 乙（X町長・X町消防長事務取扱）

1 事案概要

X町職員でX町職員労働組合の執行委員長でもあった甲は、X町の消防吏員増員のため消防吏員に任命する等の処分を受けたが、この任命処分は組合の弱体化を図るものであるとして拒絶したところ懲戒免職処分を受けた。甲は任命処分及び懲戒免職処分等が地方公務員法第56条に反するとして各処分の取消しの訴えを提起し、任命処分の取消し請求が認められた事案である。

なお、任命処分中の消防学校へ入校を命ずる処分の取消しについては、入校期間経過のため請求は却下された。

2 認定事実

① X町消防本部及び消防署が設置されることに伴い、X町議会において昭和42年3月25日に、消防職員定数条例を改正して吏員2名を吏員18名に増員するとともに、その増加人員に当てるため、X町職員定数条例を改正して、職員109名を93名に減少する条例改正を議決した。その結果、町職員の中で解職される者や消防職員に配置転換される者が生じるおそれがあったため、甲らがX町当局者らと交渉協議し、3月27日、職員の解職は原則として行わない、組合役員が消防署に転出する場合は事前協議するとの確約を得た。

② 5月23日、X町助役、庶務課長らは組合役員である甲に対し突然消防隊第二隊長に転出すべきことの承諾を求めたので、甲はX町側の約束を盾にこれを拒絶した。

③ X町側は6月1日付辞令をもって甲に対し消防吏員に任命する、消防隊第二

隊長を命じ司令補に補する、県消防学校へ入校を命ずるとの任命処分を発令したが、甲はＸ町側の確約に反し、かつ組合の弱体化を図るものであるとしてこれに服さず、任命処分の辞令を返上した。
④　Ｘ町側は７月11日付で甲について懲戒免職処分に付した。
⑤　甲は９月７日付不利益処分審査請求書をもって、Ｘ町公平委員会に対し懲戒免職処分の取消しを求める審査請求の申立てをしたが、これに対する裁決はなされなかった。
⑥　甲は９月29日付で各処分取消しの訴えを提起した。

3　争点

①　任命処分取消しの訴えは審査請求前置の要件を充足しているのか。
②　任命処分についての訴えの提起が行政事件訴訟法第14条所定の出訴期間内になされたものであるのか。
③　任命処分及び懲戒免職処分は適法なのか。

4　争点に対する判断

①　甲はＸ町当局の勧奨もあったため、任命処分の取消しないし不服の申立てにつき深く思いをめぐらすことなく、しかも懲戒免職処分の発令後はこれと任命処分とが一体と思って免職処分を重視してその取消しを求め、任命処分については公平委員会に対する審査請求等の措置を採るのを怠ったとみることができ、甲としては無理からぬ事情があったというべきなので、任命処分につき審査請求を経なかったことについては行政事件訴訟法第８条第２項第３号にいう正当な理由があるので適法である。
②　甲は昭和42年６月１日付で辞令の交付を受けたものの、無理からぬ事情によりこれが不利益な処分に該当するとの認識をするに至らず、９月７日付書面により公平委員会に対し免職処分について不服申立てをしたのであって、少なくともその時点において任命処分が不利益処分だと覚知したものと認めるのが相当であり、任命処分については行政事件訴訟法第14条第１項にいう出訴期間は３か月を経過していないので適法である。
③　乙は職員組合にしばしば干渉し、その弱体化を図っていたものと認められる

のであって、任命処分の意図するところは主として甲を職員組合から排除し、その組合活動を封ぜんとするにあった。任命処分が不利益処分に該当するゆえんとあわせれば、**本件処分は地方公務員法第56条に違反し、かつ乙の有する任命処分権を濫用した違法のものというべきであり、したがって、任命処分に不服従であったことを理由としてなされた懲戒免職処分も違法である。**

5 解 説

① **本人の同意を得ない一般職員から消防吏員への転換**

本判例では、「地方公務員法第52条第5項によれば、消防職員は職員の勤務条件の維持改善を図ることを目的とし、かつ地方公共団体の当局と交渉する団体を結成し、又はこれに加入することは許されないから、転換の結果、甲は組合員の地位を失うことになり、委員長たる地位をも失わざるを得ないことになる。甲の組合活動に従事遂行しようという希望が阻害され、しかも従前一貫して一般事務職に従事してきたものが消防職員として現場保安職に転換されることとなって著しい職種の変更が生じ、地方公務員法第49条にいう不利益処分に該当するというべきである」と判示された。

② **出訴期間の起算**

本判例では、「本件任命処分のように、処分の内容自体が被処分者に対し利益面と不利益な面を具備し、これがいわゆる不利益な処分に該当するものか否か被処分者にとって一見明白でなく、判定に苦しむようなものについては、被処分者が処分の不利益性を疑いなきまでに認識した日から起算して行政事件訴訟法第14条第1項所定の出訴期間が進行すると解すべきであって、単純に辞令の交付等により処分の存在を知った日から起算すべきではない」と判示された。

| 人事管理 判例86 | 女性職員が昇格させられなかったことが性別による差別的取扱いに当たるとする損害賠償請求を棄却した判例 《名古屋高裁昭和58年4月28日判決》 |

出典：判例タイムズ498号

関係法条	国家賠償法1条、地方公務員法13条
控訴人（被告）	甲（X市）
被控訴人（原告）	乙（X市事務吏員）

1 事案概要

X市が職員の昇格を実施するに当たり、乙は4等級への昇格基準要件である5等級16号給以上の号給を受けていたにもかかわらず、4等級へ昇格しなかった。

そこで、乙は甲に対し、女子であることを理由として選考しなかったものであるから、その不作為は地方公務員法第13条の規定に違反した不法かつ違法な昇格差別を行ったものであるとして、国家賠償法第1条に基づき損害賠償を請求し、第一審で認められたが、控訴審で第一審判決が破棄され、請求が棄却された事案である。

2 認定事実

① 乙は、昭和23年12月10日、X市役所に事務員として入所し、同28年4月1日事務吏員となり、教育委員会勤務を経て、同41年にX市消防本部勤務を命ぜられた。

② 所属長に相当するX市消防本部次長は、乙について、業務上の知識、判断力、正確さ、実行力等に関して良好と認めながらも、他方で熱意、受容性、協調性、指導性に欠けるうえ、いささか独善的で対人関係にも難があり管理能力が低いと認め、総じて勤務成績が良好といえないし能力も優れているとはいえないと評定したのであるが、それでもなお昇格実施に際しては、良好と認められる点に注目して4等級への昇格候補者に挙げられるように努力した。

③ 任命権者である消防長においては、乙について、その職務内容、勤務成績、

能力の実証に徴したうえ、公務の能率の維持及び適正な運営の確保の目的に照らして裁量的判断をもって、4等級へ昇格させることは適当でないと決定した。
④　甲は、昇格実施に際し、他部局において乙と同種業務に従事し5等級16号給以上の号給を受けていた男子職員1名、女子職員6名の全員について昇格させなかった。

3 争　点

①　昇格基準要件を満たしている女性職員を昇格させなかった場合、地方公務員法に定める平等取扱の原則違反となるのか。
②　昇格させなかったことによる損害が国家賠償法第1条に定める違法に加えた損害に当たるといえるのか。

4 争点に対する判断

①　甲は、乙が5等級20号給を受けていたことをもって、必ず4等級へ昇格させなければならない作為義務を負っていなかったのであるから、昇格させなかった不作為について、これを公権力の違法な行使と認める余地はない。
②　甲が乙を4等級へ昇格させなかった裁量的判断について、任命権者である消防長において女子であることのみによって、あるいは、恣意的に社会観念上著しく妥当を欠いて裁量権を付与した目的を逸脱し、これを濫用したと認められないから、昇格させなかった不作為について、公権力の違法な行使とは認められず、国家賠償法第1条に定める損害賠償義務は生じない。

5 解　説

裁量権の濫用と国家賠償法との関係

昇格にふさわしい者であるかどうかについては、任命権者の裁量に委ねられているが、裁量権限を濫用して昇格を行わなかった場合には、違法な不作為として国家賠償法第1条に定める損害賠償義務が生じる。

女性であることのみを理由として、昇格させなかったとすれば、平等取扱の原則に反するが、本判例では、総合的に能力を判断して昇格の有無を判断し、本件については裁量権の濫用にならないと判示された。

人事管理
判例87

隔日勤務の消防吏員の勤務時間の特殊性は消防職員給料表の給料表で考慮されているとして特殊勤務手当の支払請求を棄却した判例

《福岡高裁昭和59年9月26日判決》

出典：判例タイムズ545号

関係法条	地方公務員法24条・25条
控訴人（原告）	甲（X市消防吏員）ら
被控訴人（被告）	乙（X市）

1 事案概要

X市では、「地方公務員の給与制度について、勤務態様等が特殊な職については、職員の数、人事交流の状況、勤務の実態等を考慮し、特別の給料表を用いて簡素化することが適当である」との自治庁次長通知による行政指導に従い、消防吏員については給与条例の一部を改正し、一般行政職員とは異なる消防職給料表を新設し、有利に措置していた。

本事案は、甲らが、消防職給料表が設けられた趣旨は、消防吏員の「職務の危険度及び特殊性」に基づくものであって、消防吏員の勤務時間の特殊性（長時間であること）が考慮されているものではないとして、乙に対して、特殊勤務手当の支払いを請求したが、棄却された事案である。

2 認定事実

① 隔日勤務とは、1当務と呼ばれる勤務開始時刻から継続24時間を勤務した後、他の者と交替し、継続24時間の非番日をおいた後、更に24時間の勤務を繰り返す勤務形態であり、1当務の24時間、また4週間を平均して1週間につき72時間の拘束（全てが正規の勤務時間とされるものではなく、そのなかには当然休憩時間も含まれる。）を受けることとなる。

② X市では、「地方公務員の給与制度について、勤務態様等が特殊な職については、職員の数、勤務の実態等を考慮し、特別の給料表を用いて簡素化するこ

250　判例87

とが適当である」との自治庁次長通知による行政指導に従い、給与条例の一部を改正する条例（昭和32年10月5日条例第47号）により、消防吏員については、一般行政職員とは異なる消防職給料表を新設し、消防吏員に有利に措置した。
③ 他方、X市では、昭和26年にX市職員の特殊勤務手当に関する条例（旧条例）を制定、昭和29年4月1日には条例の全部を改正し、勤務時間の特殊性についての特殊勤務手当である第一種勤務差手当が新たに設けられたが、消防吏員には第一種勤務差手当が支給されないことが規定上明らかとなっていた。
④ その後、昭和29年12月27日条例の一部が改正されたが、全体を通じた条例の文言上は、消防吏員を第一種勤務差手当の支給対象としない旨の明文の規定を欠く形となった。
⑤ 昭和41年3月31日、新「X市職員の特殊勤務手当に関する条例」（以下「新条例」という。）が制定、同年4月1日から施行され、同時に旧条例は廃止されたのであるが、これまで、X市の消防吏員には第一種勤務差手当が支給されたことはないし、また、少なくとも昭和53年頃以前において、新条例（ないし旧条例）の解釈上第一種勤務差手当を消防吏員に支給すべきか否かが問題とされたこともなかった。

3 争点

甲らは、旧条例において、第一種勤務差手当の支給対象となっていたのか。

4 争点に対する判断

X市では、甲ら消防吏員については、その隔日勤務の場合の勤務時間の特殊性をも含めて、専ら給料面で勤務の特殊性を考慮するという取扱いをしてきたものと認めるのが相当である。特に、旧条例施行の当初において、消防吏員を第一種勤務差手当の支給対象職員から除外する旨の規定が設けられたのは、その趣旨を明らかにしたものとみることができる。しかし、その後、旧条例の改正の段階において、明文の規定を欠く形になったのは、改正手続の際の過誤によるものか、あるいは、第一種勤務差手当はその性質上、給料面で別途考慮されている消防吏員には支給されないのが当然で、明文の規定をまつまでもないとされたことによるものと推認され、積極的に、第一種勤務差手当を消防吏員にも支給することを

意図して、改正がなされたものとは到底解しがたい。

よって、本件第一種勤務差手当の支給により考慮されるべき勤務時間の特殊性については、甲ら消防吏員は既に給料面において考慮されているのであるから、甲らは第一種勤務差手当の支給対象とならないものというべきである。

5 解 説

① **特殊勤務手当の性格**

職員の経済上の権利として給与を受ける権利であり、その本質は、労務提供の反対給付といえる（地方公務員法第24条第1項関係）。給与は職務給が主体であるが、生活給の要素も入っているといえる（同第3項関係）。特殊勤務手当は各地方自治体の条例で定める（同第6項関係）。

② **消防職給料表と特殊勤務手当との関係**

特殊勤務手当は危険業務に従事する者等に支給されるものであるが、本判例では、「隔日勤務の消防職員は特殊勤務手当を支給しなくても、消防職給料表における給料面で考慮がなされているため、違法ではない」と判示された。

人事管理

判例 88

消防団長の解職処分の執行による損害は行政事件訴訟特例法に定める「償うことのできない損害」には該当しないとした判例

《仙台高裁昭和35年8月8日判決》
出典：行政事件裁判例集11巻8号

関係法条 行政事件訴訟特例法2条・10条
申立人 甲（X市元消防団長）
被申立人 乙（X市長）

1 事案概要

甲が、乙から受けた解職処分は違法として提訴したところ、第一審で勝訴の判決を受けたものの、乙が控訴したことにより係属中となったので、甲はその係属中に消防団長としての職務を行えないことなどが、行政事件訴訟特例法第10条第2項に定める「償うことのできない損害」に該当するとして、処分の執行の停止を申し立てたが第一審で却下され、さらに控訴審でも却下された事案である。

2 認定事実

① 甲が乙からX市消防団長の職を免ぜられ、その後任者としてAが乙から消防団長の職に任命された。
② 甲が免職処分の無効確認を求める訴を提起し、第一審において勝訴判決を受けたが、乙が控訴し、審理中である。
③ 本件記録にあらわれた限りにおいては、解職処分はその権限につき法令上の根拠を欠き無効のものであることが認められ、甲の解職処分が適法であることを前提としてなされたAの任命処分もまた無効であることを免れない。

3 争点

次の損害が行政事件訴訟特例法第10条第2項に定める「償うことのできない損害」に当たるのか。また、処分執行を停止する緊急の必要性があるのか。

① 消防団長に対する解職処分の執行によりその職務を行うことのできない損害
② 消防団長に対する解職処分の効力を争う訴訟の係属中に当該消防団長の任期が満了するおそれのある損害
③ 消防団長に対する解職処分の執行により消防団の活動が阻害されることの損害

4 争点に対する判断

① 甲がX市消防団長としてその職務を行うことのできない損害は、これが行政事件訴訟特例法第10条第2項に定める「償うことのできない損害」に該当するとしても、いまだその損害を避けるための緊急の必要あるものとは認められない。
② 係属中にX市消防団長の任期が満了するおそれのあることの損害は、本件解職処分によって生ずる直接の結果ではなく、いわゆる「償うことのできない損害」というに足らず、ましてこれを避けるための緊急の必要あるものとも認められない。
③ 消防団の活動が阻害されることの損害は、X市民又はX市消防団の被る損害であって、いわゆる「償うことのできない損害」というに足らず、ましてこれを避けるための緊急の必要あるものとも認められない。

5 解説

償うことのできない損害

法律において、通常、損害の大きさは、「重大な損害」＜「回復困難な損害」＜「償うことのできない損害」の順で示されるが、「償うことのできない損害」は、金銭賠償が不可能な損害に限定すべきではなく、金銭賠償のみによる救済では社会通念に照らして著しく不合理と認められる場合も含まれると解すべきであるとされる。

なお、本件は、旧行政事件訴訟法の規定により処分の執行停止を申し立てたもので、現行の行政事件訴訟法では、第25条第2項により処分の執行停止を申し立てることになる。

人事管理 判例89	非常勤の消防団長に対する消防団規則による分限罷免処分を無効とした判例

《仙台高裁昭和36年2月25日判決》
出典：行政事件裁判例集12巻2号

関係法条	消防組織法15条の2（旧条文・現行18条・23条）、15条の3（旧条文・現行20条・21条・22条）、行政事件訴訟法9条
控訴人（被告）	甲（X市長）
被控訴人（原告）	乙（分限罷免処分を受けたX市元消防団長）

1 事案概要

本件は、甲が、消防組織法第15条の3第2項（旧条文。以下同じ。）によりX市消防団長の乙を消防団規則により分限罷免した事案であり、この分限罷免処分を不服とする乙が免職処分無効確認の訴えを起こし、第一審において認められた。

原審判決を不服とする甲は、乙はX市消防団規則第4条に規定する3年の任期を既に過ぎており、本件訴えの利益を失っている等の理由により本件免職処分無効の訴えの却下又は棄却の判決を求め控訴したが、甲の訴えが棄却された事案である。

2 認定事実

① 乙は、昭和32年7月1日にX市消防団長（非常勤）に就任した。

② 甲が消防組織法第15条の3第2項により昭和34年2月7日付で乙の消防団長の職を免ずる旨の辞令を発し、これを乙に送達した。

③ X市長が消防組織法第15条の2（旧条文。以下同じ。）の規定によって制定したX市消防団規則第4条には「団長、副団長、分団長、副分団長、部長、副部長及び班長の任期は4年とする。但し重任することを妨げない。」と規定していたが、同市長は昭和35年8月30日X市消防団規則の一部を改正する規則を制定し、本改正規則の本則で前記X市消防団規則第4条中の「4年」を「3年」に改め、その附則2で「この規則施行の際現に在職する消防団長は、その任期

の間改正後の規則第4条の規定にかかわらず、引き続き在職するものとする。」と規定していた。
④　甲が昭和35年3月3日X市消防団の推薦に基づき、Aを一人制機関であるX市消防団長に任命した。

3　争点

消防組織法第15条の2の規定により、消防団長の任期を条例ではなくX市消防団規則で制定することはできるのか。

4　争点に対する判断

消防組織法第15条の2第3項により非常勤の消防団員の任免についての事項は、市町村条例で定められるのであるが、同条項にいう消防団員には消防団長も含まれるものと解される。他方、市町村長が同法第15条の2によって定めることができるのは、消防団の設置、区域及び組織（以上第1項による。）並びに消防団員の訓練、礼式及び服制に関する事項（以上第4項による。）に限られている。消防団員の任期は明らかに任免についての事項というべきである。そうするとX市消防団長の任期はX市条例で規定すべき事項であって、X市長が規則で定めることのできる事項ではない。したがってX市消防団規則第4条の任期の規定は消防組織法の規定に違反して制定したものとして無効といわなければならない。

5　解　説

① **取消訴訟の原告適格**

不利益処分を受けた者は、取消訴訟を提訴することができる。

② **条例規定事項と規則規定事項**

ア　条例規定事項

地方公共団体は、法律の範囲内で条例を制定することができる。

イ　規則規定事項

地方公共団体の長は、法令に違反しない限りにおいて、その権限に属する事務に関し、規則を制定することができる。

③ **本事案における条例と規則の関係**

X市が消防団規則により消防団長の任期を定めていることについて、本判例では、「消防組織法上、条例で規定すべき事項であって、地方公共団体の長が規則で定めることのできる事項ではなく、消防組織法の規定に違反して制定したものとして無効である」と判示された。

人事管理

判例 90

消防団長として推薦されたことにより有する利益は法律上の利益に当たらないとした判例

《青森地裁昭和40年11月26日判決》

出典：判例時報431号

関係法条　行政事件訴訟法9条・36条、消防組織法15条の5（旧条文・現行22条）
原　告　　甲（X町前消防団長）
被　告　　乙（X町長）

1　事案概要

甲は、乙が消防団から推薦されていない者を消防団長に任命した行為は、消防組織法第15条の5（旧条文。以下同じ。）に違反する無効のものであり、仮に無効でないとしても取り消されるべきものであると主張し訴えを起こしたが、却下された事案である。

2　認定事実

①　甲は、昭和35年8月23日X町消防団長に任命され、4年の任期を満了した。
②　X町消防団は、昭和39年8月22日分団長で構成する後任の消防団長推薦のための会議を開き、出席した13人の分団長による会議の結果、甲を被推薦者に決定したうえ、同日乙に対して推薦した。
③　乙は、昭和39年8月23日消防団から推薦されていないAを消防団長に任命した。

※この判決では、裁判所としての事実認定はせずに甲の主張をもって認定事実に代えている。

3　争点

甲は、行政事件訴訟法第36条に定める原告適格を有しているのか。

4　争点に対する判断

　消防団の推薦の必要を定めた消防組織法第15条の5が予定している利益としては、消防団長の人選が適正に行われることにより地域住民が受けるべき一般的利益とともに、自己の意思を消防団長の任命行為に反映させることができることにつき有する消防団自体の特別的利益を考えることができるけれども、このほかに消防団長としての推薦を受けた者の個人的利益を考えることは、困難である。すなわち、消防団長に任命された者の保有する消防団長としての地位がその者の個人的な法的利益に属することは、明らかであるとともに、消防団から消防団長としての推薦を受けた者が、同法第15条の5の規定のあることにより、消防団長の地位に就くことを期待できる立場に立ち、これがその者の個人的利益であることも、否めないところであるけれども、期待の立場そのものを被推薦者のために保障したものと認めるべき法的根拠は、これを見いだすことができないのである。したがって、被推薦者が推薦を受けたことにより有する利益は、単に事実上のものにとどまるものといわなければならない。

　そうすると、甲が乙の本件係争任命処分により利益を失ったとしても、行政事件訴訟法第36条にいう「損害」を受けたものということができないのみならず、任命処分の無効確認ないしその取消しを訴求して、利益の確保を図るとしても、これをもって同法第9条ないし36条にいう各訴えにつき「法律上の利益」を有する者ともいうことができない。

　したがって、甲の各訴えに法律上の利益を有するものと認められない本件においては、本件各訴えは、ともに甲が同法に定める原告適格を欠くものとして、不適法であるといわなければならない。

5　解　説

消防団の推薦の意義

　本判例では、「消防団の推薦は、消防団長の人選が消防団の内部事情に即応して適正に行われるようにするため、市町村長がその任命権を行使するに当たり、消防団の意向を斟酌する必要を認め、その方法として、任命を消防団の推薦に基づかしめたものと解するのが適当である。

　行政処分取消しの訴えや行政処分無効等確認の訴えは、その取消しや、確認の

利益を受ける者に限って提起することができる。
　この訴えの利益は、法律上の利益を有する者に限って認められるもので、消防団長任命のための消防団の推薦は、推薦を受ける者の個人的な利益として法律上保護されるものとはいえない。したがって、処分取消等の訴訟を提起することはできないものである」と判示された。

人事管理 判例91

交通事故で消防職員が失明したことによる逸失利益の損失率を2割と算定した判例

《高松高裁平成元年11月30日判決》
出典：交通事故民事裁判例集22巻6号

関係法条	民法709条・710条、自動車損害賠償保障法3条
控訴人（被告）	甲、乙（交通事故を起こした2台の車の運転者）
被控訴人（原告）	丙（交通事故により受傷した消防職員）

1 事案概要

甲の運転する普通乗用自動車と乙の運転する普通乗用自動車の事故により、乙の運転する車両に同乗していた丙の右眼が実質的に失明の状態となった。

丙は、甲、乙が前方注視等を怠った共同過失により事故が発生したものであり、民法第709条、第710条及び自動車損害賠償保障法第3条に基づき、事故により生じた損害を連帯して賠償する義務があると訴えたところ、逸失利益の損失率を2割と算定した上で賠償義務があると認めた事案である。

2 認定事実

① 甲は、車両を運転して西進し、信号機のある交差点を右折するに際し、勤務に遅刻していたため急ぐあまり右折方向指示器を出さず、交差道路右方向にのみ注意をひかれ、前方道路状況を注視せずに右折したため、甲車の反対方向より同交差点に差しかかった乙の車両に衝突した。

② 丙は、消防職員として、現業部門の実務（被害者や急病人の救援及び火災の消火業務等）に配置されて、事故の当日まで、その業務に従事していた。

③ 丙の所属する消防本部では、従前から、現業部門の実務に従事する職員は、その業務遂行の必要上、裸眼の視力が左右両眼とも0.6以上の者に限られており、丙の視力は事故まで、条件を具備していた。しかし、事故後は、右眼が失明同様となり視力が失われたため、現業部門の実務から外され、現場実務以外の通信業務に専ら従事して現在に至っている。

④ 丙は、事故後、従事する仕事が通信業務に限られたのに伴い、従前得られていた夜間特殊業務手当（現場等へ出動した1日につき520円）と機関員手当（1当務につき200円）が得られなくなった。
⑤ 丙は、事故による右眼失明という後遺障害があって、中枢業務（現業部門の実務）に従事できなくなったため、将来、管理職へ昇進できる見込みはなくなった。
⑥ 丙は、事故までに、普通乗用車の運転免許のほか、現業部門の実務遂行上有用である、消防救急隊員適任証、小型船舶四級、潜水士免許、電話交換取扱者認定証、消防用車両機関員の資格を取得していた。しかし、消防用車両機関員の資格は右眼失明に伴って消滅し、その他の資格のうち電話交換取扱者認定証以外の資格も、事故後は、現業の実務に従事できないため、その特殊技能を発揮できる機会がなくなった。

3 争点

本件事故による丙の逸失利益は何割と認めるのが相当なのか。

4 争点に対する判断

右眼失明という後遺障害があって中枢業務（現業部門の実務）に従事できなくなったため、将来、管理職へ昇進できる見込みはなくなったこと、夜間特殊業務手当等が得られなくなったこと、資格による特殊技能を発揮できる機会がなくなったことと丙の後遺障害の自動車損害賠償保障法上の等級を合わせ考えると、丙の消防本部勤務についての得べかりし利益の喪失率は2割であると認めるのが相当である。

5 解説

本件逸失利益の喪失率

本判例では、「右眼高度視力障害等（併合7級相当）につき、顕著な減収はないが、管理職への昇進が困難で、夜間特殊業務手当等がなくなり、資格による特殊技能を発揮できる機会がなくなった」として、消防職員としての逸失利益の喪失率を2割と算定したが、2割の具体的算出根拠は示されていない。

人事管理 判例92

治療のための年次休暇利用に伴う損害等が休業損害等に当たると認めた判例

《神戸地裁平成7年3月1日判決》
出典：交通事故民事裁判例集28巻2号

関係法条 民法709条・715条、自動車損害賠償保障法3条
原　告 甲（X市消防職員）
被　告 乙（タクシー運転手）、丙（乙の使用者）

1 事案概要

甲は、勤務終了後に飲酒し、信号機のない交差点南詰の横断歩道上を東から西に向かって小走りに横断していたところ、南北道路を南進してきた乙が運転する車（以下「乙車」という。）と衝突し、脳挫傷等の傷害を受け、入通院して治療を受けた。

そこで、甲は、乙に対し、進路前方の横断歩道上を横断する歩行者の有無及びその安全の確認を怠った過失によって本件事故が発生したとして、民法第709条に基づき損害賠償を、さらに、丙に対し、乙車を保有し、これを自己の運行の用に供していたとして自動車損害賠償保障法第3条に基づき、また、乙の使用者であるとして民法第715条に基づき、損害賠償を請求し、認められた事案である。

本事案では、甲が受傷及び治療のために取得した年次休暇利用に伴う損害、時間外勤務手当等の減収、昇級延伸等の減収等が損害に当たるかどうかが争われた。

2 認定事実

① 甲が治療のために取得した年次休暇は33日であった。
② 甲は、本件事故後は医師の指示や上司の配慮等に基づき、消防現場に出向かない仕事に従事したことにより、本俸のみの支給となり、各種諸手当について不支給又は減額されることになった。
③ 甲は、休職や病気欠勤に基づき、定期昇級が6か月延伸された。
④ 甲の本件事故発生年度4月1日当時の給与額を基礎として、定年退職時まで

の間について、通常予定される定期昇級及び昇格、特別昇級を考慮して、年ごとに、延伸に伴う現行給与額と延伸がなかった場合の仮定給与額とを対比すると、本俸、調整手当、期末勤勉手当等について減収が生じ得ることが認められる。

⑤ 本件事故の交差点は、交通量は普通であるが、夜間は南詰横断歩道の西側に設けられた照明灯によって明るいが、その反対側である東側付近ではやや薄暗いところがある。なお、南北道路の制限速度は、時速40kmとされている。

⑥ 甲は、勤務終了後、X市内飲食店でビール大瓶3本とウイスキーの水割り3杯を飲んだ後、自宅に帰宅する際、午前0時8分頃、横断歩道を小走りで横断しようとした。

⑦ 乙は、南北道路の南行車線を時速約60kmの速度で急いで運転しており、前照灯を下向きにして南進していたところ、横断歩道上を横断する歩行者がいないものと軽信し、歩行者の有無の確認を怠り、そのままの速度で進行した結果、横断中の甲を約15.5mの地点で初めて発見したが、間に合わず甲に衝突した。

3 争点

① 年次休暇利用に伴う損害や時間外勤務手当等の不支給等による損害を休業損害として認められるのか。
② 昇級遅延による将来の減収額の算定は、どのように考えるべきなのか。
③ 原告に過失がある場合、甲の過失割合はどの程度と考えるべきなのか。

4 争点に対する判断

① 甲が本件受傷及びその治療のために取得した年次休暇は、本来であればその趣旨及び目的に従い、他の用途に充て得たはずのものを治療のために利用せざるを得なくなり、年次休暇利用によって欠勤に伴う給与減額等の不利益を免れ得たということができることから、年次休暇利用に伴う損害を休業損害として肯認するのが相当である。

　また、甲の時間外勤務手当、各種特殊勤務手当、整備操縦手当の減収は、本件受傷のため、従来どおりの勤務に就けなくなったことによって生じたということができるから、本件事故と相当因果関係のある損害と認めるのが相当であ

る。
② X市職員の給与に関する条例では、勤務成績が特に良好な場合等には、期間を短縮するなどして昇級させることができると定められており、今回の昇級延伸が偶発的な交通事故による治療に起因するものであったことなどから、今後、昇級延伸に対する回復や是正措置等が採られる可能性が考えられるため、昇級遅延による将来の減収額の算定にはなお不確定な事情があるといわざるを得ない。そこで、算定にかかる減収分は、ある程度控え目な配慮をするのが相当である。
③ 本件事故は、乙が前方の横断歩道上を横断する歩行者の有無及びその安全の確認を怠り、制限速度を約20km／h上回る速度で進行したという重大な過失によって起こったが、甲も相当の飲酒をしており、甲の横断開始時の判断や横断方法について過失がなかったとはいえない。そこで、**本件事故の発生状況、甲の過失と乙の過失等を総合して考えると、甲の過失割合は１割とするのが相当である。**

5 解 説

① **損害の認定**

本判例においては、治療費、入院費などのほか、年次休暇利用に伴う損害、時間外勤務手当等の不支給等による損害などを休業損害として認められ、さらに、昇級遅延による将来の減収についても限定的ではあるが、損害と認められた。

② **過失相殺**

民法第722条第２項において、「被害者に過失があったときは、裁判所は、これを考慮して、損害賠償の額を定めることができる。」と規定されており、損害賠償額を算出する際に、被害者の過失割合に応じて損害賠償額が減額される。

本判例では、甲の過失割合を１割として損害賠償額を減額した。

情報公開
判例93

建物火災に関する公文書の一部非公開決定の取消しと損害賠償の請求を棄却した判例

《横浜地裁平成10年10月28日判決》
出典：判例タイムズ1066号

関係法条　X市公文書の公開等に関する条例
原　告　　甲（類焼した家屋の所有者の子）
被　告　　乙（X市長）、丙（X市）

1 事案概要

　X市において発生した建物火災（類焼2棟）に関する文書を、甲は乙に対して条例に基づき公開請求をしたが、乙は当該請求に対して文書の一部を非公開とする旨の一部公開決定をしたため、甲はこれを不服として乙及び丙に対して一部公開決定の取消しと損害賠償を請求したが、棄却された事案である。

2 認定事実

① 甲は平成7年2月20日付けで乙に対して本件条例に基づき別紙文書目録一1記載の文書（以下「本件文書一」という。）の公開請求をしたところ、乙は同年3月9日付けで請求に対して本件文書一の一部を非公開とする旨の一部公開決定（以下「本件原決定一」という。）をした。

② 甲は平成7年5月16日付けで乙に対し本件原決定一に対し異議申立て（以下「本件異議申立一」という。）をしたところ、乙は平成9年7月24日付けで申立てに対し非公開部分を別紙文書目録一2記載の部分（以下「本件非公開情報一」という。）とする旨の決定（以下「本件異議決定一」という。）をした。

③ 甲は平成7年12月26日付けで乙に対して本件条例に基づき別紙文書目録二1記載の各文書（以下「本件文書二」といい、本件文書一と本件文書二とを併せて「本件各文書」という。）の公開請求をしたところ、乙は平成8年1月19日付けで請求に対して本件文書二の一部を非公開とする旨の一部公開決定（以下「本件原決定二」という。）とした。

④　甲は平成8年3月18日付けで乙に対し本件原決定二についての異議申立て（以下「本件異議申立二」といい、本件異議申立一と同二とを併せて「本件各異議申立て」という。）をしたところ、乙は平成9年7月24日付けで申立てに対し非公開部分を別紙文書目録二2記載の部分（以下「本件非公開情報二」といい、本件非公開情報一と同二とを併せて「本件各非公開情報」という。）とする旨の決定（以下「本件異議決定二」といい、本件異議決定一と同二とを併せて「本件各異議決定」という。なお、本件異議決定一と同二とは一括してされている。）をした。

3　争点

類焼建物の所有者ないし占有者の財産に関する情報は個人情報に該当するとして公開しないとした本件処分に違法性はあるのか。

4　争点に対する判断

類焼被害物件の一方の所有者は甲の父であるから、近隣居住者としての甲は、実際に類焼の被害を受けた他の1棟の建物の所有者ないし占有者が誰であるかを識別することができると推認される。本件条例第9条第1項第1号（かっこ書以外の部分）は、「個人に関する情報であって」に続けて、「特定の個人が識別され、又は識別され得る情報」と規定しているので、後者の意義について検討するに、それは、文字どおり当該情報自体によって特定の個人が識別できる情報、又は識別できる可能性のある情報であることをいう点は当然である。のみならず、それは、当該情報のみでは特定の個人を識別することはできなくとも、当該公文書以外の他の情報（文書公開の請求をしている申請者本人が個人的に持っている情報を含む。）と組み合わせることにより特定の個人を識別することができる可能性のある情報も含まれるものと解される。

本件各非公開情報はいずれも個人識別情報に該当するということができ、乙が甲に対して**本件条例第9条第1項第1号**に基づき**本件各非公開情報を公開しない**とした**本件各決定**には、同項第6号該当性を検討するまでもなく、違法はないというべきである。

本件各文書を公開すべきか否かの審査はそれ程容易ではなく、そのために審査

会が慎重に審議を重ねたために本件各異議申立てから本件各異議決定までの間におよそ２年２か月又は１年４か月の期間を要したものと認められる。そうすると、本件各異議決定までに期間を要したことをもって違法と評価することはできない。

5 解説

① 個人に関する情報

　「個人に関する情報」（以下「個人情報」という。）とは、個人の内心、身体、身分、地位その他個人に関する一切の事項についての事実、判断、評価等の全ての情報が含まれるものであり、個人に関連する情報全般を意味する。したがって、個人の属性、人格や私生活に関する情報に限らず、個人の知的創作物に関する情報、組織体の構成員としての個人の活動に関する情報等「特定の個人を識別することができる」ものも含まれる。なお、ここでいう「個人」には、居住する場所や国籍のいかんによらず、生存する個人のほか、死亡した個人も含まれる。また、個人情報における「特定の個人を識別することができる」には、当該情報自体に個人の氏名、住所などの記述が含まれている場合だけでなく、一般人を基準として、他の情報と照合することにより、特定の個人を識別し得る場合をも含むと解されている。

② 非公開とすべき情報

　本判例では、次に掲げる情報は非公開とすべきと判示された。

ア　出火場所の番地についての情報

イ　火元建物の建築面積及び延べ面積についての情報

ウ　火元建物の焼損面積についての情報

エ　出火原因欄のうちの経過についての情報

オ　出火原因欄のうちの着火物についての情報

カ　損害額合計及び建物の損害状況欄のうちの建築物損害額及び収容物損害額についての各情報

③ 個人情報の公開

　個人情報の公開については、個人識別情報の公開を含め、慎重に取り扱わなければならない。

情報公開 判例94

消防法に基づく立入検査結果通知書等の企業・氏名等は町の条例に定める非開示条項に該当しないとした判例

《東京高裁平成15年11月27日判決》

出典：判例時報1850号

関係法条	消防法4条・16条の5
控訴人（原告）	甲（X町住人）
被控訴人（被告）	乙（X町長）

1 事案概要

甲は、乙に対し、X町情報公開条例に基づき、消防法第4条第1項に基づく検査結果通知書等の写しの交付を求める公文書公開請求をしたが、乙は、企業・氏名等を特定する部分等について、法令秘情報を理由に非公開とする決定をした。

甲が乙に対し不開示処分の取消しを求めた第一審では、不開示部分は公開すれば事務又は事業の適正な遂行に支障を及ぼすおそれがあるという条例の非開示条項に該当するとして、甲の請求を棄却したが、控訴審で原判決が取り消された事案である。

2 認定事実

① 甲は、乙に対し、X町条例に基づき、消防法第4条第1項に基づく立入検査結果通知書等について、写しの交付による公開の請求をした。

② 乙は、請求の対象文書が、消防法第4条又は第16条の5に基づく立入検査結果通知書等であることを確認の上、客観的に企業・氏名等を特定し得る部分等を除きこれを公開する旨の公文書部分公開決定をし、この旨を記載した通知書をもって甲に通知した。

③ 甲は、本件決定を不服として、乙に対し行政不服審査法に基づく異議申立てをしたが、乙はこれを棄却した。

3 争点

消防法に基づく立入検査結果通知書等の企業・氏名等の情報は、X町情報公開条例の非開示条項に該当するのか。

4 争点に対する判断

立入検査の趣旨、目的等に照らせば、本件不開示情報は、何らの指摘事項のなかった者についてはこれを公にすることに何らの不利益もないと認められ、また、何らかの指摘事項があった者については、公法上の義務を履行していない事実が明らかになる点で不利益があるといえるが、そもそも、一たび火災が発生すれば重大な被害が生ずるおそれのある査察対象物を所有ないし管理する以上、消防法以下の法令を遵守すべき義務は重いというべきであり、その義務違反の事実を秘すべき必要性は、仮に認められるとしても乏しい。

本件不開示情報は法令秘情報に当たらず、これを秘すことにより守られる利益が正当な利益とは認められず、公開により公共の安全と秩序の維持に支障を及ぼすおそれがあると認められず、公開により以後、消防法に基づく立入検査の相手方があくまでこれを拒否するおそれは具体的には認められない。

以上によれば、本件不開示情報については、これを非公開とすべき理由はなく、条例に基づき公開すべきものである。

5 解説

立入検査結果報告書と情報公開条例との関係

本判例は、立入検査結果報告書等の企業名の公開を認めた画期的な判例といえる。従来、このような報告書は企業イメージの悪化を招くおそれがあり、公開しないのが通常の取扱いであったと思われる。

本判決は、情報公開条例に基づく判決であり、条例の規定の内容のいかんによっては結論に差異が出てくるものと思われるが、住民の側にたって公開を広く認めていこうとする裁判所の近時の傾向を示したものといえよう。

消防としては、開示を原則的に前提とした通知書の作成をしなければならない時期にきていると考えられる。

情報公開 判例95

火災に関する報告書等の情報の大部分を不開示とした処分の取消請求を棄却した判例

《名古屋地裁平成16年7月15日判決》

出典：判例地方自治266号

関係法条 消防法34条、X市情報公開条例
原　告 甲（延焼した家屋の所有者）
被　告 乙（X市消防長）

1 事案概要

隣家の火災によって甲所有家屋は全焼した。そのため甲は、X市情報公開条例（以下「本件条例」という。）に基づき、本件条例所定の実施機関である乙に対し、隣家で発生した火災に関する報告書の開示を請求した。

乙は、個人情報の一部を不開示とした開示決定をしたため、これに対し、甲は、一部を不開示とした決定の取消しを求め提訴したが、棄却された事案である。

2 認定事実

① 甲は、平成15年7月25日、乙に対し、本件条例第5条第1項に基づき、「平成15年5月5日X市Y町にて発生した火災に関する報告書」（以下「本件文書」という。）の開示を請求した。

② 本件文書は、平成15年5月5日午前11時16分頃、X市Y町において出火した火災について、X市消防職員が、消防法第34条第1項に基づいて調査した内容を、X市火災原因損害調査規程第9条、第10条、第13条、第22条、第24条及び第27条にのっとりまとめたものである。

③ 乙は、平成15年7月30日付けで、甲に対し、本件条例第7条第2号所定の不開示情報が記録されていることを理由に、本件文書の一部を開示し、大部分を不開示とする処分をした。

3 争点

開示請求以前から、請求者が火元の住所・世帯主等について認識している場合であっても、**本件各情報は本件条例第7条第2号により保護される個人に関する情報**に該当するのか。

4 争点に対する判断

本件条例第7条第2号は、個人に関する情報であって、個人を識別できる情報を不開示情報として定めているものであって、開示によって初めて個人を識別し得ることを要件とするものではない上、本件開示請求は、出火場所の住所や世帯主の氏名だけの開示を求めているものではないこと、その住所・氏名に関する情報についても、それが広く知られている場合はともかくとして、個人情報として保護するのが本件条例の趣旨と考えられる。

5 解説

① **個人識別情報の例外的開示**

本件条例第7条第2号イでは、個人識別情報であっても、「人の生命、健康、生活又は財産を保護するため、公にすることが必要であると認められる情報」に当たるときは、開示すべきことを定めている。この規定は、不開示とすることにより保護される利益と開示することにより保護される利益とを比較衡量して、後者の利益が上回る場合には開示の対象とすることを明らかにした調整規定と解される。

② **特定の個人の識別**

本判例では、「個人情報における「特定の個人を識別することができる」には、当該情報自体に個人の氏名、住所などの記述が含まれている場合だけでなく、一般人を基準として、他の情報と照合することにより、特定の個人を識別し得る場合をも含む」と判示された。

情報公開 判例 96	行政文書一部非開示処分の取消請求を棄却した判例

《横浜地裁平成19年8月29日判決》

出典：判例地方自治314号

関係法条	X市の保有する情報の公開に関する条例
原　告	甲（行政文書開示請求者）
被　告	乙（X市）

1　事案概要

甲は、ふ頭接岸中の貨物船内でおきた火災（以下「本件火災」という。）に関する火災調査報告書を情報公開請求したが、乙が「個人に関する情報」が記載されているとする部分を黒塗りにして一部非公開とする処分（以下「本件処分」という。）を行ったため、本件処分の取消しを求め提訴したが、棄却された事案である。

2　認定事実

① 甲は、本件火災船舶の船主の代理人弁護士である。

② 本件処分の黒塗り部分には本件船舶の船長の年齢、火災発見者の氏名・年齢・住所・電話番号・職業、初期消火者の氏名、通報者の氏名・年齢・職業及び立会人の氏名及び年齢が、それぞれ記載されている。

③ X市の保有する情報の公開に関する条例（以下「本件条例」という。）第7条第2項第2号本文は、「個人に関する情報（事業を営む個人の当該事業に関する情報を除く。）であって、当該情報に含まれる氏名、生年月日その他の記述等により特定の個人を識別することができるもの（他の情報と照合することにより、特定の個人を識別することができることとなるものを含む。）」等を非開示情報と定めている。

④ 本件条例第7条第2項第2号ただし書イは、個人識別性を有する個人情報であっても、これを公開することにより害されるおそれがある当該情報に係る個人の権利利益よりも、人の生命や財産等の保護の必要性が上回る場合には、当

該個人情報を公開するとしている。

3 争点

① 証言資料等は、本件条例第7条第2項第2号本文に該当するのか。
② 氏名等及び証言資料等は、本件条例第7条第2項第2号ただし書イに該当するのか。

4 争点に対する判断

① 証言資料等は、火災発見者や初期消火者、立会人の行動等が記載されているもので、これらは、火災発見者等の認識状況等についての情報であって、特定個人との関連性を有する情報であるという点で、「個人に関する情報」に当たる。火災調査報告書は、公の機関による調査に基づく出火原因等が詳細に記載されている性質上、火災の被害者が出火の責めを負う者に損害賠償請求権を行使するために情報公開請求をする可能性が高いこと等の各事情を考慮すれば、本件においては証言資料等も個人識別の可能性をもたらす情報に当たるというべきであり、このような情報も含めて個人のプライバシーとして保護するのが本件条例第7条第2項第2号本文の趣旨であり、よって証言資料等は本件条例第7条第2項第2号本文に該当する。

② 船長、火災発見者、初期消火者、通報者として記載されている者の「氏名、年齢、住所、電話番号、性別、職業」が個人情報に該当することは明らかで、これらが直ちに「人の生命、健康、生活又は財産を保護するため、公にすることが必要であると認められる情報」に該当するとは認めることができない。たとえ、氏名等の開示が、本件火災の被害者による損害賠償請求権行使のために必要であるとしても、開示によって受ける利益は、専ら被害を受けた財産の補償をするためというものであり、個人のプライバシーを犠牲にしてまで開示すべき必要性は低いといわざるを得ない。

また、本件火災の出火原因は既に開示されており、再発防止のために、さらに個人のプライバシーを犠牲にしてまで証言資料等を開示する必要性があるとはいえないし、本件火災は、人の生命、健康、生活又は財産を保護するために関係者の証言資料等詳細を公開する必要があるほど、社会的関心の高い大規模

火災であったとも認めることができない。

5 解説

① **情報公開条例**

情報公開条例は、市町村などが保有する情報を請求に応じて開示することを行政機関などに義務付ける制度として、国の情報公開法の実施に先立ち制定されたものが多い。

② **個人情報の公開と人の生命・財産の保護との関係**

本件条例においては、「個人に関する情報（事業を営む個人の当該事業に関する情報を除く。）であって、当該情報に含まれる氏名、生年月日その他の記述等により特定の個人を識別することができるもの（他の情報と照合することにより、特定の個人を識別することができることとなるものを含む。）」等を非開示情報と定めており、本判例では、「これを公開することにより害されるおそれがある当該情報に係る個人の権利利益よりも、人の生命や財産等の保護の必要性が上回る場合には、当該個人情報を公開する必要性と正当性が認められる場合に限り、当該情報を公開しなければならない」と判示し、本事案については、非公開とするのが適法とされた。

情報公開

判例 97

公文書公開請求に対する一部非公開処分の取消しを認めた判例

《福岡高裁平成21年6月23日判決》

出典：裁判所ウェブサイト

関係法条	X市情報公開条例
控訴人（原告）	甲（市民オンブズマン）
被控訴人（被告）	乙（X市）

1 事案概要

甲は、X市情報公開条例に基づき、乙に対し、市の局長ないしこれに準ずる職員の旅費、食糧費及び交際費の支出に関する文書等の公開を請求したところ、乙は、非公開情報が記録されていることを理由として、公開請求に係る文書の一部を公開しない旨の各公文書一部非公開決定（以下「本件各処分」という。）をした。

本件は、甲が本件各処分の取消しを求め訴えたところ、一部が認められた事案である。

2 認定事実

① 交際費文書の支出目的「会費」は、局長等がその団体に加入していることが公知の事実となっているものや、当該会合への出席が不特定の者に知られ得る状態でされるものなど、公然とされる交際であり、会費の金額が相手方により定められていた。

② 交際費文書の支出目的「懇談」は、非公式の懇談会及び民間の法人等との懇談会であった。

③ 食糧費文書の相手方は、元国家公務員ないし元地方公務員や現職公務員であるが、現職公務員については職務専念義務を免除された者であった。

3 争点

乙が、情報公開条例により行った交際費文書及び食糧費文書の一部を非公開とした本件各処分は適法であるのか。

4 争点に対する判断

【非公開情報】

		裁判所の判断
交際費文書		
	弔意 (香典) (弔慰金)	支出の要否や金額等が相手方とのかかわり等を斟酌して個別に決定されるものであり、贈呈の事実はともかく、具体的金額までが一般参列者に知られることは通常考えられないから、非公開情報に当たる。
	懇談	懇談の「相手方個人又は団体を識別するに足りる氏名、名称等」は非公開情報に当たる。 「他の官公庁職員との懇談会（非公式・非定例）」、「民間の法人等との懇談会」等であるため非公開情報に該当する。
食糧費文書		各相手方は元公務員であり、懇談会出席当時は既に公務員の地位を失っていたこと、その他の相手方は、地方公共団体に所属する公務員であるが、職務専念義務を免除されて、関係都市間の連絡調整等を行う任意団体に派遣されて事務局長として勤務していたものであって、公務員としての職務の遂行として懇談会に出席したものではないことから、各相手方に関する個人情報はいずれも非公開情報に該当する。 相手方理事・部長・事務局長等は、「法人等の代表者又はこれに準ずる地位にある者」に含まれないため非公開情報に該当する。

【公開情報】

		裁判所の判断
交際費文書		
	弔意 (供花) (供物)	葬儀等の際に、献呈者の名を付して一般参列者の目に触れる場所に飾られるのが通例であり、これを見ればそのおおよその価格を知ることができるものであるから、相手方及び内容が不特定の者に知られ得る状態でされるものということができるため非公開情報には当たらない。
	会費	公然とされる交際のうち、会費の金額が相手方により一定の金額に定められているものは、非公開情報に当たらない。
	懇談	局長等が他の地方公共団体の公務員との間で公式に開催する定例の会合等における交際費の支出に関する情報は非公開情報に当たらない。
食糧費文書		相手方支店長・営業所長等は、「法人等の代表者又はこれに準ずる地位にある者」に含まれるため非公開情報に当たらない。

※上の表は、説明を判りやすくするために作成した表であり判決文そのものではない。

5 解 説

個人に関する情報の公開・非公開

　本判例では、「個人にかかわりのある情報であって、特定の個人が識別され、又は識別され得るものは、原則として、X市情報公開条例第6条第1号所定の非公開情報に該当するものというべきであるが、法人等の代表者又はこれに準ずる地位にある者が当該法人等の職務として行う行為など当該法人等の行為そのものと評価される行為に関する情報については、非公開情報に該当しないものというべきである。また、国又は地方公共団体の公務員の職務の遂行に関する情報は、公務員個人の私事に関する情報が含まれている場合を除き、公務員個人が同号本文にいう「個人」に当たることを理由に同号所定の非公開情報に該当するとはいえないものと解すべきである」と判示された。

　消防においても、交際費等の執行に当たり十分参考とすべき判例である。

情報公開 判例98

弁護士会からの照会に基づく前科等の報告を違法とした判例

《最高裁第三小法廷昭和56年4月14日判決》

出典：最高裁判所民事判例集35巻3号

関係法条 国家賠償法1条、弁護士法23条の2、民事訴訟法186条

上告人（被控訴人、被告） 甲（X市）
被上告人（控訴人、原告） 乙（個人情報を漏えいされた者）

1 事案概要

弁護士AのK申出によりK弁護士会は、甲に弁護士法第23条の2に基づき乙の前科及び犯罪経歴（以下「前科等」という。）の照会をしたところ、X市Y区長はK弁護士会に乙の前科等を報告した。

乙は、市民の前科は当人の名誉、信用、プライバシーに深くかかわることで、それを不必要に知られたくない権利を有するから、甲はこの照会を断るべきであったのにこれを回答したことは違法であり、この回答により損害を被ったとして、甲に対し、国家賠償法第1条により損害賠償を請求し、第一審で棄却されたため、控訴したところ一部認められた。この判決を受け甲が上告したが、棄却された事案である。

2 認定事実

① 市区町村長は、前科等が記載されている犯罪人名簿を本来選挙資格の調査のために作成保管している。

② K弁護士会からの乙の前科等の照会文書には、照会を必要とする事由として「中央労働委員会、L地方裁判所に提出するため」とあったにすぎない。

③ 「市区町村長の調整保管する犯罪人名簿は、選挙資格を調査するためのもので、従来からの自治省通達により警察、裁判所の外都道府県知事、市町村長等の行政庁が法律上の資格調査のために行う照会に対しては格別、一般の身元調査等には回答しない取扱いとする旨通達されているが、Z区長宛M弁護士会長

判例98　279

から弁護士法第23条の2による照会についても回答できないものと解してよろしいか」という問に対し、自治省行政課長回答は「お見込のとおり」としている。

3 争点

弁護士法第23条の2による照会に対し、前科等を報告したことが違法といえるのか。

4 争点に対する判断

前科等は人の名誉、信用に直接にかかわる事項であり、前科等のある者もこれをみだりに公開されないという法律上の保護に値する利益を有する。

前科等の有無が訴訟等の重要な争点となっていて、市区町村長に照会して回答を得るのでなければ他に立証方法がないような場合には、裁判所から前科等の照会を受けた市区町村長はこれに応じて前科等につき回答をすることができるのであり、弁護士法第23条の2に基づく照会に応じて報告することも許されないわけのものではないが、その取扱いには格別の慎重さが要求されるものといわなければならない。

弁護士法第23条の2に基づく照会に応じて報告する場合、その取扱いには格別の慎重さが要求されるものといわなければならないところ、本件のような照会を必要とする事由の場合に、市区町村長が漫然と弁護士会の照会に応じ、犯罪の種類、軽重を問わず、前科等の全てを報告することは、公権力の違法な行使に当たると解するのが相当であり、原審の適法に確定した事実関係の下において、Y区長の本件報告を過失による公権力の違法な行使に当たるとした原審の判断は、結論において正当として是認することができる。

5 解説

① **裁判所からの照会**

民事訴訟法第186条（調査の嘱託）では、「裁判所は、必要な調査を官庁若しくは公署、外国の官庁若しくは公署又は学校、商工会議所、取引所その他の団体に嘱託することができる。」と規定されている。

② **犯罪人名簿の保管**

　大正6年4月12日の旧内務省訓令第1号により、裁判所、検事局、軍法会議からの裁判等の結果通知を本籍の市町村長が整理し、犯罪人名簿を作成して保管していた。昭和21年11月12日以降内務省地方局長通達により身元証明のため犯罪人名簿を使用することを禁じられ、昭和22年地方自治法の改正で市町村の機能から犯罪人名簿の保管が除外されたが、現実には市町村役場に犯罪人名簿が保管されている。

③ **前科等をみだりに開示されない法律上の利益**

　本判例では、「前科等は人の名誉、信用に直接にかかわる事項であり、前科等のある者もこれをみだりに公開されないという法律上の保護に値する利益を有するのであって、市区町村長が、本来選挙資格の調査のために作成保管する犯罪人名簿に記載されている前科等をみだりに漏えいしてはならない」と判示された。

④ **裁判所からの調査の嘱託への対応**

　裁判所からの調査の嘱託であっても、強制力を有するものではなく、それに対応するかどうかは、調査嘱託を受けた公署等の裁量に属するので、前科等の人の名誉、信用に関わる事項については、慎重に対応しなくてはならない。

　消防が保管する書類の取扱いについて、十分参考とすべき判決である。

情報公開 判例 99

救急活動記録票の提出命令申立てを認めた判例

《東京地裁平成16年9月16日判決》

出典：判例時報1876号

関係法条	民事訴訟法197条・220条・223条・226条
申立人	甲（Aの遺族）ら、乙（Aが搬送された病院の開設者）、丙（Aの担当医）
相手方	丁（消防本部署長）

1 事案概要

Aは、救急車で乙の開設する病院に搬送され、丙が担当医として処置を行ったが、冠状動脈血栓によって死亡したことにより、甲らが、丙の診療行為に不適切な点があったとして、乙及び丙（以下「乙ら」という。）に対し、Aから相続した損害賠償請求権に基づいて金銭の支払を請求していた。

甲ら及び乙らの双方は、「救急活動記録票」について文書送付嘱託を申し立て、裁判所が丁に対しその送付を嘱託したところ、丁は文書送付には応じられないが、調査嘱託により項目を指定すれば回答できる事項もあると回答した。

これに対し、甲ら及び乙らは文書提出命令を申し立て、裁判所は丁及びその監督官庁である消防本部救急部救急指導課（以下「丁ら」という。）に対し文書提出命令の申立てについての意見を求めたところ、丁らは提出義務の除外規定に当たるとして文書提出命令申立てを却下するよう求めたが、本件文書は丁の主張する提出義務の除外規定には該当しないとして、裁判所は、甲ら及び乙らの申立てを認めた事案である。

2 認定事実

① 丁らは、救急救命活動票が開示されることによって、傷病者等と救急救命士との信頼関係が失われ、今後救急救命活動に当たり必要な情報を得られなくなるおそれがあると主張するところ、確かにこれらの情報を当該救急活動において必要な限度を超えて他の目的に利用したり公開したりすることが不適切であ

ることはいうまでもない。
② 救急救命士は、正当な理由なく、その業務上知り得た人の秘密を漏らしてはならないとされており（救急救命士法第47条）、このような守秘義務が課されているのは、あくまで救急救命士に秘密を開示した者の利益を保護するためである。
③ 死者の個人情報については、それが遺族等の個人情報とも評価できる場合に、それらの者との関係でのみ保護すべきものであり、個人情報の保護に関する法律第２条第１項や行政機関の保有する個人情報の保護に関する法律第２条第２項も同様の考え方に基づいて立法されたものと考えられる。

※本件は、申立て事案であるため、他の判例のように裁判所による事実認定はせずに、上記のような判断のみを行っている。

3 争点

① 公開についての傷病者本人による承諾がないのに救急活動記録票を提出することは、民事訴訟法第220条第４号ロの「公務の遂行に著しい支障を生ずるおそれがある」場合に該当するといえるのか。
② 救急活動記録票の記載内容は救急救命士が法令上守秘義務を負うものであるから、証言拒絶権に関する民事訴訟法第197条第１項第２号が類推適用され、民事訴訟法第220条第４号ハに該当するといえるのか。

4 争点に対する判断

① 遺族が死亡した傷病者から相続した権利により提起した医療訴訟において救急活動記録票を証拠として用いることは、傷病者本人が自らの権利行使のために用いることと同様に信頼関係を損なうおそれは認められず、目的を逸脱した不適切な利用であるとは社会通念上考えられない。また、救急活動記録票を開示したとしても、それは傷病者の意思に沿う措置というべきものであるから、今後傷病者がこのような事態をおそれて、救急救命活動に必要であるとして問われた事項に回答しなくなり、的確かつ円滑な救急救命活動が実施できなくなるおそれがあるとは到底認められないため、救急活動記録票は民事訴訟法第220条第４号ロの除外事由には該当しない。

② 救急活動記録票のような傷病者の診療経過に関わる文書について、遺族がその開示を請求することについては、特段の事情がない限り、傷病者本人の意思にも合致するものと推定すべきであり、遺族がその損害賠償請求権を相続して訴えを提起するような場合、当該傷病者の意思という観点からも遺族固有の利益という観点からも、救急救命処置に関する情報を甲らに開示することは正当な理由があると認められることから、救急活動記録票は民事訴訟法第220条第4号ハの除外事由には該当しない。

5 解説

① 文書送付の嘱託

「文書送付の嘱託」については民事訴訟法第226条に規定されており、裁判所が書証（文書の内容を証拠とする。）とすることができる文書をその文書の所持者に、その提出を依頼するもので、文書の所持者が文書提出義務を負っている、負っていないにかかわらず、提出を依頼することができる。

② 文書提出命令

「文書提出命令」については民事訴訟法第223条に規定されており、裁判所は、文書の所持者で文書提出義務を負うものに対し、訴訟の当事者（原告や被告）の申立てによって、その文書の提出を命じることができる。

③ 損害賠償請求権の相続

死亡した人の財産は相続人に相続されることになるが、ここでいう財産には、物に限らず、死亡した人（被相続人）が有していた権利も含まれるので、損害賠償請求権も相続の対象となる。

④ 文書提出義務

「文書提出義務」については民事訴訟法第220条に規定されており、文書が挙証者の利益のために作成され、又は挙証者と文書の所持者との間の法律関係について作成されたとき（同条第3号）には、文書の所持者に文書の提出義務が発生する。

死者の個人情報は、本件医療過誤損害賠償請求訴訟においては、遺族の個人情報と解され、文書の挙証者は相続人ということになるので、文書所持者に相続人に対する文書提出義務が発生することになる。

情報公開 判例 100	弁護士会からの照会に対する回答拒否を一部違法とした判例 《名古屋高裁平成23年7月8日判決》

出典：裁判所ウェブサイト

関係法条	国家賠償法1条、弁護士法23条の2、行政事件訴訟法3条
控訴人（原告）	甲（死亡した女性の夫）、乙（調査業務を受任した弁護士）
被控訴人（被告）	丙（X市）

1 事案概要

甲の妻の死亡に関する調査業務を受任した弁護士である乙の申出に基づき、Y県弁護士会会長が、K消防署の救急活動に関して、弁護士法第23条の2に基づく照会（以下「弁護士会照会」という。）をしたところ、同署長が、本件照会に応じない旨の回答をした。このため、甲、乙らが丙の本件回答拒否は違法であるとして訴えを起こし、控訴審で一部認められた事案である。

2 認定事実

① 甲の妻は、帝王切開手術を受けたところ、高次医療機関への救急搬送を必要とする状態となり、K消防署の救急車により搬送され救命措置が講じられたが死亡した。

② K消防署長は、弁護士会照会に対し収容医療機関の選定の手順・基準については、「高次救命治療センターのホームページを参照してください。」等と回答し、救急隊活動内容等の事項については、「個人に関する情報であるため、提供できません。」と回答するとともに、乙に対しX市個人情報保護条例による情報開示制度を教示した。

③ Y県弁護士会長は、K消防署長に対し、弁護士会照会に対し回答することは法令に基づく場合として個人情報の第三者提供制限の除外事由に該当すること等を説明し、不回答とされた事項についても回答するよう求める通知書を送付した。

④ K消防署長は、Y県弁護士会長に対し、本件照会は、依頼人の医療事故の損

害賠償を目的としており、司法の場における真実の発見という公益目的のものではないから、法令に基づく場合として保有個人情報の外部提供の禁止が除外される場合に該当しないこと、同署に照会する以外の手段として保有個人情報の開示請求があること等の回答をし再度不回答とした。

3 争点

① 本件回答拒否が違法であることの確認の訴えは適法であるのか。
② 本件弁護士会照会に対する回答の義務付けの訴えは適法であるのか。
③ 本件回答拒否は違法に他人に損害を与えた場合に当たるのか。

4 争点に対する判断

① 弁護士会照会制度は、弁護士会が、所属弁護士による申出に基づき、公務所又は公私の団体に照会して必要な事項の報告を求めることができる制度として規定されており、公務所ないし公的団体のみならず、私的団体をも照会の相手方とすることができるものであるから、公務所ないし公的団体に対して弁護士会照会がされた場合であっても、また、弁護士資格が国家資格であり、本件照会の対象に消防組織法に基づく救急業務に関する記録が含まれているとしても照会者（又は照会申出者）と被照会者が公法上の法律関係に立つと認めることはできない。したがって、照会者（又は照会申出者）と被照会者との関係は、行政事件訴訟法第4条にいう「公法上の法律関係」には該当しないから、本件回答拒否が違法であることの確認の訴えは、不適法である。

② 弁護士会照会は、私的団体に対しても行われるものとして弁護士法に規定されているものであるから、「法令に基づき、行政庁の許可、認可、免許その他の自己に対し何らかの利益を付与する処分を求める行為であって、当該行為に対して行政庁が諾否の応答をすべきこととされているもの」（行政手続法第2条第3号）ではないことが明白であり、「申請」（行政事件訴訟法第3条第6項第2号・第37条の3）に該当しない。

　よって、本件照会に対する回答の義務付けの訴えも不適法である。

③ 甲、乙らが取得しようとした情報は、甲の妻の死亡原因についての損害賠償責任を追及する民事訴訟を提起するに当たって、適切な相手方を選別し、また

その選別した相手方の責任原因を特定する上で不可欠という重要なものであるほか、甲、乙らにとって、本件照会による以外の方法により確実かつ信頼性の高い情報として取得することが困難なものであったと認められる。

そうすると、本件回答拒否により、甲の司法制度による紛争解決を適切に実現する利益ないし乙の依頼者のために事務処理を円滑に遂行する利益が妨げられたというべきである。本件回答拒否は、公権力の行使によって「違法に他人に損害を加えた」場合に当たるというべきである。

5 解　説

① **報告の請求（弁護士法第23条の2）に対する義務**

本判例では、「弁護士法第23条の2に基づく弁護士会の報告の請求は、弁護士は基本的人権を擁護し、社会正義を実現することを使命とする（弁護士法第1条第1項）ことに鑑み、弁護士が、受任している事件を処理するために必要な事実の調査及び証拠の発見収集を容易にし、当該事件の適正な解決に資することを目的として設けられたものである。このような弁護士法第23条の2の規定の趣旨からすれば、弁護士会照会を受けた公務所又は公私の団体は、自己の職務の執行に支障がある場合又は照会に応じて報告することの持つ公共的利益にも勝り保護しなければならない法益が他に存在する場合を除き、当該照会に対して報告する法的義務を負い、その義務は公的性格の強い弁護士会に対する公的義務であると解するのが相当である」と判示された。

② **弁護士会照会に対する回答拒否と損害賠償責任**

本判例では、「弁護士会照会に対し報告する法的義務の存在は、申出弁護士ないしその依頼者が、公務所又は公私の団体に対して、照会への回答を求める権利を有することを意味するものではないというべきであるが、弁護士法第23条の2がその照会の主体を弁護士会としたのは、所属弁護士による照会の必要性、相当性の判断を、弁護士を監督する地位にある弁護士会の自律的判断に委ねることをもって、弁護士会照会制度の適正かつ慎重な運用を担保する趣旨であり、同制度によって情報を得ることにより自己の権利の実現ないし法的利益を享受する実質的な主体は、申出をした弁護士及びその依頼者であるというべきである。

他方、弁護士会照会が被照会者に上記のような公的義務を負わせるものである以上、弁護士会照会を申請する弁護士及び照会を行う弁護士会には、照会の必要性、相当性のほか、照会内容について、照会事項が特定されているか、また、照会事項が被照会者に過度の負担を負わせたり、回答の困難な意見や評価、判断を求めたりするものではないか等について配慮をすることが求められることは当然であり、回答拒否に上記正当な理由があるか否かは、これらの点も併せて検討されるべきである。

　以上によれば、弁護士会照会の被照会者が、照会に対する回答・報告を正当な理由なく怠り、申出弁護士の業務遂行の利益や、依頼者の裁判を受ける権利ないし司法手続により紛争を解決する利益が侵害されたと評価し得る場合には、被照会者は、これにつき損害賠償責任を負うことがあり得るものというべきである」と判示された。

③ **弁護士会照会に対する対応**

　弁護士会照会に対して回答するか否かは、回答者の判断に委ねられているが、正当な理由がなく回答を拒否し、これにより照会申出弁護士の業務遂行の利益、照会依頼者の司法制度による紛争解決を適切に実現する利益が妨げられる場合は、賠償責任が認められるとした本判例を十分踏まえ、消防においても、弁護士会照会に対しては慎重に対応する必要がある。消防実務上参考となる重要な判例である。

関 係 法 条

○民法〔抄〕（明治29年4月27日法律第89号）

最終改正　平成25年12月11日法律第94号

（不法行為による損害賠償）

第709条　故意又は過失によって他人の権利又は法律上保護される利益を侵害した者は、これによって生じた損害を賠償する責任を負う。

〔本条全改・平16法147〕

（財産以外の損害の賠償）

第710条　他人の身体、自由若しくは名誉を侵害した場合又は他人の財産権を侵害した場合のいずれであるかを問わず、前条の規定により損害賠償の責任を負う者は、財産以外の損害に対しても、その賠償をしなければならない。

〔本条全改・平16法147〕

（責任無能力者の監督義務者等の責任）

第714条　前2条の規定により責任無能力者がその責任を負わない場合において、その責任無能力者を監督する法定の義務を負う者は、その責任無能力者が第三者に加えた損害を賠償する責任を負う。ただし、監督義務者がその義務を怠らなかったとき、又はその義務を怠らなくても損害が生ずべきであったときは、この限りでない。

2　〔略〕

〔本条全改・平16法147〕

（使用者等の責任）

第715条　ある事業のために他人を使用する者は、被用者がその事業の執行について第三者に加えた損害を賠償する責任を負う。ただし、使用者が被用者の選任及びその事業の監督について相当の注意をしたとき、又は相当の注意をしても損害が生ずべきであったときは、この限りでない。

2　使用者に代わって事業を監督する者も、前項の責任を負う。

3　前2項の規定は、使用者又は監督者から被用者に対する求償権の行使を妨げない。

〔本条全改・平16法147〕

（土地の工作物等の占有者及び所有者の責任）

第717条　土地の工作物の設置又は保存に瑕疵があることによって他人に損害を生じたときは、その工作物の占有者は、被害者に対してその損害を賠償する責任を負う。ただし、占有者が損害の発生を防止するのに必要な注意をしたときは、所有者がその損害を賠償しなければならない。

2　前項の規定は、竹木の栽植又は支持に瑕疵がある場合について準用する。

3　前2項の場合において、損害の原因について他にその責任を負う者があるときは、占有者又は所有者は、その者に対して求償権を行使することができる。

〔本条全改・平16法147〕

（共同不法行為者の責任）

第719条　数人が共同の不法行為によって他人に損害を加えたときは、各自が連帯してその損害を賠償する責任を負う。共同行為者のうちいずれの者がその損害を加えたかを知ることができないときも、同様とする。

2　行為者を教唆した者及び幇助した者は、共同行為者とみなして、前項の規定を適用する。

〔本条全改・平16法147〕

（正当防衛及び緊急避難）

第720条　他人の不法行為に対し、自己又は第三者の権利又は法律上保護される利益を防衛するため、やむを得ず加害行為をした者は、損害賠償の責任を負わない。ただし、被害者から不法行為をした者に対する損害賠償の請求を妨げない。

2　前項の規定は、他人の物から生じた急迫の危難を避けるためその物を損傷した場合について準用する。

〔本条全改・平16法147〕

○失火ノ責任ニ関スル法律　（明治32年3月8日 法律第40号）

民法第709条ノ規定ハ失火ノ場合ニハ之ヲ適用セス但シ失火者ニ重大ナル過失アリタルトキハ此ノ限ニ在ラス

○刑法〔抄〕（明治40年4月24日 法律第45号）

最終改正　平成25年11月27日法律第86号

(緊急避難)

第37条　自己又は他人の生命、身体、自由又は財産に対する現在の危難を避けるため、やむを得ずにした行為は、これによって生じた害が避けようとした害の程度を超えなかった場合に限り、罰しない。ただし、その程度を超えた行為は、情状により、その刑を減軽し、又は免除することができる。

2　〔略〕

〔本条全改・平7法91〕

(失火)

第116条　失火により、第108条に規定する物又は他人の所有に係る第109条に規定する物を焼損した者は、50万円以下の罰金に処する。

2　失火により、第109条に規定する物であって自己の所有に係るもの又は第110条に規定する物を焼損し、よって公共の危険を生じさせた者も、前項と同様とする。

〔1項改正・昭16法61、平3法31、本条全改・平7法91〕

(業務上失火等)

第117条の2　第116条又は前条第1項の行為が業務上必要な注意を怠ったことによるとき、又は重大な過失によるときは、3年以下の禁錮又は150万円以下の罰金に処する。

〔本条追加・昭16法61、改正・平3法31、全改・平7法91〕

(業務上過失致死傷等)

第211条　業務上必要な注意を怠り、よって人を死傷させた者は、5年以下の懲役若しくは禁錮又は100万円以下の罰金に処する。重大な過失により人を死傷させた者も、同様とする。

〔本条改正・昭22法124・昭43法61・平3法31、全改・平7法91、2項追加・平13法138、1項改正・平18法36、2項全改・平19法54、2項削除・平25法86〕

(信用毀損及び業務妨害)

第233条　虚偽の風説を流布し、又は偽計を用いて、人の信用を毀損し、又はその業務を妨害した者は、3年以下の懲役又は50万円以下の罰金に処する。

〔本条改正・平3法31、全改・平7法91〕

（威力業務妨害）
第234条　威力を用いて人の業務を妨害した者も、前条の例による。
〔本条全改・平7法91〕

○地方自治法〔抄〕（昭和22年4月17日法律第67号）

最終改正　平成26年11月27日法律第122号

〔地方公共団体の法人格とその事務〕
第2条　地方公共団体は、法人とする。
②〜⑰　〔略〕

- -
（※平成11年法律第87号による改正前のもの）
③　前項の事務を例示すると、概ね次の通りである。但し、法律又はこれに基く政令に特別の定があるときは、この限りでない。
(1)〜(8)　〔略〕
(9)　未成年者、生活困窮者、病人、老衰者、寡婦、身体障害者、浮浪者、精神異常者、めいてい者等を救助し、援護し若しくは看護し、又は更生させること。
(10)〜(22)　〔略〕
- -

〔2項改正・昭22法169、3・4・6・7項追加・昭23法179、3項改正・昭24法207・昭27法292、2・3項改正・4・5・8—10項追加・旧4—7項を6・7・11・12項に繰下・昭27法306、3項改正・4—6項追加・旧4—12項を7—15項に繰下・昭31法147、5項改正・昭37法161、3・5項改正・昭38法99・法133、3・4項改正・5項追加・旧5—15項を6—16項に繰下・昭44法2、3・6項改正・昭49法71、3項改正・平3法24・平9法74、3・6項改正・平10法114、2項全改・3・8—10項削除・旧4・6項を改正し3・5項に繰上・旧5・7・11項を4・6・7項に繰上・8—11・13項追加・12項改正・旧13—16項を14—17項に繰下・平11法87、3項改正・4項全改・平23法35〕

（住民訴訟）
第242条の2　普通地方公共団体の住民は、前条第1項の規定による請求をした場合において、同条第4項の規定による監査委員の監査の結果若しくは勧告若しくは同条第9項の規定による普通地方公共団体の議会、長その他の執行機関若しくは職員の措置に不服があるとき、又は監査委員が同条第4項の規定による監査若しくは勧告を同条第5項の期間内に行わないとき、若しくは議会、長その他の執行機関若しくは職員が同条第9項の規定による措置を講じないときは、裁判所に対し、同条第1項の請求に係る違法な行為又は怠る事実につき、訴えをもって次に掲げる請求を

することができる。
(1)～(3) 〔略〕
(4) 当該職員又は当該行為若しくは怠る事実に係る相手方に損害賠償又は不当利得返還の請求をすることを当該普通地方公共団体の執行機関又は職員に対して求める請求。ただし、当該職員又は当該行為若しくは怠る事実に係る相手方が第243条の2第3項の規定による賠償の命令の対象となる者である場合にあつては、当該賠償の命令をすることを求める請求

2～12 〔略〕
〔本条追加・昭38法99、8項追加・平6法48、1項改正・6—10項追加・旧6・7項を改正し11・12項に繰下・8項削除・平14法4、12項改正・平13法41〕

○国家賠償法〔抄〕 （昭和22年10月27日 法律第125号）

〔公権力の行使に基づく賠償責任、求償権〕
第1条 国又は公共団体の公権力の行使に当る公務員が、その職務を行うについて、故意又は過失によつて違法に他人に損害を加えたときは、国又は公共団体が、これを賠償する責に任ずる。
② 前項の場合において、公務員に故意又は重大な過失があつたときは、国又は公共団体は、その公務員に対して求償権を有する。

〔公の営造物の設置管理の瑕疵に基づく損害の賠償責任、求償権〕
第2条 道路、河川その他の公の営造物の設置又は管理に瑕疵があつたために他人に損害を生じたときは、国又は公共団体は、これを賠償する責に任ずる。
② 前項の場合において、他に損害の原因について責に任ずべき者があるときは、国又は公共団体は、これに対して求償権を有する。

〔賠償責任者〕
第3条 前2条の規定によつて国又は公共団体が損害を賠償する責に任ずる場合において、公務員の選任若しくは監督又は公の営造物の設置若しくは管理に当る者と公務員の俸給、給与その他の費用又は公の営造物の設置若しくは管理の費用を負担する者とが異なるときは、費用を負担する者もまた、その損害を賠償する責に任ずる。
② 前項の場合において、損害を賠償した者は、内部関係でその損害を賠償する責任ある者に対して求償権を有する。

〔民法の適用〕
第4条 国又は公共団体の損害賠償の責任については、前3条の規定によるの外、民法の規定による。

◯消防組織法〔抄〕（昭和22年12月23日 法律第226号）

最終改正　平成26年5月30日法律第42号

（消防の任務）
第1条　消防は、その施設及び人員を活用して、国民の生命、身体及び財産を火災から保護するとともに、水火災又は地震等の災害を防除し、及びこれらの災害による被害を軽減するほか、災害等による傷病者の搬送を適切に行うことを任務とする。

〔本条改正・昭38法89、見出し追加・本条改正・平18法64、本条改正・平21法34〕

（※昭和38年法律第89号及び平成18年法律第64号による改正前のもの）

旧第15条の2　消防団の設置、区域及び組織は、地方的要求に応じて、市町村長がこれを定める。

2　消防本部を置く市町村においては、消防団は、消防長又は消防署長の所轄の下に行動し、消防長又は消防署長の命令があるときは、その区域外においても業務に従事することができる。

3　消防団員の任免、給与、服務その他の事項は、常勤のものについては、地方公務員法の定めるところにより、非常勤のものについては、市町村条例でこれを定める。

4　消防団員の定員は市町村条例で、その訓練、礼式及び服制に関する事項は、国家消防本部の定める準則に則り、市町村規則でこれを定める。

旧第15条の3　市町村の消防団に、消防団長及びこの法律の規定に従い、有効に消防を行うに必要且つ適当な階級のその他の消防団員を置く。

2　消防団長は、消防団の推薦に基き、市町村長がこれを任命し一定の事由により罷免する。

3　消防団長は、消防団の事務を統括し、及び市町村長の承認を得て、消防団員を任命し、一定の事由により罷免する。

4　消防団員は、上司の指揮監督を受け、消防の事務を掌る。

旧第15条の5　消防団長は、消防団の推薦に基づき市町村長が任命し、消防団長以外の消防団員は、市町村長の承認を得て消防団長が任命する。

（消防団員の任命）
第22条　消防団長は、消防団の推薦に基づき市町村長が任命し、消防団長以外の消防団員は、市町村長の承認を得て消防団長が任命する。

〔本条追加・昭38法89、見出し追加・旧15条の5を繰下・平18法64〕

○刑事訴訟法〔抄〕 （昭和23年7月10日 法律第131号）

最終改正　平成26年6月25日法律第79号

〔伝聞証拠と証拠能力の制限〕

第320条　第321条乃至第328条に規定する場合を除いては、公判期日における供述に代えて書面を証拠とし、又は公判期日外における他の者の供述を内容とする供述を証拠とすることはできない。

② 〔略〕

〔2項追加・昭28法172〕

〔被告人以外の者の供述書・供述録取書の証拠能力〕

第321条　被告人以外の者が作成した供述書又はその者の供述を録取した書面で供述者の署名若しくは押印のあるものは、次に掲げる場合に限り、これを証拠とすることができる。

(1)〜(3) 〔略〕

② 〔略〕

③　検察官、検察事務官又は司法警察職員の検証の結果を記載した書面は、その供述者が公判期日において証人として尋問を受け、その真正に作成されたものであることを供述したときは、第1項の規定にかかわらず、これを証拠とすることができる。

④ 〔略〕

〔1項改正・平12法74〕

〔その他の書面の証拠能力〕

第323条　前3条に掲げる書面以外の書面は、次に掲げるものに限り、これを証拠とすることができる。

(1)　戸籍謄本、公正証書謄本その他公務員（外国の公務員を含む。）がその職務上証明することができる事実についてその公務員の作成した書面

(2)　商業帳簿、航海日誌その他業務の通常の過程において作成された書面

(3)　前2号に掲げるものの外特に信用すべき情況の下に作成された書面

〔本条改正・平12法74〕

○消防法〔抄〕 （昭和23年7月24日 法律第186号）

最終改正　平成26年6月13日法律第69号

〔用語の定義〕
第2条　この法律の用語は左の例による。
②　防火対象物とは、山林又は舟車、船きよ若しくはふ頭に繋留された船舶、建築物その他の工作物若しくはこれらに属する物をいう。
③　〔略〕
④　関係者とは、防火対象物又は消防対象物の所有者、管理者又は占有者をいう。
⑤　関係のある場所とは、防火対象物又は消防対象物のある場所をいう。
⑥～⑧　〔略〕
⑨　救急業務とは、災害により生じた事故若しくは屋外若しくは公衆の出入する場所において生じた事故（以下この項において「災害による事故等」という。）又は政令で定める場合における災害による事故等に準ずる事故その他の事由で政令で定めるものによる傷病者のうち、医療機関その他の場所へ緊急に搬送する必要があるものを、救急隊によつて、医療機関（厚生労働省令で定める医療機関をいう。第7章の2において同じ。）その他の場所に搬送すること（傷病者が医師の管理下に置かれるまでの間において、緊急やむを得ないものとして、応急の手当を行うことを含む。）をいう。

〔9項追加・昭38法88、改正・昭61法20、7項全改・昭63法55、9項改正・平11法160、7・8項改正・平15法84、8項改正・平18法64、9項改正・平21法34〕

〔資料提出命令、報告の徴収及び消防職員の立入検査〕
第4条　消防長又は消防署長は、火災予防のために必要があるときは、関係者に対して資料の提出を命じ、若しくは報告を求め、又は当該消防職員（消防本部を置かない市町村においては、当該市町村の消防事務に従事する職員又は常勤の消防団員。第5条の3第2項を除き、以下同じ。）にあらゆる仕事場、工場若しくは公衆の出入する場所その他の関係のある場所に立ち入つて、消防対象物の位置、構造、設備及び管理の状況を検査させ、若しくは関係のある者に質問させることができる。ただし、個人の住居は、関係者の承諾を得た場合又は火災発生のおそれが著しく大であるため、特に緊急の必要がある場合でなければ、立ち入らせてはならない。
②　消防職員は、前項の規定により関係のある場所に立ち入る場合においては、市町

村長の定める証票を携帯し、関係のある者の請求があるときは、これを示さなければならない。
③　消防職員は、第１項の規定により関係のある場所に立ち入る場合においては、関係者の業務をみだりに妨害してはならない。
④　〔略〕
　〔１・２項改正・３項追加・旧３―５項を４―６項に繰下・昭25法186、１―３・６項改正・昭38法88、１項改正・昭40法65・昭43法95、２・３項削除・旧４・５項を改正し２・３項に繰上・旧６項を４項に繰上・平14法30、１項改正・平15法84〕

〔建築許可等についての消防長又は消防署長の同意〕
第７条　建築物の新築、増築、改築、移転、修繕、模様替、用途の変更若しくは使用について許可、認可若しくは確認をする権限を有する行政庁若しくはその委任を受けた者又は建築基準法（昭和25年法律第201号）第６条の２第１項（同法第87条第１項において準用する場合を含む。以下この項において同じ。）の規定による確認を行う指定確認検査機関（同法第77条の21第１項に規定する指定確認検査機関をいう。以下この条において同じ。）は、当該許可、認可若しくは確認又は同法第６条の２第１項の規定による確認に係る建築物の工事施工地又は所在地を管轄する消防長又は消防署長の同意を得なければ、当該許可、認可若しくは確認又は同項の規定による確認をすることができない。ただし、確認（同項の規定による確認を含む。）に係る建築物が都市計画法（昭和43年法律第100号）第８条第１項第５号に掲げる防火地域及び準防火地域以外の区域内における住宅（長屋、共同住宅その他政令で定める住宅を除く。）である場合又は建築主事が建築基準法第87条の２において準用する同法第６条第１項の規定による確認をする場合においては、この限りでない。
②　消防長又は消防署長は、前項の規定によつて同意を求められた場合において、当該建築物の計画が法律又はこれに基づく命令若しくは条例の規定（建築基準法第６条第４項又は第６条の２第１項（同法第87条第１項の規定によりこれらの規定を準用する場合を含む。）の規定により建築主事又は指定確認検査機関が同法第６条の４第１項第１号若しくは第２号に掲げる建築物の建築、大規模の修繕（同法第２条第14号の大規模の修繕をいう。）、大規模の模様替（同法第２条第15号の大規模の模様替をいう。）若しくは用途の変更又は同項第３号に掲げる建築物の建築について確認する場合において同意を求められたときは、同項の規定により読み替えて適用される同法第６条第１項の政令で定める建築基準法令の規定を除く。）で建築物の防火に関するものに違反しないものであるときは、同法第６条第１項第４号に係る場合にあつては、同意を求められた日から３日以内に、その他の場合にあつては、

同意を求められた日から7日以内に同意を与えて、その旨を当該行政庁若しくはその委任を受けた者又は指定確認検査機関に通知しなければならない。この場合において、消防長又は消防署長は、同意することができない事由があると認めるときは、これらの期限内に、その事由を当該行政庁若しくはその委任を受けた者又は指定確認検査機関に通知しなければならない。

③ 〔略〕

〔本条全改・昭25法201、2項改正・昭34法156、1・2項改正・昭58法44、1・2項改正・3項追加・平10法100、1項改正・平11法87、2・3項改正・平26法54〕

〔防火管理者〕

第8条 学校、病院、工場、事業場、興行場、百貨店(これに準ずるものとして政令で定める大規模な小売店舗を含む。以下同じ。)、複合用途防火対象物(防火対象物で政令で定める2以上の用途に供されるものをいう。以下同じ。)その他多数の者が出入し、勤務し、又は居住する防火対象物で政令で定めるものの管理について権原を有する者は、政令で定める資格を有する者のうちから防火管理者を定め、政令で定めるところにより、当該防火対象物について消防計画の作成、当該消防計画に基づく消火、通報及び避難の訓練の実施、消防の用に供する設備、消防用水又は消火活動上必要な施設の点検及び整備、火気の使用又は取扱いに関する監督、避難又は防火上必要な構造及び設備の維持管理並びに収容人員の管理その他防火管理上必要な業務を行わせなければならない。

② 前項の権原を有する者は、同項の規定により防火管理者を定めたときは、遅滞なくその旨を所轄消防長又は消防署長に届け出なければならない。これを解任したときも、同様とする。

③〜⑤ 〔略〕

〔本条改正・昭25法186、全改・昭35法117、1項改正・昭43法95、2項改正・3項追加・昭46法97、1項改正・4項追加・昭49法64、5項追加・平14法30、1項改正・平24法38〕

〔危険物の貯蔵・取扱いの制限等〕

第10条

①〜③ 〔略〕

④ 製造所、貯蔵所及び取扱所の位置、構造及び設備の技術上の基準は、政令でこれを定める。

(※昭和34年法律第86号による改正前のもの)
④ 貯蔵所の位置、構造及び設備の制限について必要な事項は、市町村条例でこれを定める。

消防法 299

〔1・4項改正・昭25法186、3項全改・4項改正・昭34法86、1項改正・昭35法117、1項改正・2項全改・昭40法65、1項改正・昭61法20、2項改正・昭63法55・平15法84〕

〔製造所等の設置、変更等〕

第11条　製造所、貯蔵所又は取扱所を設置しようとする者は、政令で定めるところにより、製造所、貯蔵所又は取扱所ごとに、次の各号に掲げる製造所、貯蔵所又は取扱所の区分に応じ、当該各号に定める者の許可を受けなければならない。製造所、貯蔵所又は取扱所の位置、構造又は設備を変更しようとする者も、同様とする。

(1)　〔略〕

(2)　消防本部等所在市町村以外の市町村の区域に設置される製造所、貯蔵所又は取扱所（移送取扱所を除く。）　当該区域を管轄する都道府県知事

(3)　〔略〕

(4)　前号の移送取扱所以外の移送取扱所　当該移送取扱所が設置される区域を管轄する都道府県知事（2以上の都道府県の区域にわたつて設置されるものについては、総務大臣）

②〜⑦　〔略〕

〔本条改正・昭25法186、全改・昭34法86、3項改正・昭46法97、1項全改・2項改正・3・4・7項追加・旧3・4項を5・6項に繰下・昭49法64、2項改正・昭50法84・昭61法20、1―4・7項改正・平11法160〕

〔製造所等の維持、管理〕

第12条　製造所、貯蔵所又は取扱所の所有者、管理者又は占有者は、製造所、貯蔵所又は取扱所の位置、構造及び設備が第10条第4項の技術上の基準に適合するように維持しなければならない。

┌─────────────────────────────────┐
（※昭和34年法律第86号による改正前のもの）
① 　貯蔵所を設置しようとする者は、市町村条例の定めるところにより市町村長の許可を受けなければならない。市町村条例で定める事項について変更しようとする者も、また同様とする。
└─────────────────────────────────┘

②　市町村長等は、製造所、貯蔵所又は取扱所の位置、構造及び設備が第10条第4項の技術上の基準に適合していないと認めるときは、製造所、貯蔵所又は取扱所の所有者、管理者又は占有者で権原を有する者に対し、同項の技術上の基準に適合するように、これらを修理し、改造し、又は移転すべきことを命ずることができる。

③　前条第4項及び第5項の規定は、前項の規定による命令について準用する。

〔1・2項改正・昭25法186、本条全改・昭34法86、2項改正・昭40法65・昭51法37、3項追加・平14法30〕

〔質問、検査等〕
第16条の5　市町村長等は、第16条の3の2第1項及び第2項に定めるもののほか、危険物の貯蔵又は取扱いに伴う火災の防止のため必要があると認めるときは、指定数量以上の危険物を貯蔵し、若しくは取り扱つていると認められるすべての場所(以下この項において「貯蔵所等」という。)の所有者、管理者若しくは占有者に対して資料の提出を命じ、若しくは報告を求め、又は当該消防事務に従事する職員に、貯蔵所等に立ち入り、これらの場所の位置、構造若しくは設備及び危険物の貯蔵若しくは取扱いについて検査させ、関係のある者に質問させ、若しくは試験のため必要な最少限度の数量に限り危険物若しくは危険物であることの疑いのある物を収去させることができる。

②、③　〔略〕

〔本条追加・昭34法86、1項改正・昭40法65、2項追加・旧2項を改正し3項に繰下・昭46法97、旧16条の4を繰下・昭49法64、3項改正・平14法30、1項改正・平20法41〕

〔消防用設備等の設置・維持と特殊消防用設備等の適用除外〕
第17条　学校、病院、工場、事業場、興行場、百貨店、旅館、飲食店、地下街、複合用途防火対象物その他の防火対象物で政令で定めるものの関係者は、政令で定める消防の用に供する設備、消防用水及び消火活動上必要な施設(以下「消防用設備等」という。)について消火、避難その他の消防の活動のために必要とされる性能を有するように、政令で定める技術上の基準に従つて、設置し、及び維持しなければならない。

②、③　〔略〕

〔本条全改・昭35法117、1項改正・昭49法64、1項改正・3項追加・平15法84〕

〔適用除外〕
第17条の2の5　第17条第1項の消防用設備等の技術上の基準に関する政令若しくはこれに基づく命令又は同条第2項の規定に基づく条例の規定の施行又は適用の際、現に存する同条第1項の防火対象物における消防用設備等(消火器、避難器具その他政令で定めるものを除く。以下この条及び次条において同じ。)又は現に新築、増築、改築、移転、修繕若しくは模様替えの工事中の同条同項の防火対象物に係る消防用設備等がこれらの規定に適合しないときは、当該消防用設備等については、当該規定は、適用しない。この場合においては、当該消防用設備等の技術上の基準に関する従前の規定を適用する。

②　前項の規定は、消防用設備等で次の各号のいずれかに該当するものについては、適用しない。

⑴～⑶ 〔略〕
⑷　前3号に掲げるもののほか、第17条第1項の消防用設備等の技術上の基準に関する政令若しくはこれに基づく命令又は同条第2項の規定に基づく条例の規定の施行又は適用の際、現に存する百貨店、旅館、病院、地下街、複合用途防火対象物（政令で定めるものに限る。）その他同条第1項の防火対象物で多数の者が出入するものとして政令で定めるもの（以下「特定防火対象物」という。）における消防用設備等又は現に新築、増築、改築、移転、修繕若しくは模様替えの工事中の特定防火対象物に係る消防用設備等

〔本条追加・昭35法117、2項改正・昭49法64、1・2項改正・旧17条の2を繰下・平15法84〕

〔消防水利の基準及び水利施設の設置等の義務〕
第20条　消防に必要な水利の基準は、消防庁がこれを勧告する。
②　消防に必要な水利施設は、当該市町村がこれを設置し、維持し及び管理するものとする。但し、水道については、当該水道の管理者が、これを設置し、維持し及び管理するものとする。

〔1項改正・昭27法258・昭35法113〕

〔消防車の優先通行等〕
第26条　消防車が火災の現場に赴くときは、車馬及び歩行者はこれに道路を譲らなければならない。
②～④　〔略〕

〔2項全改・3項追加・昭25法186、1項改正・2項追加・旧2・3項を3・4項に繰下・昭38法90、1項改正・昭40法65、2項改正・昭46法98〕

〔消火活動中の緊急措置等〕
第29条　消防吏員又は消防団員は、消火若しくは延焼の防止又は人命の救助のために必要があるときは、火災が発生せんとし、又は発生した消防対象物及びこれらのものの在る土地を使用し、処分し又はその使用を制限することができる。
②　消防長若しくは消防署長又は消防本部を置かない市町村においては消防団の長は、火勢、気象の状況その他周囲の事情から合理的に判断して延焼防止のためやむを得ないと認めるときは、延焼の虞がある消防対象物及びこれらのものの在る土地を使用し、処分し又はその使用を制限することができる。
③　消防長若しくは消防署長又は消防本部を置かない市町村においては消防団の長は、消火若しくは延焼の防止又は人命の救助のために緊急の必要があるときは、前2項に規定する消防対象物及び土地以外の消防対象物及び土地を使用し、処分し又はその使用を制限することができる。この場合においては、そのために損害を受けた者

からその損失の補償の要求があるときは、時価により、その損失を補償するものとする。

④、⑤　〔略〕

〔1項改正・2項追加・旧2項を改正し3項に繰下・旧3・4項を4・5項に繰下・昭25法186〕

〔関係のある者に対する質問等、官公署に対する通報の要求〕

第32条　消防長又は消防署長は、前条の規定により調査をするため必要があるときは、関係のある者に対して質問し、又は火災の原因である疑いがあると認められる製品を製造し若しくは輸入した者に対して必要な資料の提出を命じ若しくは報告を求めることができる。

②　〔略〕

〔本条追加・昭25法186、1項改正・平24法38〕

〔資料提出命令、報告の徴収及び消防職員の立入検査〕

第34条　消防長又は消防署長は、前条の規定により調査をするために必要があるときは、関係者に対して必要な資料の提出を命じ、若しくは報告を求め、又は当該消防職員に関係のある場所に立ち入つて、火災により破損され又は破壊された財産の状況を検査させることができる。

②　〔略〕

〔2項改正・昭25法186、1項改正・昭38法88・昭40法65、2項改正・平14法30〕

〔被疑者に対する質問、証拠物の調査〕

第35条の2　消防長又は消防署長は、警察官が放火又は失火の犯罪の被疑者を逮捕し又は証拠物を押収したときは、事件が検察官に送致されるまでは、前条第1項の調査をするため、その被疑者に対し質問をし又はその証拠物につき調査をすることができる。

②　〔略〕

〔本条追加・昭25法186、1・2項改正・昭29法163〕

○弁護士法〔抄〕 （昭和24年6月10日 法律第205号）

最終改正　平成26年6月27日法律第91号

（報告の請求）

第23条の2　弁護士は、受任している事件について、所属弁護士会に対し、公務所又は公私の団体に照会して必要な事項の報告を求めることを申し出ることができる。申出があつた場合において、当該弁護士会は、その申出が適当でないと認めるときは、これを拒絶することができる。

2　弁護士会は、前項の規定による申出に基き、公務所又は公私の団体に照会して必要な事項の報告を求めることができる。

〔本条追加・昭26法221〕

○建築基準法〔抄〕 （昭和25年5月24日 法律第201号）

最終改正　平成26年6月27日法律第92号

（許可又は確認に関する消防長等の同意等）

第93条　特定行政庁、建築主事又は指定確認検査機関は、この法律の規定による許可又は確認をする場合においては、当該許可又は確認に係る建築物の工事施工地又は所在地を管轄する消防長（消防本部を置かない市町村にあつては、市町村長。以下同じ。）又は消防署長の同意を得なければ、当該許可又は確認をすることができない。ただし、確認に係る建築物が防火地域及び準防火地域以外の区域内における住宅（長屋、共同住宅その他政令で定める住宅を除く。）である場合又は建築主事若しくは指定確認検査機関が第87条の2において準用する第6条第1項若しくは第6条の2第1項の規定による確認をする場合においては、この限りでない。

2～6　〔略〕

〔4項追加・旧4項を5項に繰下・昭29法72、2－4項改正・昭34法156、4項改正・昭45法20、1－4項改正・昭58法44、1－5項改正・平10法100、1・3項改正・平11法87、2項改正・3項追加・旧3－5項を4－6項に繰下・平10法100、2・3項改正・平26法54〕

◯地方公務員法〔抄〕（昭和25年12月13日 法律第261号）
最終改正　平成26年6月25日法律第82号

（平等取扱の原則）
第13条　すべて国民は、この法律の適用について、平等に取り扱われなければならず、人種、信条、性別、社会的身分若しくは門地によつて、又は第16条第5号に規定する場合を除く外、政治的意見若しくは政治的所属関係によつて差別されてはならない。

（給与、勤務時間その他の勤務条件の根本基準）
第24条　職員の給与は、その職務と責任に応ずるものでなければならない。
2　職員の給与は、生計費並びに国及び他の地方公共団体の職員並びに民間事業の従事者の給与その他の事情を考慮して定められなければならない。
3、4　〔略〕
5　職員の給与、勤務時間その他の勤務条件は、条例で定める。
〔2項削除・旧3―6項を2―5項に繰上・平26法34〕

（給与に関する条例及び給与の支給）
第25条　職員の給与は、前条第5項の規定による給与に関する条例に基づいて支給されなければならず、また、これに基づかずには、いかなる金銭又は有価物も職員に支給してはならない。
2　〔略〕
3　給与に関する条例には、次に掲げる事項を規定するものとする。
(1)　給料表
(2)　等級別基準職務表
(3)　昇給の基準に関する事項
(4)　時間外勤務手当、夜間勤務手当及び休日勤務手当に関する事項
(5)　前号に規定するものを除くほか、地方自治法第204条第2項に規定する手当を支給する場合においては、当該手当に関する事項
(6)　非常勤職員の職その他勤務条件の特別な職があるときは、これらについて行う給与の調整に関する事項
(7)　前各号に規定するものを除くほか、給与の支給方法及び支給条件に関する事項
4、5　〔略〕

〔2項追加・旧2ー5項を3ー6項に繰下・昭40法71、1・3項改正・4項削除・旧5・6項を4・5項に繰上・平23法37、見出し・1・3項改正・4・5項全改・平26法69〕

(降任、免職、休職等)

第28条　職員が、次の各号に掲げる場合のいずれかに該当するときは、その意に反して、これを降任し、又は免職することができる。

(1)、(2)　〔略〕

(3)　前2号に規定する場合のほか、その職に必要な適格性を欠く場合

(4)　〔略〕

2～4　〔略〕

〔4・5項削除・旧6項を4項に繰上・昭37法161、見出し改正・昭56法92、1項改正・平26法34〕

(懲戒)

第29条　職員が次の各号の一に該当する場合においては、これに対し懲戒処分として戒告、減給、停職又は免職の処分をすることができる。

(1)　この法律若しくは第57条に規定する特例を定めた法律又はこれに基く条例、地方公共団体の規則若しくは地方公共団体の機関の定める規程に違反した場合

(2)　職務上の義務に違反し、又は職務を怠つた場合

(3)　全体の奉仕者たるにふさわしくない非行のあつた場合

2～4　〔略〕

〔1項改正・昭29法156、1項改正・2・3項追加・旧2項を4項に繰下・平11法107、2項改正・平15法119〕

(信用失墜行為の禁止)

第33条　職員は、その職の信用を傷つけ、又は職員の職全体の不名誉となるような行為をしてはならない。

(営利企業への従事等の制限)

第38条　職員は、任命権者の許可を受けなければ、商業、工業又は金融業その他営利を目的とする私企業(以下この項及び次条第1項において「営利企業」という。)を営むことを目的とする会社その他の団体の役員その他人事委員会規則(人事委員会を置かない地方公共団体においては、地方公共団体の規則)で定める地位を兼ね、若しくは自ら営利企業を営み、又は報酬を得ていかなる事業若しくは事務にも従事してはならない。

2　人事委員会は、人事委員会規則により前項の場合における任命権者の許可の基準を定めることができる。

〔見出し・1項改正・平26法69〕

（不利益処分に関する説明書の交付）
第49条　任命権者は、職員に対し、懲戒その他その意に反すると認める不利益な処分を行う場合においては、その際、その職員に対し処分の事由を記載した説明書を交付しなければならない。
2～4　〔略〕
〔2項改正・昭29法192、見出し・2項改正・4項全改・5項削除・昭37法161、4項改正・平26法69〕

（職員団体）
第52条　この法律において「職員団体」とは、職員がその勤務条件の維持改善を図ることを目的として組織する団体又はその連合体をいう。
2～4　〔略〕
5　警察職員及び消防職員は、職員の勤務条件の維持改善を図ることを目的とし、かつ、地方公共団体の当局と交渉する団体を結成し、又はこれに加入してはならない。
〔本条全改・昭40法71、3項改正・昭53法79〕

（不利益取扱の禁止）
第56条　職員は、職員団体の構成員であること、職員団体を結成しようとしたこと、若しくはこれに加入しようとしたこと又は職員団体のために正当な行為をしたことの故をもつて不利益な取扱を受けることはない。

○土地収用法〔抄〕（昭和26年6月9日法律第219号）

最終改正　平成26年6月18日法律第72号

（収用し、又は使用する土地以外の土地に関する損失の補償）
第93条　土地を収用し、又は使用（第122条第1項又は第123条第1項の規定によつて使用する場合を含む。）して、その土地を事業の用に供することにより、当該土地及び残地以外の土地について、通路、溝、垣、さくその他の工作物を新築し、改築し、増築し、若しくは修繕し、又は盛土若しくは切土をする必要があると認められるときは、起業者は、これらの工事をすることを必要とする者の請求により、これに要する費用の全部又は一部を補償しなければならない。この場合において、起業者又は当該工事をすることを必要とする者は、補償金の全部又は一部に代えて、起業者が当該工事を行うことを要求することができる。

2　〔略〕
〔1項改正・平13法103〕

○道路法〔抄〕（昭和27年6月10日法律第180号）

最終改正　平成26年6月18日法律第72号

（道路の新設又は改築に伴う損失の補償）
第70条　土地収用法第93条第1項の規定による場合の外、道路を新設し、又は改築したことに因り、当該道路に面する土地について、通路、みぞ、かき、さくその他の工作物を新築し、増築し、修繕し、若しくは移転し、又は切土若しくは盛土をするやむを得ない必要があると認められる場合においては、道路管理者は、これらの工事をすることを必要とする者（以下「損失を受けた者」という。）の請求により、これに要する費用の全部又は一部を補償しなければならない。この場合において、道路管理者又は損失を受けた者は、補償金の全部又は一部に代えて、道路管理者が当該工事を行うことを要求することができる。
2〜4　〔略〕

○自動車損害賠償保障法〔抄〕（昭和30年7月29日法律第97号）

最終改正　平成26年6月13日法律第67号

（自動車損害賠償責任）
第3条　自己のために自動車を運行の用に供する者は、その運行によつて他人の生命又は身体を害したときは、これによつて生じた損害を賠償する責に任ずる。ただし、自己及び運転者が自動車の運行に関し注意を怠らなかつたこと、被害者又は運転者以外の第三者に故意又は過失があつたこと並びに自動車に構造上の欠陥又は機能の障害がなかつたことを証明したときは、この限りでない。

○危険物の規制に関する政令〔抄〕(昭和34年9月26日 政令第306号)

最終改正　平成25年3月27日政令第88号

（地下タンク貯蔵所の基準）

第13条　地下タンク貯蔵所（次項及び第3項に定めるものを除く。）の位置、構造及び設備の技術上の基準は、次のとおりとする。

⑴～⑭　〔略〕

2～4　〔略〕

〔本条改正・昭35政185・昭40政308・昭48政378・昭51政153・昭57政2・昭62政86、1項改正・2項追加・昭63政358、1項改正・平3政24、1項改正・2・3項追加・旧2項を改正し4項に繰下・平5政268、1－3項改正・平7政15、1項改正・平9政20・平10政31、1－4項改正・平12政304、1項改正・平15政533、1－3項改正・平17政23〕

（給油取扱所の基準）

第17条　給油取扱所（次項に定めるものを除く。）の位置、構造及び設備の技術上の基準は、次のとおりとする。

⑴～⑿　〔略〕

⒀　固定注油設備は、次に掲げる固定給油設備等からそれぞれ当該固定給油設備等について定める間隔を保つこと。ただし、総務省令で定めるところによりホース機器と分離して設置されるポンプ機器については、この限りでない。

イ～ニ　〔略〕

⒁～㉓　〔略〕

2～5　〔略〕

〔1・3項改正・昭35政185、1項改正・昭40政308・昭44政158・昭62政86、1・3項改正・2項全改・昭63政358、1項改正・平2政101、1・2項改正・平5政268、4項追加・平6政37、3項全改・平7政15、1・2項改正・平9政13、1・3項改正・5項追加・平10政31、1・2項改正・平12政211、1－5項改正・平12政304、1項改正・平13政300、2項改正・平14政274、1－3項改正・平17政23、1・2項改正・平18政6、4項改正・平23政405〕

（基準の特例）

第23条　この章の規定は、製造所等について、市町村長等が、危険物の品名及び最大数量、指定数量の倍数、危険物の貯蔵又は取扱いの方法並びに製造所等の周囲の地形その他の状況等から判断して、この章の規定による製造所等の位置、構造及び設備の基準によらなくとも、火災の発生及び延焼のおそれが著しく少なく、かつ、火災等の災害による被害を最少限度に止めることができると認めるとき、又は予想

しない特殊の構造若しくは設備を用いることにより、この章の規定による製造所等の位置、構造及び設備の基準による場合と同等以上の効力があると認めるときにおいては、適用しない。

〔本条改正・昭63政358〕

○危険物の規制に関する規則〔抄〕（昭和34年9月29日 総理府令第55号）

最終改正　平成26年10月1日総務省令第77号

（地下貯蔵タンクの構造）

第23条　令第13条第1項第6号の規定により、地下貯蔵タンクは、当該地下貯蔵タンク及びその附属設備の自重、貯蔵する危険物の重量、当該地下貯蔵タンクに係る内圧、土圧等の主荷重及び地震の影響等の従荷重によつて生ずる応力及び変形に対して安全に造らなければならない。

2　〔略〕

〔本条改正・昭35自令3、旧23条を繰下・昭62自令16、本条改正・平元自令5、旧23条の2を繰下・平3自令3、旧23条の3を改正し繰下・平5自令22、本条改正・平12自令44、全改・平17総務令37〕

○道路交通法〔抄〕（昭和35年6月25日 法律第105号）

最終改正　平成26年11月21日法律第114号

（交差点における他の車両等との関係等）

第36条

1～3　〔略〕

4　車両等は、交差点に入ろうとし、及び交差点内を通行するときは、当該交差点の状況に応じ、交差道路を通行する車両等、反対方向から進行してきて右折する車両等及び当該交差点又はその直近で道路を横断する歩行者に特に注意し、かつ、できる限り安全な速度と方法で進行しなければならない。

〔見出し・付記改正・1項追加・旧1―3項を改正し2―4項に繰下・昭39法91、付記改正・昭45法86、本条全改・昭46法98〕

（緊急自動車の通行区分等）
第39条
1 〔略〕
2 緊急自動車は、法令の規定により停止しなければならない場合においても、停止することを要しない。この場合においては、他の交通に注意して徐行しなければならない。

〔2項削除・旧3項を2項に繰上・昭39法91、1項改正・昭53法53〕

（緊急自動車の優先）
第40条
交差点又はその附近において、緊急自動車が接近してきたときは、路面電車は交差点を避けて、車両（緊急自動車を除く。以下この条において同じ。）は交差点を避け、かつ、道路の左側（一方通行となつている道路においてその左側に寄ることが緊急自動車の通行を妨げることとなる場合にあつては、道路の右側。次項において同じ。）に寄つて一時停止しなければならない。
2 前項以外の場所において、緊急自動車が接近してきたときは、車両は、道路の左側に寄つて、これに進路を譲らなければならない。

〔2項改正・昭38法90、1項・付記改正・昭45法86、2項改正・昭46法98、1項改正・昭47法51〕

○消防法施行令〔抄〕 （昭和36年3月25日政令第37号）

最終改正　平成27年3月6日政令第68号

（※平成24年政令第262号による改正前のもの）

（防火管理者の責務）

旧第4条　〔略〕

2　防火管理者は、消防の用に供する設備、消防用水若しくは消火活動上必要な施設の点検及び整備又は火気の使用若しくは取扱いに関する監督を行うときは、火元責任者その他の防火管理の業務に従事する者に対し、必要な指示を与えなければならない。

3　〔略〕

（災害による事故等に準ずる事故その他の事由の範囲等）
第42条
法第2条第9項の災害による事故等に準ずる事故その他の事由で政令で定

めるものは、屋内において生じた事故又は生命に危険を及ぼし、若しくは著しく悪化するおそれがあると認められる症状を示す疾病とし、同項の政令で定める場合は、当該事故その他の事由による傷病者を医療機関その他の場所に迅速に搬送するための適当な手段がない場合とする。

〔本条追加・昭38政380、見出し・本条改正・昭61政274〕

○災害対策基本法〔抄〕（昭和36年11月15日法律第223号）

最終改正　平成26年11月21日法律第114号

（情報の収集及び伝達等）

第51条　指定行政機関の長及び指定地方行政機関の長、地方公共団体の長その他の執行機関、指定公共機関及び指定地方公共機関、公共的団体並びに防災上重要な施設の管理者（以下「災害応急対策責任者」という。）は、法令又は防災計画の定めるところにより、災害に関する情報の収集及び伝達に努めなければならない。

2　災害応急対策責任者は、前項の災害に関する情報の収集及び伝達に当たつては、地理空間情報（地理空間情報活用推進基本法（平成19年法律第63号）第2条第1項に規定する地理空間情報をいう。）の活用に努めなければならない。

3　災害応急対策責任者は、災害に関する情報を共有し、相互に連携して災害応急対策の実施に努めなければならない。

〔見出し・1項改正・2・3項追加・平24法41、1項改正・平25法54〕

（市町村長の避難の指示等）

第60条　災害が発生し、又は発生するおそれがある場合において、人の生命又は身体を災害から保護し、その他災害の拡大を防止するため特に必要があると認めるときは、市町村長は、必要と認める地域の居住者等に対し、避難のための立退きを勧告し、及び急を要すると認めるときは、これらの者に対し、避難のための立退きを指示することができる。

2～8　〔略〕

〔5－7項追加・平7法132、1・2項改正・3項追加・旧3・5・7項を改正し4・6・8項に繰下・旧4・6項を5・7項に繰下・平25法54〕

○(旧) 行政事件訴訟特例法〔抄〕 (昭和23年7月1日 法律第81号)

※1948年（昭和23年）に制定された「行政事件訴訟特例法」は、1962年（昭和37年）に現行の「行政事件訴訟法」に改正された。

第1条　行政庁の違法な処分の取消又は変更に係る訴訟その他公法上の権利関係に関する訴訟については、この法律によるの外、民事訴訟法の定めるところによる。

第2条　行政庁の違法な処分の取消又は変更を求める訴は、その処分に対し法令の規定により訴願、審査の請求、異議の申立その他行政庁に対する不服の申立（以下単に訴願という。）のできる場合には、これに対する裁決、決定その他の処分（以下単に裁決という。）を経た後でなければ、これを提起することができない。但し、訴願の提起があつた日から3箇月を経過したとき又は訴願の裁決を経ることに因り著しい損害を生ずる虞のあるときその他正当な事由があるときは、訴願の裁決を経ないで、訴を提起することができる。

第10条　第2条の訴の提起は、処分の執行を停止しない。

② 　第2条の訴の提起があつた場合において、処分の執行に因り生ずべき償うことのできない損害を避けるため緊急必要があると認めるときは、裁判所は、申立に因り又は職権で、決定を以て、処分の執行を停止すべきことを命ずることができる。但し、執行の停止が公共の福祉に重大な影響を及ぼす虞のあるとき及び内閣総理大臣が異議を述べたときは、この限りでない。

③～⑦ 〔略〕

○行政事件訴訟法〔抄〕 (昭和37年5月16日 法律第139号)

最終改正　平成26年6月13日法律第69号

（抗告訴訟）

第3条　この法律において「抗告訴訟」とは、行政庁の公権力の行使に関する不服の訴訟をいう。

2、3　〔略〕

4　この法律において「無効等確認の訴え」とは、処分若しくは裁決の存否又はその効力の有無の確認を求める訴訟をいう。

5 〔略〕
6 この法律において「義務付けの訴え」とは、次に掲げる場合において、行政庁がその処分又は裁決をすべき旨を命ずることを求める訴訟をいう。
  (1) 行政庁が一定の処分をすべきであるにかかわらずこれがされないとき（次号に掲げる場合を除く。）。
  (2) 行政庁に対し一定の処分又は裁決を求める旨の法令に基づく申請又は審査請求がされた場合において、当該行政庁がその処分又は裁決をすべきであるにかかわらずこれがされないとき。
7 〔略〕
〔5項改正・6・7項追加・平16法84、3項改正・平26法69〕

（当事者訴訟）
第4条 この法律において「当事者訴訟」とは、当事者間の法律関係を確認し又は形成する処分又は裁決に関する訴訟で法令の規定によりその法律関係の当事者の一方を被告とするもの及び公法上の法律関係に関する確認の訴えその他の公法上の法律関係に関する訴訟をいう。
〔本条改正・平16法84〕

（処分の取消しの訴えと審査請求との関係）
第8条 処分の取消しの訴えは、当該処分につき法令の規定により審査請求をすることができる場合においても、直ちに提起することを妨げない。ただし、法律に当該処分についての審査請求に対する裁決を経た後でなければ処分の取消しの訴えを提起することができない旨の定めがあるときは、この限りでない。
2 前項ただし書の場合においても、次の各号の一に該当するときは、裁決を経ないで、処分の取消しの訴えを提起することができる。
  (1) 審査請求があつた日から3箇月を経過しても裁決がないとき。
  (2) 処分、処分の執行又は手続の続行により生ずる著しい損害を避けるため緊急の必要があるとき。
  (3) その他裁決を経ないことにつき正当な理由があるとき。
3 〔略〕

（原告適格）
第9条 処分の取消しの訴え及び裁決の取消しの訴え（以下「取消訴訟」という。）は、当該処分又は裁決の取消しを求めるにつき法律上の利益を有する者（処分又は裁決の効果が期間の経過その他の理由によりなくなつた後においてもなお処分又は裁決

の取消しによつて回復すべき法律上の利益を有する者を含む。）に限り、提起することができる。

2　〔略〕

〔2項追加・平16法84〕

（出訴期間）

第14条　取消訴訟は、処分又は裁決があつたことを知つた日から6箇月を経過したときは、提起することができない。ただし、正当な理由があるときは、この限りでない。

2、3　〔略〕

〔1項改正・2項削除・旧3項を2項に繰上・旧4項を改正し3項に繰上・平16法84〕

（執行停止）

第25条　処分の取消しの訴えの提起は、処分の効力、処分の執行又は手続の続行を妨げない。

2　処分の取消しの訴えの提起があつた場合において、処分、処分の執行又は手続の続行により生ずる重大な損害を避けるため緊急の必要があるときは、裁判所は、申立てにより、決定をもつて、処分の効力、処分の執行又は手続の続行の全部又は一部の停止（以下「執行停止」という。）をすることができる。ただし、処分の効力の停止は、処分の執行又は手続の続行の停止によつて目的を達することができる場合には、することができない。

3　裁判所は、前項に規定する重大な損害を生ずるか否かを判断するに当たつては、損害の回復の困難の程度を考慮するものとし、損害の性質及び程度並びに処分の内容及び性質をも勘案するものとする。

4　執行停止は、公共の福祉に重大な影響を及ぼすおそれがあるとき、又は本案について理由がないとみえるときは、することができない。

5　第2項の決定は、疎明に基づいてする。

6　第2項の決定は、口頭弁論を経ないですることができる。ただし、あらかじめ、当事者の意見をきかなければならない。

7　第2項の申立てに対する決定に対しては、即時抗告をすることができる。

8　第2項の決定に対する即時抗告は、その決定の執行を停止する効力を有しない。

〔2項改正・3項追加・旧3—7項を4—8項に繰下・平16法84〕

（無効等確認の訴えの原告適格）

第36条　無効等確認の訴えは、当該処分又は裁決に続く処分により損害を受けるお

それのある者その他当該処分又は裁決の無効等の確認を求めるにつき法律上の利益を有する者で、当該処分若しくは裁決の存否又はその効力の有無を前提とする現在の法律関係に関する訴えによつて目的を達することができないものに限り、提起することができる。

第37条の3 第3条第6項第2号に掲げる場合において、義務付けの訴えは、次の各号に掲げる要件のいずれかに該当するときに限り、提起することができる。
(1) 当該法令に基づく申請又は審査請求に対し相当の期間内に何らの処分又は裁決がされないこと。
(2) 当該法令に基づく申請又は審査請求を却下し又は棄却する旨の処分又は裁決がされた場合において、当該処分又は裁決が取り消されるべきものであり、又は無効若しくは不存在であること。

2〜7 〔略〕
　　〔本条追加・平16法84〕

〇地方公務員災害補償法〔抄〕（昭和42年8月1日法律第121号）

最終改正　平成26年6月20日法律第76号

（この法律の目的）
第1条　この法律は、地方公務員等の公務上の災害（負傷、疾病、障害又は死亡をいう。以下同じ。）又は通勤による災害に対する補償（以下「補償」という。）の迅速かつ公正な実施を確保するため、地方公共団体等に代わつて補償を行う基金の制度を設け、その行う事業に関して必要な事項を定めるとともに、その他地方公務員等の補償に関して必要な事項を定め、もつて地方公務員等及びその遺族の生活の安定と福祉の向上に寄与することを目的とする。
〔本条改正・昭48法76・昭57法66・平15法119〕

（療養補償）
第26条　職員が公務上負傷し、若しくは疾病にかかり、又は通勤により負傷し、若しくは疾病にかかつた場合においては、療養補償として、必要な療養を行ない、又は必要な療養の費用を支給する。
〔本条改正・昭48法76〕

（休業補償）
第28条　職員が公務上負傷し、若しくは疾病にかかり、又は通勤により負傷し、若しくは疾病にかかり、療養のため勤務することができない場合において、給与を受けないときは、休業補償として、その勤務することができない期間につき、平均給与額の100分の60に相当する金額を支給する。ただし、次に掲げる場合（総務省令で定める場合に限る。）には、その拘禁され、又は収容されている期間については、休業補償は、行わない。

(1)、(2)　〔略〕
〔本条改正・昭48法76・昭61法95・平11法160・平17法50〕

（傷病補償年金）
第28条の2　職員が公務上負傷し、若しくは疾病にかかり、又は通勤により負傷し、若しくは疾病にかかり、当該負傷又は疾病に係る療養の開始後1年6箇月を経過した日において次の各号のいずれにも該当する場合又は同日後次の各号のいずれにも該当することとなつた場合には、その状態が継続している期間、傷病補償年金を支給する。

(1)、(2) 〔略〕

2〜4 〔略〕

〔本条追加・昭51法27、1・2・4項改正・昭57法66、1項改正・平11法160・平18法12〕

(障害補償)

第29条 職員が公務上負傷し、若しくは疾病にかかり、又は通勤により負傷し、若しくは疾病にかかり、治つたとき次項に規定する障害等級に該当する程度の障害が存する場合においては、障害補償として、同項に規定する第1級から第7級までの障害等級に該当する障害がある場合には、当該障害が存する期間、障害補償年金を毎年支給し、同項に規定する第8級から第14級までの障害等級に該当する障害がある場合には、障害補償一時金を支給する。

2〜9 〔略〕

〔1・5項改正・昭48法76、4項改正・5項追加・旧5・6項を改正し6・7項に繰下・昭51法27、1—7項改正・昭57法66、6項改正・平11法160、1項改正・2—4項追加・旧2—4・7項を改正し5—7・9項に繰下・5項削除・旧6項を8項に繰下・平18法12〕

(遺族補償)

第31条 職員が公務上死亡し、又は通勤により死亡した場合においては、遺族補償として、職員の遺族に対して、遺族補償年金又は遺族補償一時金を支給する。

〔本条改正・昭48法76〕

(葬祭補償)

第42条 職員が公務上死亡し、又は通勤により死亡した場合においては、葬祭を行なう者に対して、葬祭補償として、通常葬祭に要する費用を考慮して政令で定める金額を支給する。

〔本条改正・昭48法76〕

(補償の手続)

第45条 基金は、この章の規定による補償(傷病補償年金を除く。以下この項において同じ。)を受けようとする者から補償の請求を受けたときは、その補償の請求の原因である災害が公務又は通勤により生じたものであるかどうかを速やかに認定し、その結果を当該請求をした者及び当該災害を受けた職員の任命権者に通知しなければならない。

2 基金は、前項の規定による認定をするに当たつては、災害を受けた職員の任命権者の意見をきかなければならない。

3 基金は、傷病補償年金を支給する旨の決定をしたときは、その旨を傷病補償年金を受けるべき者及び当該傷病補償年金に係る職員の任命権者に通知しなければなら

ない。
〔1項改正・昭48法76、1項改正・3項追加・昭51法27〕

○都市計画法〔抄〕（昭和43年6月15日法律第100号）

最終改正　平成26年11月19日法律第109号

（建築等の規制）

第58条　風致地区内における建築物の建築、宅地の造成、木竹の伐採その他の行為については、政令で定める基準に従い、地方公共団体の条例で、都市の風致を維持するため必要な規制をすることができる。

2　〔略〕

〔1項改正・平12法73〕

○急傾斜地の崩壊による災害の防止に関する法律〔抄〕（昭和44年7月1日法律第57号）

最終改正　平成17年7月6日法律第82号

（急傾斜地崩壊危険区域の指定）

第3条　都道府県知事は、この法律の目的を達成するために必要があると認めるときは、関係市町村長（特別区の長を含む。以下同じ。）の意見をきいて、崩壊するおそれのある急傾斜地で、その崩壊により相当数の居住者その他の者に危害が生ずるおそれのあるもの及びこれに隣接する土地のうち、当該急傾斜地の崩壊が助長され、又は誘発されるおそれがないようにするため、第7条第1項各号に掲げる行為が行なわれることを制限する必要がある土地の区域を急傾斜地崩壊危険区域として指定することができる。

2～4　〔略〕

〔3項改正・平11法160〕

（都道府県の施行する急傾斜地崩壊防止工事）

第12条　都道府県は、急傾斜地崩壊防止工事のうち、制限行為に伴う急傾斜地の崩

壊を防止するために必要な工事以外の工事で、当該急傾斜地の所有者、管理者若しくは占有者又は当該急傾斜地の崩壊により被害を受けるおそれのある者が施行することが困難又は不適当と認められるものを施行するものとする。

2、3 〔略〕
〔2・3項改正・平11法87、3項改正・平13法92〕

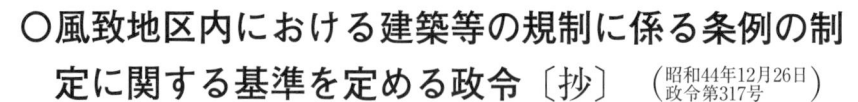

○風致地区内における建築等の規制に係る条例の制定に関する基準を定める政令〔抄〕（昭和44年12月26日 政令第317号）

最終改正　平成23年11月28日政令第363号

（地方公共団体の条例）
第2条　都市計画法第58条第1項の規定に基づく条例は、面積が10ヘクタール以上の風致地区（2以上の市町村（都の特別区を含む。以下同じ。）の区域にわたるものに限る。以下同じ。）に係るものにあつては都道府県が、その他の風致地区に係るものにあつては市町村が定めるものとする。
〔本条追加・平13政98、改正・平23政363〕

○救急救命士法〔抄〕（平成3年4月23日 法律第36号）

最終改正　平成26年6月13日法律第69号

（秘密を守る義務）
第47条　救急救命士は、正当な理由がなく、その業務上知り得た人の秘密を漏らしてはならない。救急救命士でなくなった後においても、同様とする。

○民事訴訟法〔抄〕（平成8年6月26日 法律第109号）

最終改正　平成24年5月8日法律第30号

（調査の嘱託）
第186条　裁判所は、必要な調査を官庁若しくは公署、外国の官庁若しくは公署又は学校、商工会議所、取引所その他の団体に嘱託することができる。

第197条　次に掲げる場合には、証人は、証言を拒むことができる。
(1)　〔略〕
(2)　医師、歯科医師、薬剤師、医薬品販売業者、助産師、弁護士（外国法事務弁護士を含む。）、弁理士、弁護人、公証人、宗教、祈祷若しくは祭祀の職にある者又はこれらの職にあった者が職務上知り得た事実で黙秘すべきものについて尋問を受ける場合
(3)　技術又は職業の秘密に関する事項について尋問を受ける場合
2　前項の規定は、証人が黙秘の義務を免除された場合には、適用しない。
〔1項改正・平13法153〕

（文書提出義務）
第220条　次に掲げる場合には、文書の所持者は、その提出を拒むことができない。
(1)～(3)　〔略〕
(4)　前3号に掲げる場合のほか、文書が次に掲げるもののいずれにも該当しないとき。
　イ　〔略〕
　ロ　公務員の職務上の秘密に関する文書でその提出により公共の利益を害し、又は公務の遂行に著しい支障を生ずるおそれがあるもの
　ハ　第197条第1項第2号に規定する事実又は同項第3号に規定する事項で、黙秘の義務が免除されていないものが記載されている文書
　ニ、ホ　〔略〕
〔本条改正・平13法96〕

（文書提出命令等）
第223条　裁判所は、文書提出命令の申立てを理由があると認めるときは、決定で、文書の所持者に対し、その提出を命ずる。この場合において、文書に取り調べる必要がないと認める部分又は提出の義務があると認めることができない部分があると

きは、その部分を除いて、提出を命ずることができる。
2　裁判所は、第三者に対して文書の提出を命じようとする場合には、その第三者を審尋しなければならない。
3　裁判所は、公務員の職務上の秘密に関する文書について第220条第4号に掲げる場合であることを文書の提出義務の原因とする文書提出命令の申立てがあった場合には、その申立てに理由がないことが明らかなときを除き、当該文書が同号ロに掲げる文書に該当するかどうかについて、当該監督官庁（衆議院又は参議院の議員の職務上の秘密に関する文書についてはその院、内閣総理大臣その他の国務大臣の職務上の秘密に関する文書については内閣。以下この条において同じ。）の意見を聴かなければならない。この場合において、当該監督官庁は、当該文書が同号ロに掲げる文書に該当する旨の意見を述べるときは、その理由を示さなければならない。
4　前項の場合において、当該監督官庁が当該文書の提出により次に掲げるおそれがあることを理由として当該文書が第220条第4号ロに掲げる文書に該当する旨の意見を述べたときは、裁判所は、その意見について相当の理由があると認めるに足りない場合に限り、文書の所持者に対し、その提出を命ずることができる。
　⑴　国の安全が害されるおそれ、他国若しくは国際機関との信頼関係が損なわれるおそれ又は他国若しくは国際機関との交渉上不利益を被るおそれ
　⑵　犯罪の予防、鎮圧又は捜査、公訴の維持、刑の執行その他の公共の安全と秩序の維持に支障を及ぼすおそれ
5　第三項前段の場合において、当該監督官庁は、当該文書の所持者以外の第三者の技術又は職業の秘密に関する事項に係る記載がされている文書について意見を述べようとするときは、第220条第4号ロに掲げる文書に該当する旨の意見を述べようとするときを除き、あらかじめ、当該第三者の意見を聴くものとする。
6　裁判所は、文書提出命令の申立てに係る文書が第220条第4号イからニまでに掲げる文書のいずれかに該当するかどうかの判断をするため必要があると認めるときは、文書の所持者にその提示をさせることができる。この場合においては、何人も、その提示された文書の開示を求めることができない。
7　文書提出命令の申立てについての決定に対しては、即時抗告をすることができる。
　　〔3―5項追加・旧3項を改正し6項に繰下・旧4項を7項に繰下・平13法96〕

（文書送付の嘱託）
第226条　書証の申出は、第219条の規定にかかわらず、文書の所持者にその文書の送付を嘱託することを申し立ててすることができる。ただし、当事者が法令により

文書の正本又は謄本の交付を求めることができる場合は、この限りでない。

（自由心証主義）

第247条 裁判所は、判決をするに当たり、口頭弁論の全趣旨及び証拠調べの結果をしん酌して、自由な心証により、事実についての主張を真実と認めるべきか否かを判断する。

○X市情報公開条例〔抄〕

※判例97参照

（公文書の公開を行わないことができる公文書）

第6条　実施機関は、公開請求に係る文書に次の各号のいずれかに該当する情報が記録されているときは、当該公文書に係る公文書の公開を行わないことができる。

(1)　個人に関する情報（事業を営む個人の当該事業に関する情報を除く。）であって、特定の個人が識別され、又は識別され得るもの。ただし、次に掲げる情報を除く。

　ア　法令の規定により、何人も閲覧することができるとされている情報

　イ　公表することを目的として作成し、又は取得した情報

　ウ　その他公開することが公益上必要であると認められる情報

(2)　法人（国及び地方公共団体を除く。以下同じ。）その他の団体（以下「法人等」という。）に関する情報又は事業を営む個人の当該事業に関する情報であって、公開することにより、当該法人等又は当該個人の競争上の地位その他正当な利益を害すると認められるもの。ただし、次に掲げる情報を除く。

　ア　人の生命、身体又は健康を害し、又は害するおそれのある事業活動に関する情報

　イ　市民生活に重大な影響を与え、又は与えるおそれのある事業活動に関する情報

　ウ　その他公開することが公益上必要であると認められる情報

(4)　市の機関と国又は他の地方公共団体（以下「国等」という。）の機関との間における依頼、指示等に基づいて作成し、又は取得した情報であって、公開することにより、国等との協力関係又は信頼関係を著しく害すると認められるもの

(6)　市の機関内部若しくは機関相互間又は市の機関と国等の機関との間における調査研究、検討、審議、協議等に関する情報であって、公開することにより、当該又は将来の同種の調査研究、検討、審議、協議等を公正かつ適切に行うことに著しい支障が生じると認められるもの

(7)　市の機関又は国等の機関が行う取締り、監督、立入検査、争訟、交渉、許認可、試験、人事その他の事務事業に関する情報であって、公開することにより、当該若しくは将来の同種の事務事業の目的を損ない、又は適正若しくは円滑な執行に著しい支障が生じると認められるもの

※判例95参照
(公文書の開示義務)
第7条 実施機関は、開示請求があったときは、開示請求に係る公文書に次の各号に掲げる情報(以下「不開示情報」という。)のいずれかが記録されている場合を除き、開示請求者に対し、当該公文書を開示しなければならない。
(1) 法令及び条例(以下「法令等」という。)の定めるところにより、公にすることができないと認められる情報
(2) 個人に関する情報(事業を営む個人の当該事業に関する情報を除く。)であって、当該情報に含まれる氏名、生年月日その他の記述等により特定の個人を識別することができるもの(他の情報と照合することにより、特定の個人を識別することができることとなるものを含む。)又は特定の個人を識別することはできないが、公にすることにより、なお個人の権利利益を害するおそれがあるもの。ただし、次に掲げる情報を除く。
　ア　法令等の規定により又は慣行として公にされ、又は公にすることが予定されている情報
　イ　人の生命、健康、生活又は財産を保護するため、公にすることが必要であると認められる情報
　ウ　当該個人が公務員(国家公務員法(昭和22年法律第120号)第2条第1項に規定する国家公務員及び地方公務員法(昭和25年法律第261号)第2条に規定する地方公務員をいう。)である場合において、当該情報がその職務の遂行に係る情報であるときは、当該情報のうち、当該公務員の職及び当該職務遂行の内容に係る部分

参考文献

○ 木下健治著『火災・消防事件判例解説　増補改訂版』
　　全国消防協会　平成18年10月発行
○ 木下健治著『新消防行政＆防火管理の法律問題』
　　全国消防協会　平成18年6月発行
○ 木下健治著『ワンポイント　消防職員のための法解説　第2次増補改訂版』
　　全国消防協会　平成2年1月発行
○ 全国消防長会編著『2訂版　消防行政相談事例集』
　　全国消防協会　平成25年3月発行
○ 全国消防長会編著『消防行政相談事例集』
　　全国消防協会　平成17年5月発行
○ 消防基本法制研究会編著『逐条解説消防法　第五版』
　　東京法令出版　平成26年6月発行
○ 消防基本法制研究会編著『逐条解説消防組織法　第三版』
　　東京法令出版　平成21年9月発行
○ 消防大学校編著『新・消防関係判例解説　増補』
　　ぎょうせい　平成11年5月発行
○ 橋本勇著『逐条地方公務員法　第3次改訂版』
　　学陽書房　平成26年1月発行

消防関係判例100

平成27年6月1日　初 版 発 行
令和5年11月20日　初版4刷発行

監　　修　弁護士　木下　健治
編　　著　全国消防長会
発　　行　一般財団法人 全国消防協会
　　　　　〒102-8119 東京都千代田区麹町1-6-2
　　　　　麹町一丁目ビル5階
　　　　　TEL　03-3234-1321（代表）
　　　　　FAX　03-3234-1847
　　　　　アドレス https://www.ffaj-shobo.or.jp
　　　　　E-Mail　ffaj@ffaj-shobo.or.jp

販　　売　東京法令出版株式会社
　　　　　〒112-0002 東京都文京区小石川5-17-3
　　　　　TEL　03-5803-3304　FAX　03-5803-2560

©Printed in Japan, 2015
　本書の全部又は一部の複写、複製及び磁気又は光記録媒体への入力等は、著作権法上での例外を除き禁じられています。これらの許諾については、発行元までご照会ください。

　落丁本・乱丁本はお取替えいたします。
ISBN978-4-8090-2397-2